古典文獻研究輯刊

三五編

潘美月・杜潔祥 主編

第21冊

高似孫文獻學研究（上）

童子希 著

國家圖書館出版品預行編目資料

高似孫文獻學研究（上）／童子希 著 -- 初版 -- 新北市：花
木蘭文化事業有限公司，2022〔民111〕
序 4+ 目 6+204 面；19×26 公分
（古典文獻研究輯刊 三五編；第 21 冊）
ISBN 978-626-344-123-1（精裝）
1.CST：（宋）高似孫 2.CST：文獻學
011.08　　　　　　　　　　　　　　111010310

ISBN-978-626-344-123-1

古典文獻研究輯刊
三五編　第二一冊　　　　　　　ISBN：978-626-344-123-1

高似孫文獻學研究（上）

作　　者　童子希
主　　編　潘美月、杜潔祥
總 編 輯　杜潔祥
副總編輯　楊嘉樂
編輯主任　許郁翎
編　　輯　張雅淋、潘玟靜、劉子瑄　美術編輯　陳逸婷
出　　版　花木蘭文化事業有限公司
發 行 人　高小娟
聯絡地址　235 新北市中和區中安街七二號十三樓
　　　　　電話：02-2923-1455 ／傳真：02-2923-1452
網　　址　http://www.huamulan.tw 信箱 service@huamulans.com
印　　刷　普羅文化出版廣告事業
初　　版　2022 年 9 月
定　　價　三五編 39 冊（精裝）新台幣 98,000 元　　版權所有‧請勿翻印

高似孫文獻學研究（上）

童子希 著

作者簡介

童子希（1987～），男，湖北隨州人，武漢大學圖書館學碩士，現為黃岡師範學院圖書館館員，主要研究方向為古典文獻學。發表《高似孫辨偽方法探析》《論高似孫對專科目錄學的貢獻》等論文十餘篇，主持黃岡師範學院青年科研基金等項目，獲湖北省圖書館學會 2013 年學術年會徵文二等獎、湖北省圖書館學會 2014 年學術年會徵文一等獎等。

提　　要

　　高似孫（1158～1231），字續古，號疏寮，鄞縣（今浙江寧波）人，南宋淳熙十一年進士。高氏博雅好古，學問淹博，勤於著述，在文獻整理工作上成績可觀，於目錄學、版本學、辨偽學、輯佚學及考證學等多個領域都有所發明，但因捲入黨爭，其人品與學術歷來受到頗多爭議，其學術成就長期以來沒有得到應有的重視，迄今未見專著問世。

　　本書在反思前人研究成果的基礎上從文獻學角度對高似孫作了較為系統的考察。首先考論高氏之家世、生平和交遊，對已有成果加以辨析，並提出己見。其次探析高氏在文獻編纂實踐上的主要成就，對其重要著述作了較為客觀的評述。進而分別就目錄版本、辨偽、輯佚、考證四個方面對高氏在文獻學領域的主要貢獻進行梳理，立足文獻，言必有據。最後從整體上總結其文獻學思想，並分析高氏取得這些成績的原因。本書在搜集詳實資料的基礎上，利用最新的研究成果，採用了文獻考證、史源分析等研究方法，全面論述了高似孫在文獻學方面的貢獻，糾正了一些前人對他的成見，彌補了以往研究中的薄弱環節。總之，這是一部內容紮實的個案研究，反映了大陸地區高似孫研究的最新成果，有利於我們深入認識高似孫在南宋文獻學中的地位與影響，對於宋代浙東學術的研究亦具參考價值。

序

司馬朝軍

　　人人往往以推崇義理之學的「宋學」來代表宋代學術，清代漢學家批判宋學空談心性、學風空疏。其實此種論調不無偏頗。殊不知宋代學術亦有注重考據的特點，宋儒在考金石、辨偽書、輯佚書、考詩文等方面多有創獲，如歐陽修的《集古錄》、趙明誠的《金石錄》以及兩宋時期的學術筆記都是堅實的證據。當代名家張舜徽先生認為：「考證之學，南宋為最精。」此說不無道理。因此，關於南宋時期文獻學的研究是一個值得重視的研究課題。目前對於南宋文獻學家的研究有所展開，而高似孫的學術貢獻與他受到的關注卻明顯不成比例，這與歷來關於高似孫的爭議有很大的關係。高氏不好義理之學，不願空談心性，在政治上加入反理學一派，以至於被扣上「不忠、不孝、不仁、不義」的帽子，學者以「甚可笑」「迂詭不振」「抄撮之功多」「學識低暗」「無所發明」之語批評其著作。平心而論，高似孫博覽四部，勤於著述，精於目錄、辨偽、考證之學，多有發明。

　　童子希君十餘年前問學於我，當時我開始整理《子略》，遂以「高似孫文獻學研究」為題，囑咐他做成一部高質量的專題研究。他畢業之後又經過十年的修改打磨，充實了不少新的材料。該書第一次對高似孫的文獻學成就作了全面的研究，不僅對研究高似孫一家之學術有重要意義，而且有助於深化宋代文獻學的研究。具體來說，該書具有以下幾個特點：

　　第一，糾正了前人有關高似孫著作抄撮他書、無所發明的偏頗看法，指出高似孫在目錄學上具有破舊立新的勇氣，最早採用輯錄體、互著法，在史部分類上貫穿古今，在子部分類上破除繁冗，認為《史略》《子略》不同於以往的依據藏書編纂書目的範式，其目錄體例的特點是囊括百家，存佚兼取，提要鉤玄，評介著述得失，總結學術流變。

第二，指出高似孫在辨偽方面敢於抒發己見，不僅在子書辨偽的範圍、論據上比柳宗元都有所發展，而且在辨真方面提出了自己的見解，同時在辨偽方法上能夠綜合運用多種辨偽方法，尤其注意從書籍文本內容的比勘來辨偽，體現出他在辨偽方法上成熟的一面。有學者認為高似孫在辨偽方面「多襲前人之說，發明甚少」，現在看來這種說法是不夠公允的，高似孫在古代辨偽學史上應有一席之位。

第三，指出高似孫注重輯佚的原因既與南宋初中期的社會背景和現實需求密切相關，又與他對歷代圖書散佚嚴重性的認識以及其自身的學術愛好有直接的關係，輯佚學理論與方法的發展以及學者輯佚意識的增強也是一個重要因素。該書認為高似孫是南宋從事輯佚工作的先驅人物，他的輯佚方法啟發了王應麟輯《三家詩考》《周易鄭康成注》，為南宋輯佚學的發展乃至清代輯佚學的繁榮提供了可貴的實踐經驗。通過細緻的文本分析，該書發現，高似孫輯佚的主要方法是取材於類書和古注，基本上出自《太平御覽》和《世說新語》劉孝標注。

第四，結合區域學術、家學、交遊、學術旨趣等因素，指出高似孫文獻學的主要特色在於：注重資料的輯錄，重視理清學術源流，強調會通與創新；在史書編纂思想方面，高氏主張敘事簡略，反對刻意為文、過於追求辭藻，重視史學評論，推崇秉筆直書，提倡博採史料、兼收並蓄；在書目編纂思想方面，具有重視著錄佚書、注重考證、不錄蕪雜之書、注重剪裁等特點。

此外，本書還提出了一些新的看法，如張海鵬《子略》跋認為高氏「卑法術、拒刑名、黜玄虛、掃捭闔」，而該書認為「黜玄虛、掃捭闔」之說並不能成立。又如關於高似孫考辨偽書的數量，一般認為有 9 種，而該書經過一一分析之後，提出共計 16 種，彌補了以往研究的不足。此外，該書還對《剡南高氏宗譜》所載高氏世系提出質疑，參考石田肇的成果編製了新的高氏世系圖，對研究高氏家族具有一定的參考價值。

童君來自湖北隨州，父母以種田為業。他為人忠厚，生性內向，不善言談，自少酷愛讀書。2005 年 9 月負笈珞珈山，就讀於武漢大學圖書館學系——那是國內排名第一的王牌專業，但他對這門偏信息化的學科起初並沒有太大的熱情，課外讀的多是學術史方面的書籍。在上了《版本學》《文獻學》等專業課之後，逐漸對閱讀和收藏古籍產生了興趣。2009 年本科畢業之後，他留校繼續攻讀文獻學碩士，2011 年 7 月獲碩士學位。畢業後服務於黃岡師範

學院圖書館，業已發表《高似孫辨偽方法探析》《論高似孫對專科目錄學的貢獻》等論文十餘篇，主持黃岡師範學院青年科研基金等項目，獲湖北省圖書館學會 2013 學術年會徵文二等獎、湖北省圖書館學會 2014 年學年會徵文一等獎等。前些年我還在武漢大學任教時，曾經勸他繼續攻讀博士學位，他當時面有難色，也沒有說明理由。一個可以在專業方面有所作為的年輕人自動放棄機會，很長一段時間我都不太理解，我當時敦促不力，用是耿耿於懷。前不久，他又想重返高校繼續攻讀博士學位，但我已經愛莫能助。他在專業方面一直還在默默用功，業餘治學十分不易，還是值得肯定的。在博士學位已經嚴重貶值之時，讀不讀其實已經無傷大雅。只要不忘初心，牢記使命，仍然可以圓學者之夢。

是為序。

2021 年 11 月 25 日寫於上海淀山湖畔之海雲閣

目次

上　冊
序　司馬朝軍
引　言 …………………………………………………………… 1
　　一、研究現狀 ……………………………………… 4
　　二、研究內容與研究方法 ………………………… 16
　　三、研究難點與創新點 …………………………… 17
第一章　高似孫之家世、生平與交遊 ………………… 19
　第一節　高似孫之家世 …………………………… 19
　　一、高氏家族之淵源 ……………………………… 19
　　二、先祖 …………………………………………… 29
　第二節　高似孫之生平 …………………………… 39
　　一、出生至中進士時期（一至二十五歲）…… 41
　　二、出仕至罷官時期（二十六至五十歲）…… 44
　　三、隱居嵊縣時期（五十一至六十五歲）…… 48
　　四、再度出仕至去世時期（六十六至
　　　　七十三歲）…………………………………… 49
　第三節　高似孫之人品爭議 ……………………… 52
　第四節　高似孫之交遊 …………………………… 62
　　一、見於《高似孫集》者25人 ………………… 62
　　二、見於《高似孫集・補遺》者24人 ……… 69
　　三、見於其他書傳者13人 ……………………… 77
第二章　高似孫之文獻編纂實踐 ……………………… 85
　第一節　史部專科目錄——《史略》 …………… 85
　　一、《史略》的版本 ……………………………… 85
　　二、《史略》的編纂特色 ………………………… 91
　　三、《史略》的學術價值 ………………………… 95
　　四、前人對《史略》的評價 ………………… 100
　第二節　子部專科目錄——《子略》 ………… 102
　　一、《子略》的版本 …………………………… 102
　　二、《子略》的內容 …………………………… 104
　　三、《子略》與《意林》的關係 ……………… 108
　　四、《子略》的學術價值 ……………………… 111

五、前人對《子略》的評價 ···················· 118

第三節 雜考性學術筆記——《緯略》 ········· 122

一、《緯略》的版本 ························· 122

二、《緯略》的內容 ························· 130

三、《緯略》與諸《略》的關係 ············· 132

四、《緯略》的編纂特色 ···················· 134

五、《緯略》的學術價值 ···················· 138

六、前人對《緯略》的評價 ················· 139

第四節 宋代方志名作——《剡錄》 ··········· 142

一、《剡錄》的版本 ························· 142

二、《剡錄》的內容 ························· 147

三、《剡錄》的編纂特色 ···················· 148

四、《剡錄》的學術價值 ···················· 149

五、前人對《剡錄》的評價 ················· 150

第三章 高似孫之目錄版本學 ················· 153

第一節 高似孫之目錄學實踐 ··············· 154

一、目錄方法的運用 ························· 154

二、引書書目 ······························· 170

三、高似孫對專科目錄學的貢獻 ············· 172

第二節 高似孫之分類觀 ··················· 174

一、《史略》之前的史部分類 ················· 174

二、高似孫對史部分類的繼承與創新 ········· 178

三、高似孫對子部分類的看法 ··············· 193

第三節 高似孫之版本學 ··················· 197

一、著錄史書版本 ··························· 198

二、主張不可妄改底本文字 ················· 202

三、注明不同版本的異文 ··················· 203

四、《緯略》對版本問題的討論 ··············· 203

下 冊

第四章 高似孫之辨偽學 ····················· 205

第一節 高似孫之前的辨偽學 ··············· 205

第二節 高似孫辨偽之成就、特點與影響 ········ 212

　　　一、高似孫的辨偽成就 …………………… 212

　　　二、高似孫辨偽的特點 …………………… 236

　　　三、高似孫辨偽的影響 …………………… 239

　　第三節　高似孫之辨偽方法 …………………… 244

　　　一、據目錄辨偽 …………………………… 244

　　　二、據偽造事實辨偽 ……………………… 245

　　　三、據思想辨偽 …………………………… 245

　　　四、據內容矛盾辨偽 ……………………… 246

　　　五、據稱引辨偽 …………………………… 246

　　　六、據序跋辨偽 …………………………… 247

　　　七、據因襲辨偽 …………………………… 247

　　　八、據文辭辨偽 …………………………… 248

　　　九、據撰者辨偽 …………………………… 248

第五章　高似孫之輯佚學 ……………………………… 251

　第一節　高似孫之前的輯佚學 ………………… 252

　第二節　高似孫之輯佚觀念 …………………… 255

　第三節　高似孫之輯佚成就 …………………… 259

　　　一、輯謝承、司馬彪、薛瑩和謝沈四家

　　　　《後漢書》的佚文 …………………… 260

　　　二、輯魏、吳別史佚文 ………………… 262

　　　三、輯諸家《晉書》佚文 ……………… 265

　　　四、輯《東觀漢紀》佚文兩篇 ………… 271

　　　五、輯歷代《紀》佚文 ………………… 272

　　　六、輯《世本》 ………………………… 275

　　　七、輯錄文集佚文 ……………………… 276

第六章　高似孫之考證學 ……………………………… 279

　第一節　宋代考證學的興起與高似孫考證學的

　　　　學術淵源 ………………………………… 280

　第二節　高似孫之考證路徑 …………………… 289

　　　一、考字詞 ………………………………… 289

　　　二、考名物 ………………………………… 290

　　　三、考年代 ………………………………… 292

　　　四、考古代風俗 …………………………… 292

五、考典章制度 ································· 293

六、考地理 ······································ 295

七、考金石 ······································ 296

八、考古代典籍 ······························ 297

九、考目錄之書 ······························ 298

第三節　高似孫之考證方法 ··················· 299

一、據避諱考證的方法 ···················· 299

二、據親身見聞考證的方法 ·············· 300

三、據金石文獻考證的方法 ·············· 300

四、據方言材料考證的方法 ·············· 301

五、比較考證的方法 ······················· 302

六、引文考證的方法 ······················· 303

七、溯源考證的方法 ······················· 304

八、詩史互證的方法 ······················· 304

第七章　高似孫之文獻學思想 ··················· 307

第一節　高似孫的史書編纂思想 ··············· 307

一、關於史書的敘事 ······················· 307

二、關於史書的裁論 ······················· 311

三、關於史書的直筆與曲筆 ·············· 312

四、關於史書的編纂者 ···················· 315

五、關於史書的體例 ······················· 318

六、關於史書的取材 ······················· 320

第二節　高似孫的書目編纂思想 ··············· 322

一、重視著錄佚書 ·························· 323

二、注重考證 ································· 324

三、不錄蕪雜之書 ·························· 326

四、注重剪裁 ································· 326

第三節　高似孫文獻學思想之特色 ············ 328

一、注重會通 ································· 328

二、勇於創新 ································· 330

三、注重實地探訪 ·························· 331

四、廣泛攝取資料 ·························· 332

五、關注方志、金石、輯佚等新興學科 ······ 334

　　　六、考鏡學術源流 ……………………………… 335
　　　七、注重保存古代文獻 …………………………… 339
　　第四節　高似孫在文獻學上取得成功的原因 …… 339
　　　一、獨特的宋代學術風氣 ………………………… 339
　　　二、深厚的家學傳承 ……………………………… 340
　　　三、優越的讀書條件 ……………………………… 340
　　　四、廣泛的交遊經歷 ……………………………… 341
　　　五、以類書、古注為主的知識來源 ……………… 341
　　　六、鄭樵對高似孫的影響 ………………………… 342

結　語 ………………………………………………… 345

參考文獻 ……………………………………………… 347

附錄一：高似孫年表 ………………………………… 359

附錄二：《史略》所載《逸周書》與今本《逸周書》
　　　　　異文 ……………………………………… 363

後　記 ………………………………………………… 373

表目次
　　《緯略》卷六、卷七條目來源分析表 …………… 137
　　《通志・藝文略》與《史略》通史類著錄圖書
　　　比較 …………………………………………… 192

圖目次
　　剡南高氏家族世系圖 ……………………………… 29

引　言

　　高似孫（1158～1231），字續古，號疏寮，浙江鄞縣（今寧波）人，後遷居嵊縣。為高文虎長子。淳熙十一年（1184）進士，賜文林郎。紹熙元年（1190），為紹興府會稽縣主簿。慶元五年（1199），除秘書省校書郎，次年任徽州通判。嘉泰三年（1203），知信州，與祠祿。開禧二年（1206），知嚴州。嘉定元年（1208），封通議大夫，知江陰軍，旋被罷官。嘉定十六年（1223）除秘書省秘書郎。嘉定十七年（1224），升秘書省著作佐郎、兼權侍右郎官。寶慶元年（1225），出知處州。累官中大夫、提舉建康府崇禧觀。紹定四年（1231），卒於嵊縣，贈通議大夫。

　　高似孫出於四明名門望族，天資聰穎，自幼嗜學，博雅好古，有父風，頗受樓鑰、周必大、陸游、洪邁等當世名公巨卿的賞識。但他曾參與慶元黨禁，作《右道學圖》，結交權臣韓侂胄，與其父文虎同為反道學派成員，因此為南宋以來如日中天的理學派所不容，被理學家視為「異類」。其人品歷來頗遭非議，被斥為「不忠、不孝、不仁、不義」之人，為清議所不齒。經洪業等現代學者的考辨，這些說法難以令人信服。

　　高似孫以博學聞名，著作宏富，多達二十餘種，傳於今者有《史略》六卷、《子略》四卷、《剡錄》十卷、《緯略》十卷、《騷略》三卷、《蟹略》四卷、《硯箋》四卷、《疏寮小集》一卷等。已佚者有《經略》《集略》《詩略》《古世本》《戰國策考》《蜀漢書》《漢書·司馬相如傳注》《漢官》《秦檜傳》《煙雨集》《樂論》。

　　由於高似孫在人品上屢受譏議，歷來對其著作及學術頗有爭議。一種觀點認為高氏學問低下，著作怪誕、草率，毫無價值，代表人物有陳振孫、胡應

麟、余嘉錫、姚名達等。南宋陳振孫《直齋書錄解題》云：「其讀書以隱僻為博，其作文以怪澀為奇，至有甚可笑者……就中詩猶可觀。」〔註1〕元許汝霖稱「高氏之書擇焉不精，語焉不詳」〔註2〕。明學者胡應麟對高似孫《緯略》《子略》等著作頗為輕視，他說：「程大昌《演繁露》考訂多精覈可觀。據周公謹謂，此書初出，高似孫方弱冠，即為《繁露詰》以覆之，今不傳於世。第高氏他書，如《子略》《握奇經注》之類，率迂詭不振，即所謂《繁露詰》亦此例耳。」〔註3〕元結是唐代古文家「好古求奇」的代表人物，高似孫謂唐代文人惟元結與柳宗元而已，胡應麟《題元次山集》對此尖銳地批評道：「甚矣，高之無目且無耳也」。清代以來，不少學者沿襲傳統看法，對高似孫及其著作較為輕視。如汪琬（1624～1690）譏高似孫為「迂儒小生」，「讀書不知通變」。楊守敬（1839～1915）在《史略跋》中稱《史略》「餖飣雜抄，詳略失當」。姚振宗（1842～1906）《隋書經籍志考證後序》云：「《通志·藝文略》……與夫高氏之《子略》，割裂掛漏，皆顏監所謂『意浮功淺，流俗短書』，唯關於考證者，間一及之。」〔註4〕余嘉錫（1884～1955）云：「高氏著書，成於率爾，大抵抄撮之功多，而心得之處少也。」〔註5〕姚名達（1905～1942）稱高氏「學識低暗，徒錄成文，無所發明」〔註6〕。顧頡剛（1893～1980）對《子略》的評價也不高：「由於這本書是隨筆性的，所以體例不謹嚴，文辭又拖沓，心得也稀少，在學術上的地位不高。」〔註7〕又說：「高似孫的《子略》只是一部不謹嚴的讀書筆記。」〔註8〕劉咸炘（1896～1932）認為《子略》《史略》二

〔註1〕（宋）陳振孫：《直齋書錄解題》卷二十，上海：上海古籍出版社，1987年，頁608。

〔註2〕（元）許汝霖《嵊縣志序》，見（清）嚴思忠修，蔡以瑺纂：《（同治）嵊縣志》卷末《舊序》，《中國方志叢書》華中地方第188號，臺北：成文出版社，1974年，頁2593～2594。

〔註3〕（明）胡應麟：《少室山房集》卷一百四，《讀演繁露》，文淵閣四庫全書本。

〔註4〕（清）姚振宗：《隋書經籍志考證·後序》，見王承略、劉心明主編：《二十五史藝文經籍志考補萃編》第15卷第4冊，北京：清華大學出版社，2014年，頁2251。

〔註5〕余嘉錫：《四庫提要辯證》，北京：中華書局，1980年，頁489。

〔註6〕姚名達：《中國目錄學史》，上海：上海古籍出版社，2005年，頁267。

〔註7〕顧頡剛：《秦漢的方士與儒生·中國辨偽史略》，上海：上海古籍出版社，2005年，頁193。

〔註8〕顧頡剛主編：《古籍考辨叢刊》第1集，北京：社會科學文獻出版社，2010年，頁659。

書「詳而不整，所及亦隘」〔註9〕。王重民（1903～1975）稱《子略》「餖飣
謬誤，殆有不讓《史略》者」〔註10〕。

　　另一種觀點與前者截然相反，對高氏著作多有肯定。宋元之際的文獻學
大家馬端臨對高似孫的著作頗為重視，《文獻通考・經籍考》引用《子略》多
達30次。到了清代乾嘉時期，考據學成為顯學，《四庫全書總目》打破相沿
數百年的偏見，從推崇漢學的立場出發，對長於考辨的高似孫予以肯定。《四
庫全書總目》一方面對陳振孫的不實之辭加以否定，另一方面大量引用高似
孫的觀點，達23次之多，並重新評價高氏著作的價值，它評《剡錄》云：「徵
引極為該洽，唐以前佚事遺文頗賴以存。其《先賢傳》每事必注其所據之書，
可為地志紀人物之法。其《山水紀》仿酈道元《水經注》例，脈絡井然，而風
景如睹，亦可為地志紀山水之法。統核全書，皆序述有法，簡潔古雅，迥在後
來武功諸志之上，殊不見其『怪澀』『可笑』。陳振孫云云，殆不可解。豈其他
文奇僻，又異於此書歟？」〔註11〕評《子略》說：「頗有所考證發明……以其
會稡諸家，且所見之本猶近古，終非焦竑《經籍志》之流，輾轉販鬻，徒構虛
詞者比。故錄而存之，備考證焉。」〔註12〕評《緯略》稱：「是編所引亦皆《四
庫》所著錄，非馮贄之流詭詞炫俗者比，固不得以『隱僻』譏也……然其言篤
實，無所雁託，終出楊慎《丹鉛》諸錄之上，亦考古者所必資矣。」〔註13〕
清目錄學家周中孚（1768～1831）《鄭堂讀書記》稱《剡錄》「徵引賅洽，序述
亦簡古有法，全書體例實非後世蕪雜者可比也」〔註14〕。晚清目錄學家耿文
光（1830～1908）認為《史略》「繁徵博引」「具有條理」「綱舉目張」「多資考
證」。晚清著名學者孫德謙（1873～1935）稱「高氏之於子學猶有得焉者也」
〔註15〕。當代著名史家洪業先生（1893～1980）認為：「大約所著書，組構得
體，見識敏達；所作詩，神思簡拔，鍛鍊工美。惟所學，廣博有餘而精密未

〔註9〕 劉咸炘：《部次流別以道統學：劉咸炘目錄學論集》，《目錄學・題解第九》，
　　　　北京：生活・讀書・新知三聯書店，2018年，頁100。
〔註10〕 王重民：《冷廬文藪》，上海：上海古籍出版社，1992年，頁388～389。原載
　　　　於《圖書館學季刊》第三卷第三期（1929年9月）。
〔註11〕（清）紀昀等：《欽定四庫全書總目》，北京：中華書局，1997年，頁930。
〔註12〕（清）紀昀等：《欽定四庫全書總目》，北京：中華書局，1997年，頁1132。
〔註13〕（清）紀昀等：《欽定四庫全書總目》，北京：中華書局，1997年，頁1538。
〔註14〕（清）周中孚著，黃曙輝、印曉峰標校：《鄭堂讀書記》卷五十四，上海：上
　　　　海書店出版社，2009年，頁1450。
〔註15〕 孫德謙：《諸子通考》，長沙：嶽麓書社，2013年，頁78～79。

足，稍為遺憾耳。」〔註16〕日本學者內藤湖南、倉石武四郎、石田肇等人對高似孫的目錄學著作非常重視，指出高似孫在宋代目錄學中是介於鄭樵和王應麟之間的一位重要目錄學家。

從已有研究成果來看，相繼有學者對歷來加之於高氏身上的種種偏見和誤解進行糾正，高似孫著作的學術價值及其詩學、史學、子學、文獻學等成就得到了一定的關注。但總體來看，由於高似孫在黨爭中與道學一派為敵，其學風及行為志趣也與代表當時主流學術的道學相左，高似孫其人其學長期以來沒有受到足夠的重視，他在宋代文獻學史上的地位被嚴重地低估了，迄今未見關於高似孫研究的專著。筆者認為，高似孫的學術成就在文獻學方面表現得更為突出，他在目錄版本學、辨偽學、輯佚學及考證學等多個領域都有所發明，因此系統梳理高氏之文獻學成就並重估他在文獻學史上的地位，實為必要。本書以「高似孫文獻學研究」為題進行專題研究，力圖全面考察高似孫在目錄、版本、辨偽、輯佚以及考證方面的貢獻，總結其文獻學思想的特色，以期如實地評估他在宋代文獻學史上的地位及其學術影響。

一、研究現狀

（一）晚清時期

光緒年間，鄂籍著名學術大師楊守敬在日本發現中土久佚的宋本《史略》，對其校勘之後，編入《古逸叢書》，楊氏還撰有《史略跋》和《史略校勘劄記》〔註17〕。他在跋語中對《史略》頗有微詞，稱《史略》不及《子略》《緯略》精覈。儘管如此，楊守敬在其《水經注疏》等著作中已經注意利用《史略》一書。

自《史略》被重新發現後，國內不少學者逐漸開始注意此書。光緒十二年（1886），李慈銘（1830～1894）讀到《古逸叢書》本《史略》，他在《越縵堂讀書記》中批評《史略》成書倉促，「故粗略殊甚，亦多復舛」，但又稱是書「據日本宋刊翻雕，極精緻」，其中所載江南古本《史記》「劍豎」一條頗為精彩，並認為《史略》所載《東觀漢記》之《鄧禹傳序》《吳漢傳》有很高的價值。〔註18〕

〔註16〕洪業：《洪業論學集》，北京：中華書局，1981 年，頁 100～105。
〔註17〕楊守敬：《史略校勘劄記》最初由王重民輯出，發表於《圖書館學季刊》1928年第 2 卷第 4 期。後收入《楊守敬集》第 7 冊《續群書拾補》。
〔註18〕（清）李慈銘：《越縵堂讀書記》，上海：上海書店出版社，2000 年，頁 606。

　　清人陳寶森撰有《史略校補》六卷，其稿本藏於北京大學圖書館善本室，為李盛鐸舊藏。〔註19〕

　　晚清古文經學大師孫詒讓（1848～1908）在校注《逸周書》的過程中利用了《史略》卷六所摘抄的《逸周書》片段，其《周書斠補》一書保存了相關的考辨文字。劉師培作《周書補正》時也注意到《史略》所載《逸周書》文字的校勘價值。

　　孫詒讓認為《子略》所錄的《握奇經》剽竊薛季宣校本，他在《溫州經籍志》卷十六《校定風后握奇經》的案語中說：「艮齋所校《握奇經》，今無單行本，惟《浪語集》第三十卷尚載其全帙。明人《漢魏叢書》所刊者，係從高似孫《子略》第一卷抄出，每句下所注異同，與艮齋校語一一符合。考似孫宋慶元間人，嘗獻詩佞韓侂冑，為陳振孫所譏。其人在艮齋後，蓋即竊艮齋本為己校，而諱其所自，故《子略》此經序竟不及艮齋本也。其間偶有異同，如高本經文後有『八陣總述』四字為一行，又有『晉平虜將軍西平太守封奉高侯加授東羌校尉馬隆總述』二十三字為一行，艮齋本止題『馬隆總述』四字。又高本『奇兵贊』，在『飛龍』『翔鳥』『蛇蟠』『虎翼』四陣後，艮齋本移於四陣前。此又高據別本改艮齋本以掩其剽竊之跡也。艮齋校語精詳，高本亦多所刪削，然今所傳《握奇》大抵皆高本，目錄家不復知其為艮齋舊校，故略辨之，以發高氏之覆，且使世之欲見《握奇》善本者知於《浪語集》求之耳。」〔註20〕

　　晚清目錄學家耿文光在《萬卷精華樓藏書記》中著錄有《史略》一書，他輯錄了自序、黎庶昌《敘目》、楊守敬《跋》，摘抄了該書中的多處原文，同時用案語的形式發揮己見。對於楊守敬「餖飣雜抄、詳略失宜」的看法，耿文光一一進行駁斥，他認為《史略》條理清晰，徵引廣博，可資考證，指出「似孫不為清議所容，而書自可傳，未可以人廢言」〔註21〕。耿氏之說有理有據，不失為通達之論。不過耿氏稱《容齋隨筆》《冊府元龜》抄自《史

〔註19〕北京大學圖書館編：《北京大學圖書館藏李氏書目・史部・書目類》，北京大學圖書館排印本，1956年，頁118。《北京大學藏古籍善本書目》、《中國古籍總目》亦著錄此書。

〔註20〕（清）孫詒讓：《溫州經籍志》，上海：上海社會科學院出版社，2005年，頁630～631。

〔註21〕（清）耿文光：《萬卷精華樓藏書記》卷六十五，《山右叢書・初編》第10冊，上海：上海古籍出版社，2014年，頁219。

略》，其說頗為顛倒。

著名金石學家羅振玉（1866～1940）在1890年見到《後知不足齋叢書》本《史略》，在將此書與《隋書》對讀後，撰有《史略跋》一文。他認為此書體例與《子略》《緯略》略同，蓋採諸史《藝文志》及諸家目錄為之。關於《史略》的價值，羅氏以《史略》糾正《隋志》所載《梁書》四十九卷作者謝吳之誤為例，說明是書可校史書之誤，又說：「光緒庚寅，玉方校《隋書》，有以此書來售者，披讀半夕，所得已如此，異日以校他史，所得當不止此。黎本後有楊君守敬跋，摘此書之誤甚詳。然其善處不可沒也。」〔註22〕

（二）民國時期

這一時期，洪業先生作《高似孫史略箋正序》一文，博考群籍，對高文虎、似孫父子的生平與著作考證甚精，並針對前人的種種不實之辭，逐條為高氏辨誣。洪業先生曾有《史略箋證》計劃，但未見成書。

姚名達《中國目錄學史》認為《史略》「體例龐雜……集中有關史籍之書目於一處，以備學者之研究，頗為有功」，「所惜似孫學識低暗，徒錄成文，無所發明」。

余嘉錫在《四庫提要辯證》中對高似孫的人品及著作進行考證和評論，將其人其學徹底否定。對於高氏之為人，他在《四庫提要辯證》卷七《剡錄》條引用《宋會要輯稿》《後村大全集》《直齋書錄解題》《宋史·傅伯成傳》《癸辛雜識》進行詳細的考證，然後感歎道：「嗚呼！求忠臣必於孝子之門，古今犯上作亂之徒，未有能養其親者。似孫不孝於家，宜其不忠於國，所謂一代名人者如此，豈不重可歎也哉！」〔註23〕余嘉錫視高氏為貪酷好色、不忠不孝之徒。對於《子略》一書，他引用孫詒讓《溫州經籍志》卷十六，認為該書所錄的《握奇經》係剽竊薛季宣《浪語集》卷三十的艮齋校本，同時又指出《子略》全錄《陰符經》係與《握奇經》相配，《握奇經》末之《武侯八陣圖》為季宣所附，為舊本所無，否定《四庫全書總目》所謂《子略》「似乎後人刪節之本，未必完書」之說。〔註24〕總而言之，余嘉錫認為：「大抵高氏著書，成於率爾，其《緯略》《史略》兩書序皆自誇成書之速，故大抵抄撮之功多，

〔註22〕羅振玉著，羅繼祖主編：《羅振玉學術論著集》第9集，上海：上海古籍出版社，2013年，頁32～33。

〔註23〕余嘉錫：《四庫提要辯證》，北京：中華書局，1980年，頁410～413。

〔註24〕余嘉錫：《四庫提要辯證》，北京：中華書局，1980年，頁488～490。

而心得之處少也。」〔註 25〕

　　1921 年，顧頡剛校點《子略》，以《百川學海》本為底本，校以《四庫全書》本及《文獻通考・經籍考》所引，同時用案語對底本的部分錯誤進行校正，又補入《意林》一篇，1928 年由北平樸社出版，列入《辨偽叢刊》。此本為《子略》的首部點校本，王重民稱此本「差較優善」。1929 年 7 月，顧頡剛又用《墨海金壺》本、《學津討原》本校《子略》。〔註 26〕

　　1929 年，王重民撰有《讀高氏〈子略〉小識》，在顧頡剛校點的基礎上，參考他書，對《子略》作進一步校勘，以案語的形式進行說明，糾正了原書的多處文字錯誤。〔註 27〕此文對我們今天校勘《子略》仍具參考價值。

（三）20 世紀後半期至今

　　20 世紀 50～70 年代，大陸地區關注高似孫者寥若晨星。20 世紀 60 年代，唐圭璋《全宋詞》撰有高似孫小傳，對高氏的生平履歷進行了考定：「淳熙十一年（1184）進士。慶元五年（1199），武學博士。嘉泰三年（1203），被命知信州，放罷。開禧元年，知嚴州，與祠祿。嘉定元年（1208），知江陰軍。嘉定十七年（1224），著作佐郎。寶慶元年（1225），知處州。」其內容較為簡略，主要參考了洪業的考證。

　　日本學者對高似孫的著作多有關注並給予高度評價，其中以著名漢學家內藤湖南的觀點最具影響力。20 世紀 60 年代，內藤湖南在其《中國史學史》第九章《宋代史學的進展》專設《目錄學》一節，其中包含對《史略》的評述，其主要觀點為：《史略》對史注給予了高度的重視；通過比較《資治通覽》與《冊府元龜》，《史略》認為《資治通覽》明確表現了帝王學的變化；《史略》是一部成功之作，並沒有楊守敬評價的那麼差，《史略》質量在《子略》之上；《史略》不以目錄編纂為目的，而是為了弄清書籍沿革、瞭解學問變遷，這與王應麟《玉海・藝文》有相似之處；《史略》的抄錄方式足可稱道，對古書中的評語僅僅抄錄其最恰當的部分，以達到概括全書的效果；《史略》從他書中抄出已經亡佚的書籍，嘗試彙集各種《晉書》的逸

〔註 25〕余嘉錫：《四庫提要辯證》，北京：中華書局，1980 年，頁 489。

〔註 26〕顧頡剛：《顧頡剛日記》卷二，見《顧頡剛全集》，北京：中華書局，2011 年，頁 299～301。

〔註 27〕王重民：《冷廬文藪》，上海：上海古籍出版社，1992 年，頁 388～389。原載於《圖書館學季刊》第三卷第三期（1929 年 9 月）。

文、《東觀漢記》的逸文，這種方法為王應麟導夫先路。〔註28〕內藤湖南《支那目錄學》一書也有專門研究高似孫的內容，其中《高似孫的〈史略〉〈子略〉》一節介紹了高似孫《史略》《子略》的內容與特色，他認為今天流傳的《子略》可能有殘缺；《高似孫的學風》一節將高似孫與目錄學家鄭樵和王應麟加以比較，認為高似孫的目錄學既受到鄭樵的影響，但也有他自己的創造——即將類書所引的已佚典籍編入他的目錄著作之中，這一點與王應麟的學風相似，所以內藤湖南認為高似孫創造了鄭樵之後目錄學的一個新紀元。內藤湖南還指出，王應麟是高似孫之後的人物，其目錄學受到高似孫的影響，因此不能忽視高似孫的作用，高、王對佚書著錄方法的發明是宋代目錄學值得注意的重要內容。〔註29〕總之，內藤湖南在對宋代目錄學的演進進行分析之後，提出高似孫在宋代目錄學上具有不可忽視的地位。其見解獨到精闢，在日本的目錄學界產生了較大的影響，對我們今天研究高似孫仍具有啟示意義。

20 世紀 70 年代，另一日本學者倉石武四郎著有《目錄學》一書，他繼承內藤湖南的觀點，稱《史略》「可謂繼鄭樵之後而立於王應麟之先者」〔註30〕。尾崎康教授認為《史略》立通史一目，《資治通鑒》正式列為通史，當始於《史略》。〔註31〕

20 世紀 80 年代以來，高似孫研究的冷清局面才有所改變，研究方向從高似孫的生平事蹟延伸到高似孫的著作研究、學術研究（史學、目錄學、詩學等）等方面，中、日學者分別從不同角度對高似孫加以研究：在日本學者中，石田肇的研究成果較為突出。從國內來看，臺灣學者黃寬重教授關於四明高氏家族的研究影響較大，陳惠美《高似孫研究》（中國文化大學 1998 年碩士論文）最早對高似孫加以專題研究，林天人則撰有關於《史略》的專門研究論文；相比而言，大陸學者的研究成果更為豐富，不僅學術論文不斷出現，對高似孫著作的整理也取得一定的成績。以高似孫為研究對象的碩士論

〔註28〕（日）內藤湖南著，馬彪譯：《中國史學史》，上海：上海古籍出版社，2008年，頁 191～194。

〔註29〕（日）內藤湖南：《支那目錄學》，《內藤湖南全集》卷十二，東京：築摩書房，1976 年。

〔註30〕（日）倉石武四郎：《目錄學》，《東洋學文獻中心叢刊》第 20 輯，東京：汲古書院，1979 年，頁 97。

〔註31〕（日）尾崎康：《通史成立始末》，《斯道文庫論集》第 7 輯，1973 年。

文還有黃慧鳴《高似孫的生平及其著作》、蔣鵬翔《高似孫目錄學思想發微》、張紹俊《高似孫〈史略〉研究》、李明陽《高似孫〈緯略〉的文獻學成就》、謝璐雪《高似孫〈緯略〉引文考校》和鄭麗佳《剡錄研究》等。

以下從生平事蹟研究、《史略》研究、《子略》研究、《緯略》研究、《剡錄》研究和高似孫文獻學研究五個方面，對 20 世紀 80 年代以來高似孫研究的具體情況進行總結與反思。

（1）生平事蹟研究

關於高似孫的生卒年問題，歷來不詳。張秀民（1986）根據《剡南高氏宗譜》，首次考出高似孫卒於紹定四年（1231），但沒有說明其生年。〔註 32〕黃慧鳴《高似孫的生平及其著作》同樣根據《剡南高氏宗譜》，指出高似孫出生於紹興二十八年（1158）二月初三日，卒於紹定四年（1231）十月十五日，解決了高似孫的生卒年問題。

關於高似孫的籍貫，主要有鄞縣、餘姚二說。或稱「鄞縣人」，如黃慧鳴《高似孫的生平及其著作》、黃寬重《家族興衰與社會網絡：以宋代的四明高氏家庭為例》、鮑永軍《高似孫生平事蹟考辨》；或稱「餘姚人」，如劉子明《高似孫在我國目錄學史上的貢獻》、劉固盛《子略初探》。由於《剡南高氏宗譜》的發現，鄞縣說已成共識。

關於高似孫的家世及其生平，日本學者石田肇（1986）撰《南宋明州の高氏一族について：高閌、高文虎、高似孫のこと》一文，論述了高氏家族的譜系及發展簡況，著重探討了高閌、文虎、似孫三代的仕歷及學風，對文虎、似孫父子有所評論。〔註 33〕此文所利用的資料頗為豐富，但對高氏家族早期事蹟及在四明地區的發展與社會文化關係的討論似嫌不足。

黃慧鳴（2000）利用《剡南高氏宗譜》對高似孫的生平事蹟進行了簡要的勾勒，首次解決了高似孫的生卒年問題，在洪業基礎上對高氏的人品作進一步辯證。〔註 34〕

黃寬重《家族興衰與社會網絡：以宋代的四明高氏家族為例》（2004）在石田肇研究的基礎上，結合墓誌材料，對高氏家族進行了梳理，並闡述了家

〔註 32〕張秀民：《剡錄跋》，《文獻》1986 年第 3 期。
〔註 33〕（日）石田肇：《南宋明州の高氏一族について：高閌、高文虎、高似孫のこと》，見宋代史研究會：《宋代社會宗教》，東京：汲古書院，1986 年。
〔註 34〕黃慧鳴：《高似孫的生平及其著作》，復旦大學碩士學位論文，2000 年。

庭與社會的互動關係。〔註35〕

　　鮑永軍（2009）對高似孫的生卒年、籍貫、仕歷、著述、人品等行事進行了較為深入的考證。〔註36〕

　　左洪濤（2011）進一步利用《剡南高氏宗譜》對高氏家族加以探討，並對高似孫進行個案研究。〔註37〕但他對高似孫生平的研究大多抄襲黃寬重《宋代的家族與社會》和黃慧鳴《高似孫的生平及其著作》，使該書的學術價值大打折扣。此書第五章所附的《剡南高氏宗譜》對補全高似孫生平事蹟頗為重要，不過該譜中關於高似孫家族的相關細節問題尚需進一步深入研究。

　　王群栗點校本《高似孫集》（浙江古籍出版社 2015 年版）在左洪濤、鮑永軍等人的研究基礎上編有《高似孫年譜》。

　　總之，高似孫的人品問題基本上得到解決，但目前對其生平的研究仍然存在一定的不足之處，主要表現在：高氏家族的譜系有待進一步考證，高似孫的交遊情況尚缺乏專門研究。

　　（2）《史略》研究

　　關於高似孫《史略》的研究主要集中在中日兩國。20 世紀 80 年代，國內學者開始重視《史略》的學術價值。東北師範大學高振鐸教授（1983）發表《高似孫對前四史的研究總結——〈史略〉初探》一文，從史學角度討論《史略》對前四史的看法，是 80 年代第一篇專門討論《史略》的學術論文。〔註38〕劉秉才（1984）指出，宋代高似孫的《史略》和《子略》是影響較大的專科目錄。〔註39〕

　　這一時期，日本學術界對《史略》更為重視，對《史略》的研究也比國內更加深入。石田肇《高似孫〈史略〉研究》一文（1985）對《史略》的版本、流傳、校勘和分類問題進行了細緻深入的探討，該文指出：「即使在今天，《史略》也是較少被利用的中國史學史專書，儘管有杜撰，然在史書分類上仍有獨到之處，具有方便檢索的一面。其引用諸書，解說題旨，敘論簡潔，利用價

〔註35〕黃寬重：《家族興衰與社會網絡：以宋代的四明高氏家族為例》，《東吳歷史學報》2004 年第 11 期。

〔註36〕鮑永軍：《高似孫生平事蹟考辨》，《社會科學戰線》2009 年第 11 期。

〔註37〕左洪濤，張恒：《兩宋浙東高氏家族研究》，北京：海洋出版社，2010 年。

〔註38〕中國歷史文獻研究會：《中國歷史文獻研究集刊》第 3 輯，湖南：湖南人民出版社，1983 年，頁 154。

〔註39〕劉秉才：《中國歷史書籍目錄學》，北京：書目文獻出版社，1984 年。

值較高……《史略》在中國史學史上的地位，如內藤湖南、倉石武四郎所言，應置於鄭樵至王應麟一流之中。就高似孫及高氏一族之學術言，則需要從南宋學術界諸種動向，以及產生高氏一族和王應麟之類人物輩出等明州地域性特點來加以分析。考慮到朱子學後來成為官方認可的官學，反道學派著作因之淹沒不彰，對其評價也因之不高等情況，還有必要從南宋政治史思想史相對的角度，對他們重新評價。」〔註40〕該文從文獻學角度研究《史略》，考證精覈，無疑是 20 世紀 80 年代最高水平的《史略》研究成果，即使從今天來看，其觀點也頗具啟示作用。

周天游（1986）對《史略》進行整理，撰成《〈史略〉校箋》一書，該書以《古逸叢書》本為底本作校箋，吸收了楊守敬《史略校勘劄記》的成果，並利用他書對《史略》文字進行箋注，是第一部較有價值的《史略》校注本。該書前言《〈史略〉淺析》認為《史略》一書作為史部專科目錄是史學發展的必然結果，《史略》一書的主要價值在於對目錄學發展所作出的貢獻，其分類法獨樹一幟，開始了互著法的嘗試，開創性地使用了輯錄體，重視引書目錄；《史略》的缺陷在於繁複、誤錄。〔註41〕受限於當時條件，此書未能利用日本內閣文庫本，其中也有一些不完善之處，有必要利用新出資料重作校箋。

戚培根（1991）論述了《史略》匯考式解題目錄的貢獻，並分析了高氏創立這種目錄的原因。〔註42〕

彭清深（1992）敘述了《史略》的成書與體例，並對高似孫其人作簡略的介紹。〔註43〕

張晶萍（1998）全面分析了《史略》的史學史價值，指出《史略》在著錄史書、分類等方面有所創新，是一部成熟的史籍專科目錄；《史略》集宋以前史學批評之大成，展示了古代史學批評的總體水平；《史略》體現了作者的史學思想，從側面透露了南宋史學發展的一些信息。〔註44〕

遼寧教育出版社（1998）出版了《史略》《子略》的整理本，收入《新

〔註40〕（日）石田肇著，孔繁錫、張新民譯校：《高似孫史略研究》，《貴州師範大學學報（社會科學版）》1993 年第 4 期。原載於日本《群馬大學教育學部紀要》，人文‧社會科學編，1985 年，第 35 卷，頁 131～152。
〔註41〕周天游：《史略校箋》，北京：書目文獻出版社，1987 年，頁 1～13。
〔註42〕戚培根：《評高似孫〈史略〉中的圖書著錄》，《圖書館論壇》1991 年第 3 期。
〔註43〕彭清深：《〈史略〉及其作者高似孫述評》，《西北民族學院學報》1992 年第 2 期。
〔註44〕張晶萍：《簡析〈史略〉對中國古代史學史的貢獻》，《湖南教育學院學報》1998 年第 3 期。

世紀萬有文庫》。

張劍平（2008）認為，高似孫為《史記》和《通鑑》學的創立奠定了重要的基礎，《史略》對宋代以前的中國歷史學的發展情況，從多方面予以較為系統的總結，標誌著中國歷史學發展到一個新的階段。〔註45〕

宋馥香《高似孫〈史略〉之史學批評管窺》（2009）認為《史略》評價史學著作優劣的兩個重要標準是敘事和裁論，在史法方面確立了尚信求真的史學批評意識，高氏對史書體裁變化規律的認識亦具特色。〔註46〕

陶曉珊的博士論文《南宋史學批評研究》（2011）第四章第三節用了一定的篇幅對高似孫的史學批評成就進行了論述，指出：「高似孫《史略》是一部立意於史學批評的著作，此書反映了高似孫注重保存歷代學者在史學批評方面的觀點，並體現了高似孫本人以『善敘事』『善裁論』為史學批評標準進行史學批評所取得的成就，是一部值得研究的著作。」〔註47〕

張紹俊的碩士學位論文《高似孫〈史略〉研究》（2015）從家學傳承、《史略》資料來源、史籍分類法與著錄法、史學批評特點等方面對《史略》進行專題研究，他認為《史略》既集宋代之前史學批評於一體，也有對史書分類與著錄體例的創新，同時還體現出高似孫的史學批評思想，從側面反映了宋代史學、目錄學發展的狀況。〔註48〕

北京大學中文系顧歆藝對高似孫《史略》及其學術頗有關注，主持有相關科研項目——「日本內閣文庫所藏宋刊孤本《史略》考述」（桐山教育基金資助項目）和「高似孫及《史略》文本研究」（北京大學中文系自主科研項目），同時撰有相關研究論文——《高似孫學術考論》（載《國學研究》第三十五卷，北京大學出版社，2015）及《高似孫の學術の時代的特色》（載《橄欖》第19期，日本宋代詩文研究會，2012年9月）。

（3）《子略》研究

何多源《國學書目舉要》評《子略》云：「似孫諸略，《史略》最有裨考

〔註45〕張劍平：《略論〈史略〉及〈子略〉對中國史學的總結》，見姜錫東，丁建軍主編：《中華文明的歷史與未來國際學術研討會論文集》，保定：河北大學出版社，2008年，頁187～198。

〔註46〕宋馥香：《高似孫〈史略〉之史學批評管窺》，《鄭州大學學報（哲學社會科學版）》2009年第5期。

〔註47〕陶曉珊：《南宋史學批評研究》，北京師範大學博士學位論文，2011年。

〔註48〕張紹俊：《高似孫〈史略〉研究》，上海師範大學碩士學位論文，2015年。

證，《子略》似較遜，然以其生於宋世，所見猶近古，又博論諸家短長，大抵可採，其為學者所珍視也固宜。」〔註49〕

劉固盛（1994）較早對《子略》進行專門研究，認為《子略》的特色在於注重學術源流，重視考證辨偽，該書在彙集諸子、考鏡源流、明斷真偽、闡釋旨意、辨別得失諸方面都能給人有益的啟示。〔註50〕

蔣鵬翔（2007）指出孫詒讓《溫州經籍志》「《子略》」條指責《子略》剽竊《浪語集》艮齋校本有不實之處，原因在於《子略》為專科目錄，重學術源流而不重版本異同，且《握奇經》之評議前有「似孫曰」三字；他還對余嘉錫《子略提要辯證》關於《子略》的種種貶低之詞進行了駁斥。〔註51〕

司馬朝軍教授（2018）撰成《子略校釋》（《子海精華編》，山東人民出版社2018年版），為國內外首部《子略》箋注本，此書不僅校釋精詳，而且注重疏通諸子之學術源流，分析《子略》的辨偽得失，大大提高了原書的學術價值。

杜銳的碩士學位論文《高似孫及其〈子略〉研究》（2020）分四章進行論述：第一章介紹高似孫與其父高文虎的生平事蹟，第二章介紹高似孫的生平著述，第三章考察《子略》的版本流傳情況與全書思想內容，第四章評述《子略》在中國古典目錄學中的價值並介紹高氏考辨子書的方法、特點與輯佚的貢獻。〔註52〕

（4）《緯略》研究

左洪濤《高似孫〈緯略〉校注》（浙江大學出版社2012年版）是第一部《緯略》校注本，在校勘上以《叢書集成初編》本為底本，據文淵閣《四庫全書》本對校。該書在注釋方面有一定的參考價值，但所據底本並非善本，且參校本過少，因此在校勘中存在不少錯誤，不免有臆斷之處，這點已有研究者撰文指出。王群栗點校本《高似孫集·緯略》（浙江古籍出版社2015年版），以影印文淵閣本為底本，參校《守山閣叢書》本，間及《墨海金壺》本，所利用的版本比較有限，也沒有很好解決《緯略》的校勘問題。因此，目前有必要對《緯略》一書作進一步的整理，以日本內閣文庫江戶初寫本、明萬曆間沈

〔註49〕何多源：《國學書目舉要》，見黃章明，王志成：《國學方法論叢·書目篇》第
　　　　2版，臺北：學人文教出版社，1979年，頁263。
〔註50〕劉固盛：《高似孫〈子略〉初探》，《古籍整理研究學刊》1996年第4期。
〔註51〕蔣鵬翔：《子略評議》，《信陽農業高等專科學校學報》2007年第2期。
〔註52〕杜銳：《高似孫及其〈子略〉研究》，安徽師範大學碩士學位論文，2020年。

士龍刻本、明抄本、傅增湘校本、四庫全書本等多種版本進行校勘，這樣才能形成一個比較完善的整理本。

陳曉蘭《宋本〈緯略〉考述》（2017）對宋本《緯略》的刊刻、流傳及其版本面貌與特點作了較為深入的考述。〔註53〕另一論文《高似孫〈緯略〉版本源流考》（2018）則進一步對《緯略》的傳世諸本進行全面調查，考察各本面貌與內容特點，梳理其流傳情況及其相互間的源流關係，揭示諸本優劣。〔註54〕

謝璐雪的碩士學位論文《高似孫〈緯略〉引文考校》（2015）以《叢書集成初編》本為底本並參以《四庫全書》本，對《緯略》一至六卷的引文內容進行考校。該文認為《緯略》在引文上存在出處不準確、訛字、脫文、衍文、倒文、襲原書之誤、書名錯誤、意引選引導致文意有出入這八種問題，最後得出結論：《緯略》一書的引文雖心得較少，抄錄較多，但依舊有其勾陳輯佚的文獻學價值。〔註55〕

李明陽的碩士學位論文《高似孫〈緯略〉的文獻學成就》（2020）從考證學成就、目錄學成就、輯佚學成就三個方面總結了《緯略》的文獻學價值，同時對《緯略》與類書的異同進行了分析。〔註56〕

（5）《剡錄》研究

張秀民（1986）指出《剡錄》為嵊縣十一部縣志中之第一部，在宋人地方志中稱名作，頗得世人好評。《剡錄》所收唐以前資料豐富，屢引舊經，可能為宋大中祥符《越州圖經》之簡稱，所列戴逵、戴顒父子、王羲之、謝靈運等著作四十二種，疑多轉錄隋、唐《經籍志》，非高氏所能見也。〔註57〕

倉修良教授（1990）認為《四庫全書總目》對《剡錄》的評價過於偏高：「該志體例既不完善，內容詳略又不適當，因此與宋代其他方志相比，評價不宜太高。」〔註58〕

〔註53〕陳曉蘭：《宋本〈緯略〉考述》，《北京大學中國古文獻研究中心集刊》第16輯，北京：北京大學出版社，2017年，頁23～31。
〔註54〕陳曉蘭：《高似孫〈緯略〉版本源流考》，《儒家典籍與思想研究》第10輯，北京：北京大學出版社，2018年，頁127～159。
〔註55〕謝璐雪：《高似孫〈緯略〉引文考校》，中南民族大學碩士學位論文，2015年。
〔註56〕李明陽：《高似孫〈緯略〉的文獻學成就》，山東師範大學碩士學位論文，2020年。
〔註57〕張秀民：《剡錄跋》，《文獻》1986年第3期。
〔註58〕倉修良：《方志學通論》，濟南：齊魯書社，1990年，頁312～315。

　　鄭麗佳（2009）在其碩士論文《〈剡錄〉研究》中著重探討《剡錄》的版本和校勘問題：在版本方面，介紹今所見《剡錄》十三種版本的基本情況，並梳理其源流關係；在校勘方面，通過比較《剡錄》各個版本並發現其中的問題，並分別對這些問題進行分析說明。〔註59〕

　　（6）高似孫文獻學研究

　　劉子明（1989）對《剡錄》《史略》《子略》在中國目錄學史上的貢獻進行了歸納，指出「《剡錄》是我國現存最早的著錄地方文獻的方志；《史略》是我國現存最早的附有說明的史籍專科目錄，也可以說是舉要史目的濫觴；《子略》是較早的哲學書籍專科目錄，又是研究先秦哲學思想史的重要參考書」。〔註60〕

　　李之亮、毛建軍（2002）從目錄學、辨偽學、輯佚學及方志學四個方面論述高似孫在文獻整理方面的主要貢獻及首創之功。〔註61〕

　　蔣鵬翔（2007）在其碩士論文《高似孫目錄學思想發微》中，對高似孫「諸略」和目錄學思想進行了探討，認為高似孫在目錄體例創新方面作出了重要的貢獻，「諸略」集中體現了他的目錄學思想，是其學術代表作之一。該文首先回顧了上古至南宋的目錄學史，總結出高氏「諸略」尊古而求新的宗旨。然後，將高氏「諸略」分別與同時代的三部目錄學名著對比，指出《史略》的類例周全超過了《郡齋讀書志》，《子略》的家國情懷與《直齋書錄解題》相通，但在學術精神上高似孫與鄭樵最接近。其次，介紹高氏生平，並對詆毀高氏的不實之詞進行了批評，指出《史略》長於體例的構思而疏誤最甚，《子略》長於大義的闡發也寄託了高氏本人的精神，《緯略》兼具類書和雜考的性質，《騷略》則是結合創作自撰解題的嘗試。〔註62〕

　　通過以上梳理，我們可以發現，目前學界對高似孫的研究依然存在一定的不足，主要體現在以下方面：在生平事蹟方面，缺乏對高似孫學術交遊的探討；在高似孫文獻學的研究方面，學界對高似孫版本學、考證學與輯佚學的研究尚未重視，對高似孫文獻學思想的總結有所不足；在研究深度方面，

〔註59〕鄭麗佳：《剡錄研究》，浙江大學碩士學位論文，2009年。

〔註60〕劉子明：《高似孫在我國目錄學史上的貢獻》，《圖書館理論與實踐》1989年第4期。

〔註61〕李之亮，毛建軍：《略論高似孫在文獻整理方面的主要貢獻》，《華北水利水電學院學報》2002年第4期。

〔註62〕蔣鵬翔：《高似孫目錄學思想發微》，湖南師範大學碩士學位論文，2007年。

結合南宋政治思想史、地域學術特點開展的研究比較薄弱；在高似孫著作的整理方面，應當精選版本，對《史略》《緯略》《剡錄》重新整理，形成更加完善的精校本。

二、研究內容與研究方法

（一）研究內容

本書試圖對高似孫在文獻學上的學術成就進行整體發掘，主要研究內容如下：

第一章考論高似孫其人，重點對高似孫的家世、生平與交遊進行考述，結合最新研究對引發高似孫人品爭議的原因作了進一步的研究。

第二章以《史略》《子略》《剡錄》《緯略》為重點，分析高似孫在文獻編纂實踐方面的成就。

第三章論述高似孫在目錄版本學上的成就，從目錄方法、引書書目和專科目錄學三個方面分析高似孫的目錄學成就，從史部分類和子類分類兩個方面分析高似孫的分類觀，同時考察高似孫對圖書版本的認識。

第四章探討高似孫的辨偽學，對高似孫辨偽的成就、特點、影響和方法一一進行考論。

第五章總結高似孫的輯佚成就，對高似孫輯錄的原因、範圍及其材料來源進行分析。

第六章探究高似孫的考證學成就，首先結合宋代考證學的興起背景探析高似孫考證學的淵源，之後對高似孫的考證路徑和考證方法作進一步的梳理。

第七章對高似孫的文獻學思想進行闡述，並結合兩宋歷史文化背景從整體上歸納高似孫文獻學的特點。

（二）研究方法

本書將高似孫置於當時的學術和文化背景下，在充分佔有相關研究資料的基礎上，採用文獻考證、史源分析和比較分析的方法，對高似孫在目錄版本學、辨偽學、輯佚學和考證學等方面的貢獻進行分析，力圖全面反映他在中國文獻學發展史上的地位。本書對高似孫的重要著作進行了較為仔細的文本細讀與史源分析，從中發掘出高似孫的生平資料、編纂特點和文獻學思想。對於前賢已有的研究成果，充分吸收和利用；對於以往高似孫研究中關注較少或有所忽略的方面，則大力發掘，力圖有所突破。

三、研究難點與創新點

（一）研究難點

　　第一，高似孫的生平資料非常零散，收集不易。第二，高似孫在國內受到的關注度不高，關於他的研究資料較為有限。第三，高似孫的著作雖多，但亡佚的亦不少，如《經略》《集略》《古世本》《戰國策考》等都沒有流傳下來，對深入研究高似孫的文獻學帶來了一定的困難。

（二）創新點

　　本書試圖在以下方面有所創新：第一，關於高似孫的生平，本書對《剡南高氏宗譜》記載的高氏世系提出質疑，編製了新的高氏世系圖，並弄清了他的交遊情況。第二，關於高似孫的文獻學成就，本書首次對他的分類觀、辨偽方法、輯佚方法、考證方法等問題進行了較為細緻的考察。第三，關於高似孫的文獻學思想，本書結合區域學術、家學、交遊、學術旨趣等因素，首次對其文獻學思想的特點進行發掘。第四，對以往的某些觀點，提出了自己的看法，如張海鵬《子略》跋認為高氏「卑法術、拒刑名、黜玄虛、掃捭闔」，筆者分析後認為「黜玄虛、掃捭闔」之說並不能成立。

第一章　高似孫之家世、生平與交遊

第一節　高似孫之家世

一、高氏家族之淵源

　　高似孫出生於四明高氏，此為南宋時期頗有影響的名門望族。他在《剡南高氏宗譜》序中說：「高氏之在鄞，以儒學起家，其後登進士者五，特恩出官者三，京秩延賞者三，選恩人延賞者十有一，然亦不自鄞始也；溯而上之則慈水，濬而窮之則晉陵。」〔註1〕元代文豪袁桷稱「高氏衣冠為四明望」〔註2〕。清初浙東學派大師全祖望稱：「高氏在宋世，衣冠最盛，疏寮之詩筆，竹墅之圖畫，至今皆有傳者。」〔註3〕全氏在《甬上族望表》中將桂芳橋高氏列為四明望族之一，以高閌、高似孫、高衍孫為三望，他說：「憲敏公以大儒為一望；華文墮其家聲，得罪於朱子，替矣；疏寮亦廁身於平原，然而其三《略》與詩終為一望，衍孫之六書亦一望。凡三望。」〔註4〕臺灣大學黃寬重教授認為，四明高氏為南宋兩浙路五個大家族之一。〔註5〕

〔註1〕高我桂等修：《剡南高氏宗譜》卷首，《舊序》。
〔註2〕（元）袁桷：《清容居士集》卷二十一，《高一清醫書十事序》，杭州：浙江古籍出版社，2015年，頁585。
〔註3〕（清）全祖望：《鮚埼亭集外編》卷十六，清嘉慶十六年刻本。
〔註4〕（清）全祖望：《全祖望集匯校集注·甬上族望表》，上海：上海古籍出版社，2000年，頁2646。
〔註5〕黃寬重：《南宋兩浙路社會流動的考察》，見黃寬重：《宋史論叢》，臺北：新文豐出版公司，1993年，頁94。

　　《北京圖書館藏中國歷代石刻拓片彙編》收錄的《宋故樊氏夫人墓誌銘》記載了高氏先祖高珍君一代的情況，是研究高氏先祖的最可靠資料。該墓誌出土於浙江鄞縣，傳主為高君珍繼室樊氏，死於崇寧二年（1103）六月初三日，葬於北宋大觀元年（1107年）十二月一日；墓誌撰者為汪詧。由於該墓誌對研究高氏先祖頗為重要，茲錄其全文於下：

宋故樊氏夫人墓誌銘〔註6〕

將仕郎充袁州州學教授汪詧撰並書

　　元符間，太學增修典令，士翕然赴選。時四明高充實獲預弟子錄，與余聊几席，契甚。充實名碩，敏學行，風性純簡，若素染族化。意厥先必有高矩貽後，故其門有是子乎？嘗詰之。充實曰：「余祖游於藝，考習箕裘，致饒裕。四男循長，將俱以素業禪，母夫人慨然曰：「而子戢且均使操技，設異日椎鍛就器，競力豐產，不過為一富翁。必欲門戶煥發，莫如擇良子業儒，使有獲，豈一技利哉！」考君偉其語，乃遽命碩縫衣吟典籍，而夫人喜，傾奩纍贖書闢館，延長者客，日促承叩師訓，附友益至。自為課程，規撿使斷斷踐守，蘄躋成域。已爾逮長，稍見有進，即春糧俾遊太學，戒示費遺，歲七八遺。」碩每捧所寄，流涕謂余言：「母夫人之惠之教，其悉至此。」余於時已信夫人非常婦矣。

　　崇寧四年，余官外江，充實輒馳疏，以母夫人大事請銘，余惻然。非特悼夫人未見賢子登華塗，抑傷其子有賢母不少延以卒，誨為充實恨，遂三歎，□其狀實與書。夫人自脫襁褓已慧爽，為眾所才。及笄，女紅畢練。乃祖乃父雖無顯躅，皆豪財倜儻，任氣節，觀夫人性行秀出，蓋穎然一奇男子趣操，未肯以齪齪等輩婿吾女也。選甚，遴得鄞君子高君珍與歸。高少年強幹偉志，冀獲良耦，佐立壼政。先室滕氏既亡，遺二幼，呱呱伺育，夫人繼歸，視等己出，飲哺保抱，撫稚誨長，率為寧馨兒。舅雖不逮事，有姑高年，性嚴敕，左右給使莫或適厥意，夫人能先意奉承，迎旨隨合。姑喜慰曰：「吾兒得是婦，如舟獲楫，吾家毋慮不濟矣。」比設疑謀試之，夫

〔註6〕北京圖書館金石組編：《北京圖書館藏中國歷代石刻拓片彙編》第 41 冊，鄭州：中州古籍出版社，頁 155。

人剖胸奇前，幾籌可否，較然黑白。後良人凡建設，必取決細君，事斷可集。高氏由此炎熾，經理條緝，儲有餘潤。方盛年，遽所天不棄，誓弗許，獨念諸孤固皆久服吾教已，一一整修，猶恐於世務或未漸穩，乃遣學儒。子登太學，餘授之家責，內扃以義方，而外密鉗鍵。諸子亦爭奮智謀，協力興造，恪遵禮憲，咸為鄉吉人。家事益井井不紊，斸然可以為世程，夫人之福高氏豈細也哉。夫人資婉淑，處身勤儉廉慎，語非當理不啟齒。睦親族，俯仰祇順，和氣溢閭，雖葭莩末屬，咸得歡心。或貧憊踵門，必厚賑，稱所願欲，至推餐褫服，弗辭吝。凡享祭，先期齋潔，躬滌濯烹飪，一弗以奚賤代事。尤酷嗜釋氏教，日誦其書累千言，非矜以唇腐為勤也。誠欲探甚深義，訖能悟死生理。一日臥病，環子孫訣曰：「吾數窮矣。姑待盡，毋事醫卜。」為他無祝，默默竟夕，若假寐，脫然逝矣。寔崇寧二年六月初三日，享年五十四。

夫人樊姓，世家明州之鄞縣。男四人：曰伯欽，即先氏息，夫人繼育子；曰伯誠、伯源、伯起，皆夫人生。伯源乃學儒者，昔登太學日，夫人與更名碩，今朝廷興辟廱，天下徧泮宮法，碩移牒，歸就郡貢。五女：長適王瓊，伯欽同產也。次適進士周純仁，次適舒宗憲，宗憲死，再適熊淵；次適戴訥；次適楊元。孫男八：閌、閎、闠、閏、闈，余未名。孫女四。用大觀元年十二月初一日，舉夫人於鄞之清道鄉甬水之原，附府君之塋葬焉。嗚呼！明之俗渾厚，然土薄，間有巨姓多一再世止，惟高氏代綿十數，基構愈廓，豈積善累德有自來歟？人猶以為未大振赫，暨府君得樊氏配，諸子角立，而碩為儒生，又舉舉可期，故鄉閭咸譽是家可指日賀榮矣。天曷不究夫人壽，俾卒享餘慶，余甚惑之。諒天之報施，必不竟違善人，不日觀東南有焰焰其賁者，必夫人之後也。余野人，去鄞亦邈絕，尚聞樊氏之風為駭聽，況習知其說於充實之積素乎。將敘其行，又實于明之知夫人者，余銘誠不妄，來者考之，毋以余為飾辭。

銘曰：

有泚何潔，維澄自源。有擢何秀，維豐自根。誰濬誰植，德稱爾樊。伊樊元姬，瓊瑰淑姿。才牖自天，器成匪師。指繹心緯，敷英吐奇。曰嬪孰良，惟高擅芳。棗栗歸贄，和風滿堂。締彼宏構，

脂腴且長，業禪于先，豈無子傳。有一吾寶，書林是畝。亦宣有貴，
貂冠世緒。誰謂足乎平生，嗟弗登乎永齡。尚克可久，於昭我銘；
流慶波乎甬水，與俱注乎滄溟。

陳銳刊

　　墓誌撰者汪瓚是徽州黟縣人，宋徽宗初年入太學，與樊氏次子高碩是太
學同窗，後出任袁州州學教授，這篇墓誌正是在樊氏去世後應高碩之請而作。
據該墓誌可知，高珍君娶滕氏為妻，滕氏早歿（左洪濤認為滕氏並未亡，而
是被休），又繼娶樊氏。高君珍與滕氏育有一子即高伯欽，與樊氏育有三子，
分別是高伯誠、高伯源及高伯起。高伯源後改名高碩。高君珍有五女，分別
嫁於王瓊、進士周純仁、舒宗憲（宗憲死後，改嫁熊淵）、戴訥、楊元，這些
人物出於四明地區的著名家族。高珍君之孫有八人：高閌、高閌、高闡、高
聞、高闡，其餘三人不詳。樊氏是四明鄞縣人，雖為富家之女，卻頗有見地，
她更加重視子孫的文化教育問題，不願子孫繼承祖業從事手工技藝，而主張
子孫學儒走向仕途。高珍君非常贊同樊氏的想法。樊氏變賣嫁妝，開館請先
生教子孫學儒，後又送季子高伯源入太學讀書。墓誌銘中也說明了高氏的遠
祖情況，據高碩所言，高氏先祖中並無名人，祖上以手工為業，世代相承，直
到高君珍這一代，情況才發生變化，由經商轉向儒業科舉。

　　高我桂等第七次續修的永思堂木活字本《剡南高氏宗譜》對高氏家族的
家族淵源、遷居情況和先祖傳記等都有詳細的記載，對於研究高氏家族至關
重要。值得注意的是，該譜經歷了多次續修，其中對高氏先祖的記載多有牴
牾之處。《乾道四明圖經》載：「高閌字抑崇，唐宰相智周後，世家廣陵，高祖
贊襄始居明。」〔註7〕高智周（602～683），常州晉陵（今江蘇常州）人，進
士及第，唐高宗宰相。《舊唐書·高智周傳》云：

　　　　智周少與鄉人蔣子慎善，同詣善相者，曰：「明公位極人臣，
而胤嗣微弱；蔣侯官祿至薄，而子孫轉盛。」子慎後累年為建安尉
卒，其子繪來謁智周。智周已貴矣，曰：「吾與子父有故，子復有
才。」因以女妻之。永淳中，為緱氏尉、鄭州司兵卒。繪子捷，舉
進士。開元中，歷臺省，仕至湖、延二州刺史。子貴，贈揚州大都
督。捷子泂、溰，並進士及第。泂，歷禮、吏、戶部三侍郎，尚書

〔註7〕（宋）張津：《乾道四明圖經》卷五，文淵閣四庫全書本。

左丞；渙，天寶末給事中，永泰初右散騎常侍。高氏殄滅已久，果符相者之言。〔註8〕

可見高智周後嗣微弱，在唐代已無後人。因而將高智周列為高氏先祖當是依託。日本學者石田肇亦持此說。〔註9〕

《剡南高氏宗譜》載有高閌所撰的《叔俞公行述》〔註10〕。據此文，高閌之父名伯欽，排行第十七；伯欽的父親名軫之，排行第十二；祖父名膺，排行第五；曾祖名贊襄，排行第七。高祖（某）係殿帥公第三子。贊襄有祖父忠勇之氣概，隱居四明城，以賣烏紗帽為生。贊襄之後代高膺、高軫之都繼承祖業。高伯欽同樣經營祖業，但他喜好收藏圖書、閱讀古史，對道釋、醫卜、陰陽、術數頗感興趣，能賦詩。「自恨以襲箕裘，不及留心儒業」，遂出資支持兄弟和其子學習儒業。仗義疏財，樂善好施，將家族治理得井井有條。高伯欽六十五歲時，遇到金兵入侵四明（史載建炎三年即1129年2月金兵攻陷明州城，明州被焚城），只好帶著老小流浪於鄞縣西北的大雷山，後遇賊寄居慈谿（今屬浙江省慈谿市）。高伯欽生子八人，長子夭折，次子高安世、三子高閌、四子高聞、五子高開、六子夭折、七子高闓、八子高閎。高伯欽因經營手工產業經常不在家，高閌的母親對其子的教育付出了大量精力，高閌稱其母「素知書，能記誦古詩賦及《孝經》《論語》。諸子五六歲，每以口授之，又以爪甲畫桌，教以字法；間稱說古人事蹟及鄉中佳子弟，以勸勉之」。可見閌母的文化水平頗高，教子有方。

《宋故樊氏夫人墓誌銘》載：高君珍之子有四人：高伯欽、高伯誠、高伯源及高伯起，高珍君之孫有八人：高閌、高閌、高闓、高聞、高闡，其餘三人不詳。《叔俞公行述》載高伯欽之子有八人：高安世、高閌、高聞、高開、高闓、高閎，餘二子夭折，實為六人。兩處文獻中都有高閌、高聞、高聞、高閎，可以相互印證。這裡存在一個問題，高闓、高闡是否為高伯欽之子？黃寬重先生在《宋代的家族與社會》第二篇第四章所作《四明高氏家族譜系圖》中認為此二人為高伯欽之子。〔註11〕這一說法現在看來還缺少證據支持。《宋

〔註8〕（宋）劉昫等：《舊唐書》卷一八五，北京：中華書局，1975年，頁4792～4793。

〔註9〕（日）石田肇著，孔繁錫、張新民譯校：《高似孫史略研究》，《貴州師範大學學報（社會科學版）》1993年第4期。

〔註10〕見高我桂等修：《剡南高氏宗譜》卷一，《列傳·叔俞公行述》。

〔註11〕黃寬重：《宋代的家族與社會》，臺北：東大圖書股份有限公司，2006年，頁200。

故樊氏夫人墓誌銘》撰者稱高珍君孫子中的三人，他已然不知道名字，那麼從常理推斷，高珍君孫子中夭折的兩人他很可能更不瞭解情況。因此，高闐、高闡也可能是高伯欽兄弟之子。

袁桷《書高息齋嚴母方氏夫人墓誌後》云：「今年春，得讀《嚴母方夫人墓銘》，其敘師友婚姻之好，不以窮達渝易，足以知先生成均之法，出於閭塾之遺意，而方夫人崇師教子，不得與流俗同也。」〔註12〕袁桷認為高閌所定太學法制與閌母「不以窮達渝易」的言傳身教和「崇師教子」有很大關係，因而稱讚方夫人之賢。

《叔俞公行述》中記載的重要事件還有高伯欽之父高軫之休滕氏、繼娶樊氏；高伯誠病篤，高伯欽去探視；高伯起遭遇官司，高伯欽從中周旋，最後得以無罪釋放。這些事件與《宋故樊氏夫人墓誌銘》中的記述非常吻合，因而《叔俞公行述》出自高閌之手當無可疑。

《宋故樊氏夫人墓誌銘》和《叔俞公行述》對高伯欽父親姓名的記載並不一致，《宋故樊氏夫人墓誌銘》稱「高珍君」，高閌《叔俞公行述》則稱「高軫之」。筆者認為，這兩種說法很有可能指的就是同一人，只是稱謂不同而已。左洪濤稱：「高贊襄之子、高君珍之父的名字很可能就是高軫之。」〔註13〕這種說法值得商榷。據高閌《叔俞公行述》，高贊襄之子、高君珍之父當為高鷹。《宋故樊氏夫人墓誌銘》撰者是高碩的好友，文中稱「充實名碩」，可見「充實」即指其表字，高珍君為高碩之父，且撰文時高珍君已去世，故文中稱其「考君」，依古人禮儀，珍君很有可能是其表字。高閌《叔俞公行述》稱「先君諱伯欽，行第十七」「曾祖贊襄，行第七」「祖鷹，行第五」「父軫之，行十二」。「諱」即指已故尊長者之名，「贊襄」「鷹」「軫之」，這說的都是他們的名字。

《剡南高氏宗譜·辨族》云：「四明之有高氏，俱從晉陵來也。晉陵十三世孫子長，仕隋為秘書學士，是生智周，相唐高宗，諡曰定……《杭新》《泰順》《高錢》《千歲》諸譜，皆宗宋真宗朝武烈衛王，云王係士廉之後，宜宗士廉。餘《桂芳》《剡南》《高塘》《西周》《東吳》諸譜，則宗吳越錢王

〔註12〕（元）袁桷：《清容居士集》卷四十八，《書高息齋嚴母方氏夫人墓誌後》，杭州：浙江古籍出版社，2015年，頁1109。

〔註13〕左洪濤，張恒：《兩宋浙東高氏家族研究》，北京：海洋出版社，2010年，頁41。

時殿帥公，云公係智周之後，宜宗智周。是疑其為二祖矣。迨統觀舊譜，第八世而後，又歷載高錢、千歲之衍派，迄今凡十餘世，行第相仍、井然不紊，是又何也！大抵先世而遙，難以確據，自唐迄宋，不無斷續。今余本內翰公諱文虎嫡派，自宜謹遵遺牒，遠則宗定公（高智周），而申國公（高士廉）不及詳也；近則宗殿帥公，而武烈衛王（高瓊）在所略也；不敢以後裔之同，妄揣為鼻祖之合。」這段文字意在說明高氏後人認為四明高氏的先祖有兩人，分別為唐代的高士廉和高智周，但高氏後人也承認由於時間遙遠，他們自己對高氏先世也無法確定，自唐代至宋代的傳承難免存在記載不清的情況。

　　《剡南高氏宗譜・明統系》云：「譜冠唐定公，而系圖以殿帥公為第一世者，蓋自唐儀鳳迄太平興國，垂三百餘載，譜牒失傳，世次無考；自殿帥公始隱居慈谿，沿至太中公，諱伯欽，開第於鄞之南門，而氏之族遂日繁盛，故四明之有宗譜，僅尊定公為始祖，而以殿帥公為太宗，以太中公為世宗。」這段記載說明該譜以唐定公（高智周）為始祖，系圖則以高殿帥為第一世。但高智周和高殿帥之間三百餘年的世次已無法考證。關於高殿帥的情況，高閌《叔俞公行述》只說其高祖（高贊襄之父）是殿帥公的第三子，但高祖的名字並不知曉。可見高殿帥確有其人，但其基本情況可能連高閌也不清楚。

　　《剡南高氏宗譜・詳里居》云：「吾氏祖居晉陵，後殿帥公為吳越錢王俶殿前都指揮使。宋天平興國三年，錢王將以地歸宋，公諫以傚死勿去，詞甚激切，王壯之，而勿聽，意以圖籍歸宋。公懼得罪，乃棄官匿名，遁居慈谿之大隱山。地近車廄，有墓存焉，居民至今以高家墓呼之。」據此，殿帥公為五代十國時期吳越國錢王殿前都指揮使，殿帥應當是他的官職，其名字已經無從知曉。

　　周宣子《剡南高氏宗譜舊序》云：「寶臣公諱瓊者，隨太祖決策定難，官忠武軍節度、封衛國公加太尉，乃兄殿帥公，奇抱負，不得志於宋，隱居四明之慈谿，再傳至伯欽公，居於鄞，生子五人。」〔註14〕周宣子說高殿帥為北宋名將高瓊之兄，但此說是否可信值得懷疑，可能是高氏後人的杜撰。《高氏渤海郡刺史歷代世系圖（外紀系圖）》記載高乾之子有三子：高瑤、高瓊、高

〔註14〕高我桂等修：《剡南高氏宗譜》卷首，《舊序》。

玖，以高瑤為高瓊之兄，而高瑤為富州團練使。〔註15〕若高殿帥曾任吳越錢王都指揮使，後懼獲罪而辭官隱居，則不可能出任富州團練使，據此推斷，高殿帥與高瑤決非同一人。當然，還有一種說認為高瓊為高乾長子，但不管怎麼樣，高殿帥都與高瓊無關。另外，從高閌的記述來看，高閌對殿帥公之行事已然不甚明瞭，若殿帥公果為高瓊之兄，高閌述其先祖殿帥公時不可能對此隻字不提。高閌的叔父高碩已經明言高氏祖上無名人。

高文虎《剡南高氏宗譜》序云：「當觀世家大族之作譜也，必摭集遠代之文章炳蔚、簪纓赫奕者，以鋪餘冊端，至按其系流朔其里派，則未之盡合焉，餘則以為恥矣……今聞吾族有事纂譜，餘則以此意寄語作者，遠祖之世系，容有未確也，寧略而不詳；近世之支流，不必皆貴，務詳而不略。」〔註16〕可見高文虎對高氏遠祖之世系不明有充分的認識，並對首任修譜者高似孫提出了明確的要求。

《剡南高氏宗譜》載有乾隆時期高氏後人高宏訓所作的《高氏歷代支世源流記》，對高氏源流的記載最為詳細。該文遠紹西周，稱高氏始祖為西周時齊太公六世孫高赤，字子高。春秋戰國時支世難稽。至後漢洪公為渤海郡刺史，即著名的渤海高氏。至唐代有高士廉，為貞觀間大學士，封許國公。五代時傳至高霸，高霸生高乾，高乾有三子：高瑤、高瓊、高玖。高瓊為北宋名將，累官檢校太尉、忠武軍節度使，因戰功封秦國公，諡武烈。高瓊第六子高繼宣生遵道，遵道生士明，士明生公傑，公傑生伯達，伯達生允中、允欽、允詳。允中登紹興元年進士，官至兵部尚書；允欽官至太中大夫。建炎三年，宋高宗因金兵逃至明州，允中攜兄弟子侄隨駕明州，遂居住於鄞縣。允中生安寧、世則；允欽長子閌，閌長子為文虎，文虎生一子似孫，似孫生二子，長子普，次子歷。〔註17〕

結合《宋故樊氏夫人墓誌銘》《叔俞公行述》等資料來看，這篇《高氏歷代支世源流記》存在多個疑點，很可能是高氏後人抄錄了其他的高氏宗譜並加以改編而成。第一，《高氏歷代支世源流記》稱高文虎為高閌長子，顯係有誤，《宋史・高文虎傳》載文虎為「禮部侍郎閌之從子」，周宣子《剡南高氏宗譜舊序》明稱文虎為「光祿大夫開之子」「禮部侍郎閌之從子」。第

〔註15〕高我桂等修：《剡南高氏宗譜》卷二，《渤海郡系圖》。
〔註16〕高我桂等修：《剡南高氏宗譜》卷首，《舊序》。
〔註17〕高我桂等修：《剡南高氏宗譜》卷首，《高氏歷代支世源流記》。

二，《高氏歷代支世源流記》稱高文虎只有一子似孫，而《剡南高氏宗譜》
所載《雪廬公傳》《內紀行傳》均記載文虎有二子。第三，《高氏歷代支世源
流記》稱高允欽官至太中大夫，而高閌《叔俞公行述》則記載其父高允欽繼
承父業，經營「帽肆」，「不及留心儒業」，未曾做官。其意圖在於掩飾高家
先輩起家於手工業的早期家族史。第四，高文虎、高似孫、高文善、高衡孫
的舊序全都沒有提及高瓊，稱先祖為高瓊後人的說法直到清康熙重修時才
開始出現。《剡南高氏宗譜》卷首題為高瓊所撰的《渤海高氏宗支圖序》也
見於《海寧岩門高氏家譜》等其他高氏宗譜。因此，該文稱高氏先祖為高瓊
後人的說法頗為可疑。其實對於《高氏歷代支世源流記》的說法，清道光年
間高袁續修宗譜時已經有所懷疑，《剡南高氏宗譜·道光己亥高氏重修宗譜
跋》云：

> 己亥歲，余館渡南碧筠書屋。會高氏續修宗譜，族長天奕等屬
> 余理其卷帙，校其訛舛。余忝附姻戚，義不敢辭。翻閱舊牒，竊見
> 名公鉅人，高科顯官，祖孫相望，至今不絕，洵剡中右族也。顧讀
> 乾隆甲辰蛟泉宏訓公《譜序》及《歷代支庶源流記》，知其考訂詳明，
> 所以訪宗盟而敘宗傳者，用心為至苦矣。然披文善公《舊序》，內云
> 十二府君生太中（太中，允欽公官銜）；云天大其報，是生禮部侍郎，
> 侍郎，允欽公子閌公也；云吾兄翰林學士也，以猶子相繼，蔚為時
> 稱。學士非他，文虎公也，而曰猶子，明乎文虎公為閌公之從子也。
> 乃宏訓公《譜序》以文虎公為閌公子，何哉？因檢乾隆八年《宗譜》，
> 得嘉定十七年《舊序》，係文虎公內侄周宣子作，又得《叔俞公行
> 述》，係其子閌作。二公所載世次，周言：「文虎公為光祿大夫開之
> 子。」閌言：「先君生男八，長早卒、次安世、次閌、次聞、次開、
> 又次早卒、季闓、幼閔。」多與宏訓公《譜序》不合。而宏訓公以
> 安世為其伯考允中公子，以開為其叔考允祥公子，以文虎為三伯考
> 閌公子，且文虎公以前一切世次為所訂正者，其憑之《章鎮》耶？
> 抑據之《茅洋》與？其憑之《前梅》耶？抑據之《武林》歟？余思
> 宏訓公遍查各譜，必有所因。第閌公之作《行述》，與文善公、宣子
> 公之作《譜序》，計其時相去不過數十寒暑耳，捨的據而外求憑，與
> 周子已矣，將何以處夫文善公之《譜序》耶？余不敏，不敢以宏訓

公所訂正者稍事改更，但《叔俞公行述》為其子閱謹識，宣子公《譜序》為表兄似孫公屬著，其敘世次，似不同凡作傳記者之冒人名目，予姑敬錄之，以付剞劂，仍備參考。昔似孫公作《剡錄序》，嘗引酈道元以自況。今余氏袁，非比宏訓公氏高，焉敢必余言之有當於斯譜乎？如其精覈，更俟後之重修者。時道光十九年季冬，中浣之吉，邑庠生門胥袁載清百拜謹跋。〔註18〕

綜合以上資料，根據現有比較可信的記載來看，高似孫的先祖可追溯至五代十國時期任吳越王錢弘俶殿前都指揮使的高殿帥，但其名已無從考證，因吳王以地歸宋，高殿帥擔心獲罪，棄官隱居慈谿，由此家道中落。高殿帥之孫贊襄遷居四明，以賣烏紗帽為生，至高君珍一代時家境漸富，高君珍的第二任妻子樊夫人在高氏家族由經商轉向儒業的過程中起到了特殊的作用。在高氏家族的歷史上，高碩最早進入太學讀書，後來高伯欽的五個兒子同時考入太學，而且均高中進士，高氏家族在科舉上獲得了成功，由此逐漸成為四明望族。高氏家族是一個典型的通過科舉考試獲得成功的新興士人家族。高閌第一個中進士，師從理學大家楊時，為南宋初年四明洛學的代表性人物之一，並在朝中擔任要職，對高氏家族的崛起發揮了關鍵性作用。高氏家族由商轉儒，家族中的不少成員通過科舉考試走入仕途，從下層士人家族成為四明的名門望族。黃寬重先生指出：「由於政經社會環境的變遷，宋代家族的結構及其發展、興衰，都與唐以前的社會有明顯的差異。唐代以前，世家大族在政治、社會乃至經濟上都具有舉足輕重的地位，形成門第社會。到了宋代，科舉考試成為步入政治的主要階梯，也是影響家族榮枯的重要因素。經濟的發達與教育的普及，使新興起的士人家族，逐漸成為新時代的主角。」〔註19〕

根據以上研究，結合《剡南高氏宗譜》《宋故樊氏夫人墓誌銘》等資料，我們可以初步理清高氏家族的世系，見下表〔註20〕：

〔註18〕高我桂等修：《剡南高氏宗譜》卷首，《道光己亥高氏重修宗譜跋》。
〔註19〕黃寬重：《宋代的家族與社會》，臺北：東大圖書股份有限公司，2006年，頁27。
〔註20〕此表參考了石田肇和黃寬重的高氏世系表並加以修正，分別見石田肇《南宋明州の高氏一族について：高閌、高文虎、高似孫のこと》（宋代史研究會編：《宋代社會宗教》，東京：汲古書院，1986年），黃寬重：《宋代的家族與社會》，臺北：東大圖書股份有限公司，2006年，頁200。

剡南高氏家族世系圖

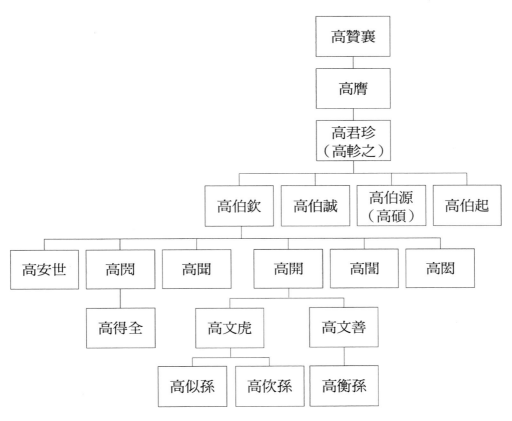

二、先祖

（一）叔祖父——高閌

　　高閌（1097～1153），字抑崇，號息齋，鄞縣人。高閌自幼天資不凡，八歲通經史，弱冠與兄弟四人同入太學。建炎二年（1128），升補上舍。紹興元年（1131），免試賜同進士出身。紹興五年（1135），經趙鼎推薦任秘書省正字，後為禮部員外郎兼史館校勘，遷著作佐郎。高閌為趙鼎的支持者，因參與趙鼎與秦檜的黨爭而罷職。紹興十二年（1142），紹興和議後，宋高宗、秦檜為粉飾太平，決定恢復太學，拉攏原為趙鼎一派的高閌任國子司業，主持太學，此舉遭到主戰派洛學同門胡宏的嚴厲批評，胡宏寫信斥其「阿諛柄臣，希合風旨」「欺天罔人」「平生志行掃地盡矣」。紹興十四年（1144），授禮部侍郎兼侍講。此後秦檜攻擊程氏之學，清除異己，高閌被御史中臣李文會彈劾

「錄程頤之學，徇趙鼎以邀名」，於是出知筠州，遂致仕，教授鄉里，絕意仕進，遍讀經史諸子百家。卒諡憲敏。著有《春秋集注》《厚終禮》等。

南渡後，宋高宗恢復太學，以高閌「懷靜退之風，得淵源之學，早升東觀，洊列南宮，縉紳所推，譽處彌劭」〔註21〕，任其為國子司業。這一期間，高閌主持改革太學。南宋初年，科舉士子多習詩賦。紹興十三年（1143），南宋恢復太學，高閌上書改革太學考試內容，建議以經義為主、詩賦為次，得到高宗支持。高閌又制定太學考試的具體方法，「以《六經》《語》《孟》義為一場，詩賦次之，子、史、論又次之，時務策又次之，太學課試及郡國科舉，盡以此為法」。高閌還確立地方士子補國學監生的規定，將中央和地方教育連為一體。後又建議以飽學之士擔任學官以教導諸生，設御書閣以藏御書。新學建成後，紹興十三年（1143），高閌奏請高宗幸臨太學，率諸生上表以請。次年高宗視學，高閌為諸生講解《易經》「泰」卦，為太學盛事，對此南宋文學大家樓鑰（1137～1213）說：「高宗皇帝中興初駐蹕錢塘，始建太學，妙選師儒，先侍郎首為國子司業，豈惟文行經學足以表率士林，馳名京師，規繩具舉。未幾車駕幸學，握貳儀曹，至今四海尊仰之。」〔註22〕總之，南渡後學制多為高閌所建立，高閌對南宋教育制度的建立具有較大影響。

高閌之人品學問名重士林，袁燮《刑部郎中薛公墓誌銘》云：「禮部侍郎高公，學有根柢，氣類相若，講明義理，日益精微，於是乎家庭間肅肅雍雍，薰蒸陶染，不扶而植，為子若孫者烏得而不賢哉！刑部公之持身居官，所以見推于士大夫者，其源委蓋如是。」〔註23〕

高閌少習程頤之學，入太學時師事楊時，是程頤的再傳弟子。《宋史‧高閌傳》稱：「閌少宗程頤學。宣和末，楊時為祭酒，閌為諸生。胡安國至京師，訪士於時，以閌為首稱，由是知名。」高閌還受教於自山東遷居四明的程頤門人焦瑗。高閌在四明積極推廣洛學，是最早在四明傳播洛學的重要人物。他在太學學成歸里後，在鄞縣城南長春門建長春書院，講授《春秋》，傳伊洛之學，從學者甚眾。樓鑰評價說：「吾鄉四明慶曆、皇祐間，杜、楊、二王及我高祖正議，號五先生，俱以文學行誼表率於鄉，杜先生又繼之，講明經術，

〔註21〕（宋）張擴：《東窗集》卷九，《高閌除國子司業制》，文淵閣四庫全書本。
〔註22〕（宋）樓鑰：《攻媿集》卷五十四，《黃州貢院記》，清武英殿聚珍版叢書本。
〔註23〕（宋）袁燮：《絜齋集》卷八，北京：中華書局，1985年，頁299。

名公輩起，儒風益振，厥後伊洛二程先生之興，得其傳以歸者，惟故禮部侍郎高公。」〔註24〕清全祖望指出：「二程倡道洛中，浙人惟永嘉九先生得登堂，而餘皆私淑也。吾鄉則高憲敏公、童持之、趙庇民，皆在太學，侍楊氏，洛學之來甬上自此始。暨南渡，而山東焦先生以避地至，亦伊川門下也。憲敏輩以其所得共證明之，其所言多與楊氏合，於是日益請業，而吾鄉之洛學遂日盛。」〔註25〕全祖望在《長春書院記》中進一步闡述高閌對洛學之功：「楊文靖公之在太學，吾鄉士人從之者多，而高氏兄弟五人與焉，所造之大，禮部侍郎少師憲敏公，其渠也……吾鄉學派，導源慶曆諸公，至於伊、洛世系，則必自憲敏始，而憲敏為司業，其時王氏之學雖替，然尚有如陳公輔輩，未能盡絕，憲敏以其師說，日與諸生發明之，其有功於伊洛，尤為不淺。」〔註26〕

　　高閌深通經學，精於易學和禮學，他針對王安石廢《春秋》之學，於《春秋》用力最深，其《春秋集注》堪稱集大成之作。閌著此書，閉門屏居，日有定課，風雨無阻，晚年精力盡付此書。此書所載經文，多從《左氏》，但亦兼取《公羊》《穀梁》二家。大旨以程頤《春秋傳》為本，故仍冠以程頤原序。其說雜採唐宋諸家，鎔以己意，不復標舉名氏。閌雖學宗程子，但並未盲從附和，對程《傳》的錯誤也能有所匡正。不守門戶之見，故所解多得本旨。元袁桷稱高閌「辨《春秋》王霸，未嘗不嚴正而簡明」〔註27〕，清全祖望說「讀憲敏《春秋集注》，其發明聖人褒貶義例，遠過於胡文定公，至今說《春秋》者以為大宗」《四庫全書總目》評價此書「惟於地理少疏……然在宋代《春秋》諸家中，正大簡嚴，實可與張洽相匹，非孫復、崔子方輩可幾及」。因高閌精通《春秋》，《春秋》遂成為高氏家法，其從子文虎治《春秋》而中進士。樓鑰在為《春秋集注》作序時認為高氏家族興盛的原因是「子孫能守家法，其興蓋未艾也」〔註28〕。高閌還致力於禮學研究，在禮部侍郎任上，曾擔心近世禮學不明，因著《厚終禮》《鄉飲酒儀》，並修訂司馬光的冠禮，喪禮後為朱熹納入《家禮》之中。紹興七年（1137），仇悆守明州，受

〔註24〕（宋）樓鑰：《攻媿集》卷五十一，《息齋春秋集注序》，清武英殿聚珍版叢書本。
〔註25〕（清）全祖望：《鮚埼亭集外編》卷十六，清嘉慶十六年刻本。
〔註26〕（清）全祖望：《鮚埼亭集外編》卷十六，清嘉慶十六年刻本。
〔註27〕（元）袁桷：《清容居士集》卷四十八，《書高息齋嚴母方氏夫人墓誌後》，杭州：浙江古籍出版社，2015年，頁1109。
〔註28〕（宋）樓鑰：《攻媿集》卷五十一，《息齋春秋集注序》，清武英殿聚珍版叢書本。

《鄉飲酒儀》的啟發，在重建州學後舉行此禮，甚至買田充作舉行典禮的基金，這是南宋建立後首次舉行鄉飲酒禮。此後鄉人林保參照此制，制定了鄉飲儀制。紹興十三年（1143），國子祭酒高閌對此修定損益，定名為《鄉飲酒矩範儀制》並上奏朝廷，由禮部頒行，同年即刊行於明州，此為南宋推行鄉飲酒禮之始。〔註29〕

除了發揚洛學、研治《春秋》及禮學，高閌還參與修纂史書。在任禮部員外郎兼史館校勘期間他參與修纂《宋哲宗實錄》和《宋神宗實錄》，擔任校勘官。《宋史全文》載：「癸亥，尚書左僕射監修國史趙鼎，史館修撰勾濤，秘書少監尹焞，著作郎兼校勘張嵲，佐郎胡珵，校勘鄧名世、朱松、李彌正、高閌、范如圭等上重修《哲宗皇帝實錄》。九月書成。」〔註30〕這說明高閌在校勘實錄期間與朱熹之父朱松共事。宋李心傳《建炎以來繫年要錄》載：「御史論彌正、閌與修《神宗實錄》……彌正舊校勘官，閌為史官，本非所長者也，至趙鼎再相，彌正乃以前日之罷為不易逢之機，閌以前日之舉，為不得已之事，誕謾反覆，以儒濟奸，伏望特行罷黜，以戒在位。故二人並罷。」高閌雖參與校勘實錄，但被御史彈劾修史「非所長」，由是罷職。高閌是趙鼎一派的支持者，與秦檜對立，因而這種彈劾完全是出於政治上的攻擊，不足以憑信。宋李心傳《建炎以來朝野雜記》云：「神宗、哲宗新《實錄》，趙元鎮為相時所修也。《神錄》有《考異》，《哲錄》有《辨誣》，皆出范元長侍讀一手。與修者任德初、張子韶、尹彥明、高抑崇、胡德輝、范伯達、朱喬年、王信伯、李似之等，俱一時名人。」〔註31〕由此可見，高閌不僅精於經學，而且兼擅史學，這為後來高氏家族的治學興趣由經學轉向史學埋下了伏筆。

（二）祖父——高開

高開，鄞縣人，高安世之弟，曾與兄弟高安世、高閌、高闈、高閌同入太學讀書，遊於國子祭酒楊時之門。乾道二年（1166年），登進士第。《乾道四明圖經》卷十二《進士題名記》：「乾道二年蕭國梁榜：高開，安世之弟。」《光緒鄞縣志》卷二十《選舉表一》：「乾道二年丙戌：高開。」宋徐元傑《楳埜

〔註29〕黃寬重：《宋代的家族與社會》，臺北：東大圖書股份有限公司，2006年，頁181。

〔註30〕佚名：《宋史全文》卷二十，文淵閣四庫全書本。

〔註31〕（宋）李心傳：《建炎以來朝野雜記‧甲集》卷四，北京：中華書局，2000年，頁109。

集》卷十《跋高特進手書孝經》稱高開為高特進，周宣子《剡南高氏宗譜舊序》稱高文虎為「光祿大夫開之子」，則高開曾任特進、光祿大夫。

高似孫的祖父高開是高氏家族的一位重要人物，他的兩個兒子（高文虎、高文善）、兩個孫子（高似孫、高衡孫）都中進士弟，高氏三望中的二望都出自高開一脈。

高開雖在仕途上無顯赫經歷，但他中進士後致力於講學授徒，成效顯著，戴機就出自高開門下。戴機是袁燮妹夫之兄，字伯度，號藝堂，同為鄞縣人。紹興三十二年（1162），以詞賦冠於鄉。紹熙元年（1190），以特恩補官，歷金華簿，提點江淮湖北鐵冶鑄錢司檢踏官。樓鑰《戴伯度墓誌銘》載：「初，師事鄉先生高公開，而深為先生之兄侍郎公所器重，自是為學愈力，有勝己者必從之研窮講切，日進而不止，根本諸經，博採百氏，喜《史》《漢》書，敘事奮筆，儵之沛若泉湧，英詞麗藻出必驚俗，愈出而愈新，尤工偶儷之文，如睹寶藏金珠象犀，爛然溢目，喜作七字詩，多關風教。有《蟄齋集》十卷。」〔註32〕從高開弟子戴機的學術特點來推斷，高開可能更擅長詩文。

高開虛心好學，曾從其兄高閌學習《孝經》，並手書《孝經》。高開所書《孝經》質量上乘，受到後人讚譽。袁燮《跋高公所書孝經》贊其書「楷而有法，無一點一畫猝然而作者」〔註33〕。徐元傑《跋高特進手書孝經》：「孩提而知愛，既長而知敬，人之良知良能也。特進高公於其教子弄孫之時，手書《孝經》以遺之，宜矣。公之諸曾孫獨以此寶藏之，則夫戰戰兢兢於曾子五遂之敬，願相與以此共勉，庶不失同盟相切磋之意云。」〔註34〕由此可見，高開非常重視對子孫的教育，手書《孝經》以培養子孫的高尚情操。高開為乾道二年（1166年）進士，高似孫出生於紹興二十八年（1158年），從時間上來看，高似孫年幼時，其祖父高開尚健在，高似孫自幼受到高開的教誨，喜好詩賦，這一點很可能受到了高開的影響。

（三）生父——高文虎

高文虎（1134～1212），字炳如，號雪廬，鄞縣人。高開之子，高閌之從子，高似孫之父。紹興三十年（1160）進士（《乾道四明圖經》卷十二、《寶慶

〔註32〕（宋）樓鑰：《攻媿集》卷一百六，清武英殿聚珍版叢書本。

〔註33〕（宋）袁燮：《絜齋集》卷八，《跋高公所書孝經》，北京：中華書局，1985年，頁112。

〔註34〕（宋）徐元傑：《楳埜集》卷十，文淵閣四庫全書本。

四明志》卷十），治春秋。調平江府吳江縣主簿，與詩人范成大交誼深厚，范成大稱高文虎「有文學行誼而不卑」。〔註35〕《宋史·高文虎傳》載：「曾幾守官在吳，文虎從之遊，故聞見博洽，多識典故。」乾道四年（1168），召為國子正（《宋會要輯稿·選舉》）。淳熙四年（1177）二月，孝宗幸兩學，文虎輯《國朝以來臨幸故事》授祭酒林光朝。五年（1178）八月，兼國史院編修官，與修《四朝國史》。六年（1179）正月，遷太學博士。七年（1180）正月，除將作監丞（宋陳騤《南宋館閣續錄》卷九）。九年（1182），任台州添差通判（《嘉定赤城志》卷十），期間幫助朱熹彈劾唐仲友。紹熙五年（1194），擢將作監兼實錄院檢討官、玉牒所檢討官（《宋會要輯稿·選舉》），與修《高宗實錄》《神宗玉牒》，多所刊正。又修《徽宗玉牒》，考訂詳審。寧宗即位，遷軍器少監。慶元二年（1196），為國子司業兼學士院權直，遷祭酒。三年（1197），以中書舍人兼實錄院同修撰。四年（1198），韓侂冑命草《禁偽學詔》，遷兵部侍郎兼中書舍人。五年（1199），拜翰林院學士兼侍讀。六年（1200），出知建寧府。嘉定元年（1208）二月九日，在華文閣學士、提舉江州太平宮任上被罷職。後遷居嵊縣，卒於嘉定五年（1212）。著有《蓼花洲閒錄》一卷（《古今說海》本），《厚終禮注》（佚）、《天官書集注》二十卷（佚）、《史記注》一百三十卷（佚）。《全宋詩》卷二三九六錄其詩十二首。《全宋文》卷五四一一至五四一二收其文二卷。

《剡南高氏宗譜》記載了高文虎慶元中從鄞縣遷至剡南的經過，並以高文虎為始遷祖，譜中收錄了史安之為高文虎作的《雪廬公傳》：

> 公諱文虎，字炳如，號雪廬，鄞人也。先世為宣仁皇太后外戚，俱有武功，世封王爵。其祖父、伯叔、兄弟皆以勳名祿位顯，而雪廬好讀書，尤嗜山水。入剡，遂家於剡，建玉峰堂、藏書寮諸勝。工於詩賦，著有《厚終禮注》《天官書集注》二十卷。纂修國史，煌煌鉅製，誠一代宗工也。寧宗朝，直華文閣學士，贈儀同三司，配周氏，封申國夫人；子似孫，通儀大夫；伙孫，國學上舍。卒葬金波山之源，御賜致祭加禮。余宰是邑，兼與通議交。命作傳，以故不得辭。曰典清華之職兮，品望嶙峋；矯矯良史之筆兮，剛勁絕倫。調元氣於黃閣兮，憂其國憂其民；退而涵養性天兮，陶然嚴壑以終

〔註35〕（宋）范成大：《新修主簿廳記》，見曾棗莊、劉琳主編：《全宋文》第259冊，上海：上海辭書出版社，2006年，頁187～188。

其身。昔有山陰雪舟，清風萬古兮；今乃雪廬優游，彷彿爭韻乎剡溪之濱。同里後學史安之拜。

　　高文虎，字炳如，鄞人，紹興中進士，累官翰林學士。文虎聞見博洽，多識典故，嘗與修國史。寓越，娶剡仁德鄉周氏。慶元中，來縣北明心寺東麓，建玉峰堂、秀堂、藏書寮、雪廬。卒葬金波山之原，即明心寺東麓。（載夏周二志）〔註36〕

《剡南高氏宗譜·內紀行傳》亦載高文虎行述：

　　字炳如，號雪廬，行八十五。紹興二十年梁克家榜進士。官至翰林院華文閣大學士，有《天官書集注》傳世。博物洽聞，編修國史，性愛山水，慶元中入剡，建玉峰堂、藏書寮於金波玉峰山，即明心寺之東麓也。卒葬其處，為南渡始祖。生於紹興甲寅（1134年）六月廿三日，卒於嘉定甲戌（1212年）五月初一日。配太學生升上舍紹興丙寅科貢士周世修字德遠公長女，合葬剡北金波玉峰山明心寺左，事見邑志並傳。生二子，似孫，伋孫，一女適司農卿趙士遠。〔註37〕

　　據以上記載，高文虎由鄞縣遷居嵊縣的時間為慶元中，約在1197至1198年間，並在金波玉峰山即明心寺東麓建有玉峰堂、藏書寮、秀堂、雪廬。《剡錄》卷八載：「寺之南麓，先公翰林所藏，山有藏書寮，又有雪廬、玉峰堂、香堂。」〔註38〕其妻為太學生升上舍紹興丙寅科貢士周世修之長女，封申國夫人。按：《雪廬公傳》稱高氏先祖為「宣仁皇太后外戚」，這個說法並不可靠，高文虎祖父高伯欽並非高官顯貴，「紹興二十年梁克榜進士」應為「紹興三十年」。

　　高文虎曾捲入南宋初年黨爭，直接參與了慶元黨禁，是攻擊道學的重要人物。慶元四年（1198）高文虎以中書舍人的身份，幫助韓侂胄起草《禁偽學詔》，與御史胡紘合黨攻擊道學。《宋史·高文虎傳》稱：「文虎以博洽自負，與胡紘合黨，共攻道學，久司學校，專困遏天下士，凡言性命道德者皆絀焉。」宋人張自明說：「慶元初，予始入太學，於時偽學之禁嚴，臺官胡紘、司業高

〔註36〕高我桂等修：《剡南高氏宗譜》卷一，《列傳·雪廬公傳》。
〔註37〕高我桂等修：《剡南高氏宗譜》卷三，《內紀行傳》。
〔註38〕（宋）高似孫：《剡錄》卷八，《高似孫集》，杭州：浙江古籍出版社，2017年，頁115。

文虎，表裏為爪牙，搏噬無虛日，學校諸生語言小異，輒坐偽罪。」〔註39〕
高文虎在慶元黨禁中扮演重要角色，與道學家水火不容。開禧三年（1207年），
韓侂胄被謀害後，反道學派大受打擊。嘉定元年（1208）二月在華文閣學士、
提舉江州太平興國宮任上，被左諫議大夫傅伯成彈劾而罷官。

高文虎主管太學期間也受到士人批評。慶元二年（1196）高文虎任國子
司業，主管太學，「以藏頭策題，得罪多士」〔註40〕，葉紹翁《四朝聞見錄》
載：「疾程文浮誕，其為小司成，專以藏頭策問試士，問目必曰有某人某事者。
士不能應，但以『也』字對『者』，士之憤高也久矣。」〔註41〕這說明高文虎
更重視詩賦，與其叔父高閌的主張不同。

高文虎受其伯父高閌影響很大，自幼繼承家學，治《春秋》，並以《春秋》
中進士，但他對理學並不感興趣，而以編纂多朝國史聞名，與修《四朝國史》
《高宗實錄》《神宗玉牒》《徽宗玉牒》，撰有《史記注》《天官書集注》。史書編
纂也成為高氏家學。樓鑰在為皇帝所寫的高文虎任職告書《高文虎將作監丞》
中說：「爾博學篤志，承伯父之傳；網羅舊聞，述史遷之緒。採之公論，僉曰汝
賢。再轉為丞，尚居繕監。職務清簡，可以卒汗青之業，毋以匠為嫌也。」〔註
42〕《宋史》本傳稱高文虎「聞見博洽」。與高閌專治經學相較，文虎才學洋溢，
興趣廣泛，讀書更加廣博，喜收藏圖書及古器，在金波山明心寺之東麓建有藏
書僚。同時對詩文也比較擅長，高似孫《剡錄》即收錄其父所作的詩多首，正
如袁桷所言「內翰公文虎、禮部公似孫父子皆以文學致清顯」〔註43〕。

（四）生母——周氏

《剡南高氏宗譜·雪廬公傳》載高文虎「配周氏，封申國夫人」，又《剡
南高氏宗譜·內紀行傳》載高文虎「配太學生升上舍紹興丙寅科貢士周世修
字德遠公長女」。周宣子《剡南高氏宗譜舊序》云：「炳如諱文虎者……始寓
越，余叔祖德遠公長女，余從堂姑也……姻聯世好，語門楣則曰雪廬學士，

〔註39〕（宋）釋居簡：《北澗集》卷首，《張自明序》，文淵閣四庫全書本。

〔註40〕（宋）周密：《齊東野語》，歷代筆記小說大觀，上海：上海古籍出版社，2012
年，頁102。

〔註41〕（宋）葉紹翁：《四朝聞見錄》，歷代筆記小說大觀，上海：上海古籍出版社，
2012年，頁127。

〔註42〕（宋）樓鑰：《攻媿集》卷三七，清武英殿聚珍版叢書本。

〔註43〕（元）袁桷：《清容居士集》卷二十一，《高一清醫書十事序》，杭州：浙江古
籍出版社，2015年，頁585。

語宅相則曰疏寮通議，語昆友則曰堯遠。」高似孫在《剡南高氏宗譜・周舅氏家乘序》中更明確地說：「余先大人諱文虎……娶剡仁德鄉太學上舍世修公女周氏，而生不肖，余幸屬周之甥。」因此，高似孫生母為周氏，嵊縣仁德鄉人，周世修之長女。嘉定元年（1208）正月十五日，封太恭人，《剡南高氏宗譜・歷代誥敕》稱周氏「內則夙嫻母儀，稱善毓秀一門，媲美河東三鳳，榮封屢進，增輝堂北茂萱，茲特贈為太恭人」。

周氏出於嵊縣有名的科舉世家。王十朋《周府君行狀》對嵊縣周氏家族有較為詳細的介紹：

> 公諱瑜，字公寶，先世姑蘇人也，高祖避五代亂，徙居於剡。曾祖荀，祖惟，父過，皆不仕。公為人純厚質直，介然自立，以孝友聞於鄉。治家有法，遇長幼以禮，閨門之內肅如也……公喜儒學，嘗闢家塾數十楹，延四方名士以淑諸孫。又製夫子暨十哲坐像，畫七十二子於一堂，俾崇奉之，大書其側曰：「爾其親師友之淵源，就功名之烜赫。」烋日必設具以集之，親究其能否。有勵業者，喜見顏間，面加獎諭，冀其成就；稍怠墮，則諄諄戒敕，俾之自勉，由是咸自力於學。紹興庚申秋，孫汝士預薦書；乙丑歲，世修肄籍太學。丁卯秋，汝士、汝能、世則聯名鄉薦。明年，汝士登進士弟，鄉人榮之……公娶里人孫氏，先公三十二年卒。男三人：長仁，承節郎；次侁，承信郎、婺州永康縣監酒稅，後公一年卒；季億，先公七年卒。女四人：長適同邑吳宗，次適劉昇，次適房先厚，次適過諤，其夫皆早死，諸女孀居，終不改志。男孫九人：世光、汝賢、汝士，左從政郎；汝弼，早卒；世修、汝能、世則、汝礪、世南，皆業儒。女孫六人：長適同邑進士盛卞，次適泰州助教過焌，次適成忠郎、通州支鹽高世絪，次適進士商汝霖，次適右迪功郎徐與夔，次適右修職郎、潭州醴陵縣尉姚定。曾男孫十有二人，曰之元、之純、之文、之綱、之彥、之茂、之奇、之翰、之才、之望、之邵、之美；曾女孫十有二人，長適進士史之才，次適左迪功郎、明州慈谿縣主簿陳嘉善，餘尚幼。某無似，獲與公之孫世修同舍上庠，道出剡溪，嘗登公堂，獲承謦欬之餘。他日再至而公逝矣。癸酉秋，公長子仁移書謂某曰：「吾將以十二月十八日葬吾父於邑之方山鄉馬鞍山之原，祔先夫人之隴也。子辱與吾兒遊，知其平生之詳，願

狀其行，吾將乞銘於士大夫以藏諸幽。」某辭鄙陋不獲，謹撰次所
聞如右。謹狀。〔註44〕

據此文，則周氏家族先世為姑蘇人，後徙居於剡。此文傳主周瑜是周氏家族
的早期人物，性喜儒學，重視子孫教育，開設私人家塾，延請四方名士以教
子孫。在周氏家族中，周汝士最早登進士第。康熙《嵊縣志》卷十《人物志·
列傳》載：「汝士天資穎出，紹興間與從兄世修、世則及永嘉王十朋同遊太學，
世修太學首中選，補內舍生。明年，汝士與世則及弟汝能試鄉舉，聯名薦禮
部，汝士遂登進士，授右從事郎、永康縣丞、太常簿，進左奉議郎，主管台州
崇道觀，以優歸。」周汝士聘請太學同窗王十朋來教育子孫，一時傳為美談。
於是，「周氏一門登科者七人，與鄉薦者十數人，文物之盛，為邑首稱」。除周
汝士外，周汝能、周之綱、周之瑞、周之章、周宣子、周溶孫均中進士。周氏
一族科舉之盛，甲於剡地，正如高似孫在《剡南高氏宗譜·周舅氏家乘序》中
說：「細考淳風之樸、科第之盛，無如我母氏家之延名師以訓子若孫。」

據以上材料可知，周世修為周瑜之孫。紹興十五年（1145），入臨安太學，
與王十朋及從兄弟周汝士、周世則為太學同窗，後升為上舍生。

（五）其他重要人物

1. 高安世

高安世，鄞縣人，高閌之兄。登紹興五年（1135年）進士第，為理學家
楊時的門人。官給事郎、太子中舍、知縣，並為嵊州崿浦廟書文。王安石《方
蘋高安世張湜傅充並太子中舍制》：「敕：具官某等：吾於爵祿甚慎，閔仁百
姓甚篤。爾等或專一縣，或佐一軍，而皆列於卿丞之籍，蓋嘗有所試矣。今有
司序功，當得遷位。吾雖甚慎爵祿，而於爾等無所愛焉。其勉思拊循百姓，以
稱吾閔仁甚篤之意。可。」〔註45〕樓鑰在《嵊縣崿浦廟記》中稱「給事郎、
太子中舍、知縣高安世」。〔註46〕《乾道四明圖經》卷十二《進士題名記》：
「紹興五年汪應辰榜：高安世，閌之兄。」《寶慶四明志》卷十《進士》：「紹
興五年汪應辰榜：高安世，閌兄。」《延佑四明志》卷六《人物考下》：「紹興
五年汪應辰榜：高安世，閌兄。」

〔註44〕 （宋）王十朋：《梅溪集·前集》卷二十，《周府君行狀》，文淵閣四庫全書本。
〔註45〕 （宋）王安石撰，李之亮箋注：《王荊公文集箋注》卷十四，成都：巴蜀書社，
　　　　2005年，頁523～524。
〔註46〕 （宋）樓鑰：《攻媿集》卷五十五，《嵊縣崿浦廟記》，清武英殿聚珍版叢書本。

2. 高閌

高閌，鄞縣人，高閌之弟。登紹興十五年進士第，為理學家楊時的門人，歷官左迪功郎、廣德軍軍學教授、錢塘令、明州教授等。其著述僅有《烈港新建張王行廟記》一文傳世。據《寶慶四明志》卷二十《敘祠》，紹興二十年（1150），高閌尚為明州教授。《乾道四明圖經》卷十載高閌《烈港新建張王行廟記》一文，末題「紹興二十年九月甲戌朔，左迪功郎、新廣德軍軍學教授高閌記」，據此則高閌於紹興二十年（1150）九月始任廣德軍軍學教授。《咸淳臨安志》卷五十一《秩官九·縣令·錢塘》載高閌曾任錢塘縣令。《乾道四明圖經》卷十二《進士題名記》：「紹興十五年劉章榜：高閌，安世之弟。」《寶慶四明志》卷十《進士》：「紹興十五年劉章榜：高閌，安世弟。」《延佑四明志》卷六《人物考下》：「紹興十五年劉章榜：高閌，安世弟。」

3. 高文善

高文善，明州鄞縣人，高安世侄，高文虎之弟。登淳熙十一年（1145），登進士第。《寶慶四明志》卷十《進士》：「淳熙十一年衛涇榜：高文善，安世侄。」《延佑四明志》卷六《人物考下》：「淳熙十一年衛涇榜：高文善。」《嘉靖衢州府志》卷七《官守紀一》：「慶元三年，高文善，承議郎，後別典州郡遺閼，文虎弟。」據《宋會要輯稿》，高文善曾任司封郎中、國子監書庫官、太常寺主簿、太子舍人。據民國《象山縣志·文徵外編上·碑記》所載，嘉定十六年（1223），高文善撰《重修智門禪院記》一文（今佚）。

第二節　高似孫之生平

關於高似孫的生平史料較為缺乏，《宋史》沒有為他立傳，相關材料散見於《宋會要輯稿》《南宋館閣續錄》《嵊縣志》《鄞縣志》《攻媿集》《後村詩話》《齊東野語》《癸辛雜志》《直齋書錄解題》《鮚埼亭集外編》《宋史翼》等。

《剡南高氏宗譜·疏寮公行述》記載了高似孫的治學特點、著述、性情、名望等情況：

> 公諱似孫，字續古，號疏寮，生於鄞，從父雪廬公來剡。自幼穎悟嗜學，凡讀書過目成誦，詩古文詞，涉筆即工，不待思索。又屬意尋山水勝，遇跡必考，遇物必詳。剡中諸美，為所襟收。嘗與

舅氏周子瑞、周子章〔註47〕等同學，晨夕坐談文藝，討論典制，相契最厚。前守處州，有《緯略》《騷略》等作，所言皆道術權變、調劑文武之義。嘉定朝，剡令史安之亦鄞人，慕祖才名，以剡典故無稽，求之作志，乃為撰《剡錄》十卷。凡山川城社人物景跡，細及土產、風俗、茶品、泉味有辨，罔不詳悉，剡邑為之發耀。家居宦任，著述極富，每為文士習誦。又善以孔孟之旨，借發於淺近之言，邑中名俊類奉為宗法。持躬最謙藹，雖倉卒，無失常容。平居未嘗有躁怒之狀。紹定辛卯卒，葬於金波山。縉紳慟哀，送葬者百數，群奉主入賢祠，春秋牲祀。

　　按：高似孫，文虎之子，累官中大夫、提舉建康府崇禧觀，贈通議大夫。似孫博雅好古，有父風。嘉定七年，邑令史安之訪，作《剡錄》十卷。文物典故有稽，迄今籍焉。子歷，字堯象，累官通判溫、婺等州，積朝奉郎。卒葬文虎墓右。歷子參，蘭溪知縣。〔註48〕

《剡南高氏宗譜·內紀行傳》簡要交待了高似孫的求學、仕官、生卒時間及婚配等情況：

　　字續古，號疏寮，行三，由太學率履齋登淳熙甲辰進士第，與嫡叔文善同榜。仕會稽簿，上殿奏事建博，召試官職校書郎，歷官中奉大夫、提舉建康府崇禧觀、通議大夫。生於紹興戊寅（1158年）二月初三日，卒於紹定辛卯（1231年）十月十五日。娶待郎趙磻公之女，封恭人，合葬剡北金波山父墳側。事見邑志並傳。生二子：普、歷。〔註49〕

《鄞志稿》卷十三《文苑傳上·高似孫傳》，可見其生平梗概，其全文如下：

　　高似孫，字續古，號疏寮，憲敏公閌之孫。登淳熙十一年進士。歷遷校書郎、知處州，後仕至禮部侍郎，博學二《詩》。史安之知嵊縣，求似孫作《剡錄》，邑之文獻採摭無遺。著有《疏寮小稿》及《騷

〔註47〕「周子瑞、周子章」當為「周之瑞、周之章」之誤。阮元《兩浙金石志》載：「周之瑞（汝能任），淳熙十四年王容榜進士；周之章（之瑞弟），嘉定元年鄭自誠榜進士。」高似孫《剡錄》卷「進士登科題名」所載亦為周之瑞、周之章。據王十朋《周府君行狀》，周汝能、周汝士與高似孫的外祖父周世修均為周瑜之孫。因此周之瑞、周之章為高似孫舅氏無疑。

〔註48〕高我桂等修：《剡南高氏宗譜》卷一，《列傳·疏寮公行述》。

〔註49〕高我桂等修：《剡南高氏宗譜》卷三，《內紀行傳》。

略》《緯略》《蟹略》等書（見《甬上耆舊集》本傳）。為館職時，上韓侂胄生日詩，凡九首，皆暗藏錫字，頗為清議所少（見馬端臨《文獻通考》）。及守括，有妓洪渠慧點過人，一日歌《真珠簾》詞，至「病酒情懷猶困懶」，演其聲真若病酒者，似孫極稱賞，遂與落籍，以是遭言者論劾，晚年徙居姚江（見周公謹《癸辛雜志》）。弟衍孫精韻學，尤工畫，袁清容稱其為嘉定故老冠（似孫，新舊志俱不立傳，今採他書補之）。〔註50〕

據以上資料，我們可以歸納高似孫的生平梗概。高似孫，字續古，號疏寮，鄞縣（今浙江寧波）人，高文虎長子，高閌之孫。生於紹興二十八年（1158年）二月初三日，自幼好學，天賦過人，讀書過目成誦，長於詩文。初為臨安太學率履齋生，與舅氏周之瑞、周之章為太學同窗。登淳熙十一年（1184）進士，累官中大夫、提舉建康府崇禧觀，贈通議大夫。博雅好古，善於考證，著述極富，學尊孔孟。性格謙讓，喜遊山水。卒於紹定四年（1231年）十月十五日，葬於嵊縣北金波山父墳側。

結合已有研究，擬將高似孫的一生劃分為四個階段：

一、出生至中進士時期（一至二十五歲）

高似孫出生時，其父高文虎 24 歲，其叔祖父高閌已過世。似孫少時主要生活在宋孝宗時期，當時秦檜專權的黑暗時期已經過去，孝宗一朝的政治氣氛相對寬鬆，學術上出現爭鳴之勢。理學大為發展，成為盛行全國的顯學，朱熹集其大成；王安石新學、蘇氏蜀學、以陸九淵為開山的心學，以呂祖謙、陳亮、葉適為代表的浙東事功學派，以張栻代表的湖湘學派，各領風騷。佛、道也在一定程度上獲得鼓勵。陸游、辛棄疾、范成大與楊萬里等將宋代文學推向二個高峰。繼《資治通鑒》之後，《通志》《續資治通鑒長編》《通鑒紀事本末》等大型史書相繼問世。從地理位置上來看，四明因臨近都城臨安而成為行在，成為南宋政治、經濟與文化的重鎮。紹興和議之後，北方不少士大夫、儒士及豪室大族定居於此，其中聲名尤著者有二程門人焦瑗、程迴、高元之，文人張孝祥、陳與義、康與之、朱敦儒、張良臣、安昭祖等，名臣有魏杞等。這一地區經濟繁榮，文風甚盛，崇儒尊師之風日興，先後有大儒在此地講學，北宋時「慶曆五先生」（楊適、杜醇、樓郁、王致、王說）首

〔註50〕（清）蔣學鏞纂：《鄞志稿》卷十三，《文苑傳上》，四明叢書本。

開講學之風，倡導義理之學，強調經世致用，於是「名公輩起，儒風益振」，全祖望稱「甬上學統，肇開於慶曆五先生」；「甬上四先生」（舒璘、沈煥、楊簡、袁燮）師從陸九齡、陸九淵兄弟，為陸學最重要的弟子，他在四明傳播陸氏心學，使四明一度成為全國的陸學中心，四明也因此呈現以陸學為主的地域特點，正如王應麟所說的那樣，「朱文公之學行於天下而不行於四明，陸象山之學行於四明而不行於天下」。理學家楊時較早將洛學引入四明，其弟子高閌講學於長春書院，繼續傳播洛學，但其學在四明的影響力遠不如陸學，這種局面到了宋末黃震等人出現之後才有所改變。呂祖謙之弟呂祖儉（？～1196）學承呂祖謙，在四明為官五年，聚徒講學，大力傳播呂學。四明教育發達，書院林立，四明人普遍重視家庭教育，許多家族紛紛開辦私塾，聘請名師教育子女。四明科舉興盛，名人輩出，成為當時的進士之鄉，《寶慶四明志》謂：「高宗駐蹕吳山，明為甸畿。孝宗命元子保鑾，禮俗日盛，家詩戶書，科第取數既多，且間占首選。衣冠文物，甲於東南。」〔註51〕四明出身的官員在南宋政權中佔據了重要地位。四明刻書業發達，藏書風氣頗盛，湧現出以樓郁、樓鑰父子以及史守之為代表的藏書大家，高似孫之父高文虎即建有藏書寮，其藏書當不在少數。

自高珍君時代起，高氏家族就有崇尚儒學的傳統，設私塾，延名師，重視子孫教育。高閌進士出身，講學鄉里，親自教導子孫；高文虎博洽多聞，通《春秋》，長於史學；其母周氏出身剡縣名門望族，「善毓秀一門，媲美河東三鳳」，這些條件對於高似孫的成長不無裨益。高似孫繼承家學，自幼天賦過人，「凡讀書過目成誦，詩古文詞，涉筆即工，不待思索」，年少時已頗有詩名，陳振孫稱其「少有俊聲」〔註52〕。受其父文虎的影響，他博涉經史子集，尤愛詩賦，嗜好收藏書法字畫，對黃老之學也頗感興趣。

淳熙四年（1177）冬，似孫求學於杭州太學，為太學率履齋學生，與其舅氏周之瑞、周之章為同窗，「晨夕坐談文藝，討論典制」，關係頗為密切。在太學期間，似孫喜讀詩賦，《文苑英華》是他的主要讀本，在閱讀《文苑英華》的過程中發現該書存在很多文字訛誤，因而開始獨自校勘《文苑英華》，

<hr>

〔註51〕（宋）羅睿修，（宋）羅濬纂：《寶慶四明志》卷一《風俗》，《宋元方志叢刊》第5冊，北京：中華書局，1990年，頁4999。

〔註52〕（宋）陳振孫：《直齋書錄解題》卷二十，上海：上海古籍出版社，1987年，頁608。

後來又結識翰林學士周必大，對周必大校勘秘閣本《文苑英華》多有幫助。
高似孫《文苑英華纂要》自序云：

> 孝宗皇帝閱《文苑英華》，周益公直玉堂，夜宣對。上謂秘閣本
> 太舛錯，再三命精讎十卷以進。一日侍公酒，公以無佳本為言，因
> 白架中有此書，間嘗用諸集是正，頗改定十之二三。公驚喜曰：「《英
> 華》本世所無，況集耶？」乃盡笈去，復以讎整者畀予研訂，書奏
> 御，不為無分毫助也。後以本傳之廬陵，手書寄來，急讀一遍，因
> 取其可必用者僅為帙四。又以奉公復答曰：「書千卷，鮮克展盡，顧
> 乃獵之精，舉之確耶？不減小洪公《史語》也。」〔註53〕

據周必大《文忠集》卷首之《年譜》記載，淳熙四年（1177）五月丁卯，
周必大除翰林學士。故而周必大校《文苑英華》當在這一時期之後。

周必大《文苑英華序》云：

> 臣事孝宗皇帝，間聞聖諭欲刻江鈿《文海》。臣奏其去取差謬不
> 足觀，帝乃詔館職裒集《皇朝文鑒》。臣因及《英華》，雖秘閣有本，
> 然舛誤不可讀。俄聞傳旨取入，遂經乙覽。時御前置校正書籍一二
> 十員，皆書生稍習文墨者……往往妄加塗注，繕寫裝飾，付之秘閣，
> 後世將遂為定本……晚幸退休，遍求別本，與士友詳議，疑則闕之。
> 凡經、史、子、集、傳注、《通典》、《通鑒》及《藝文類聚》、《初學
> 記》，下至樂府、釋老、小說之類，無不參用……始雕於嘉泰改元春，
> 至四年秋訖工。〔註54〕

又周必大《皇朝文鑒序》稱：

> 皇帝陛下……乃詔著作郎呂祖謙發三館四庫之所藏，裒緝紳故
> 家之所錄，斷自中興以前，匯次來上……為一百五十卷，規模先後，
> 多本聖心。承詔於淳熙四年之仲冬，奏御於六年之正月，賜名《皇
> 朝文鑒》，而命臣為之序。臣待罪翰墨，才識駑下……雖不肖，尚當
> 執筆以頌作成之效云。〔註55〕

從以上記載可見，宋孝宗下詔修《皇朝文鑒》的時間在淳熙四年仲冬，

〔註53〕（宋）高似孫：《文苑英華纂要》卷首，《四庫全書存目叢書》子部第119冊，
　　　　濟南：齊魯書社，1995年。
〔註54〕（宋）周必大：《文忠集》卷五十五，文淵閣四庫全書本。
〔註55〕（宋）周必大：《文忠集》卷六十五，文淵閣四庫全書本。

即 1177 年 11 月，不久又因秘閣本《文苑英華》舛誤太多，故詔周必大校勘《文苑英華》。高似孫對周必大的校勘多有幫助，頗得其賞識。因而，高似孫在 1177 年 11 月之前已入太學。

淳熙十一年（1184），高似孫中進士第，賜文林郎。《直齋書錄解題》稱高似孫「少有俊聲，登甲辰科」〔註56〕。《南宋館閣續錄》卷八稱高似孫「淳熙十一年衛涇榜進士出身，治詩賦」。《剡南高氏宗譜·內紀行傳》稱高似孫「由太學率履齋登淳熙甲辰進士第，與嫡叔文善同榜」。

二、出仕至罷官時期（二十六至五十歲）

紹熙元年（1190），已在紹興府會稽縣主簿任上。高似孫《文苑英華纂要》自序云：「初，予官越，洪公方在郡，日日陪棣華堂，書研頗及《史語》……明年，再上章告老……是歲卒」。《宋史·洪邁傳》載洪邁「紹熙改元，進煥章閣學士，知紹興府」〔註57〕。因而，高似孫陪侍洪邁在紹熙元年（1190），此時已在會稽縣主簿任上。《緯略》卷四「甘脆」條：「似孫昔奉祀攢陵，得牙盤食。」〔註58〕南宋皇陵位於會稽縣東南攢宮山。鮑永軍認為似孫奉祀在會稽主簿任上。〔註59〕

紹熙二年至三年（1191～1192），兩浙東路茶鹽司提舉黃唐主持刊刻《禮記正義》，高似孫任參校官。此本今藏國家圖書館，為宋紹熙三年（1192）兩浙東路茶鹽司刻宋元遞修本，卷末黃唐跋文云：

> 《六經》疏義自京監、蜀本，皆省正文及注，又篇章散亂，覽者病焉。本司舊刊《易》、《書》、《周禮》，正經、注、疏，萃見一書，便於披繹，它經獨闕。紹興辛亥仲冬，唐備員司庚，遂取《毛詩》、《禮記》疏義，如前三經編匯，精加讎正，用鋟諸木，庶廣前人之所未備。乃若《春秋》一經，顧力未暇，姑以貽同志云。壬子秋八月，三山黃唐謹識。

〔註56〕（宋）陳振孫：《直齋書錄解題》卷二十，上海：上海古籍出版社，1987 年，頁 608。

〔註57〕（元）脫脫等：《宋史》卷四百七十三，《洪邁傳》，北京：中華書局，1985 年，頁 11573。

〔註58〕（宋）高似孫著，王群栗點校：《緯略》卷四，《高似孫集》，杭州：浙江古籍出版社，2015 年，頁 582。

〔註59〕鮑永軍：《高似孫生平事蹟考辨》，《社會科學戰線》2009 年第 11 期。

跋文後有進士傅伯庸、進士陳克己、應賢良方正直言極諫科莊冶、修職郎紹興府會稽縣主簿高似孫等參校官銜名 8 行，以及宣教郎兩浙東路提舉常平司幹辦公事李深、通直郎兩浙東路提舉茶鹽司幹辦公事王汾、朝請郎提舉兩浙東路常平茶鹽司公事黃唐校正官銜名 3 行。據此，紹熙三年（1192），似孫已為修職郎。

　　紹熙三年（1192），作《水仙花前賦》。《緯略》卷八「水仙賦」條云：「余二十年前作《水仙賦》，自恨筆力欠奇偉。五年前，楊仲囦自蕭山致水仙花一二百木，極盛，乃以兩古銅洗藝之，學《洛神賦》體，再作《後水仙花賦》，頗愜人意。」〔註60〕此賦即載於《騷略》卷三的《水仙花前賦》。據《緯略》自序，《緯略》撰於嘉定五年（1212），則《水仙花前賦》當作於紹熙三年（1192）。

　　紹熙五年（1194），樓鑰除給事中，因欣賞同鄉後輩高似孫的才華，欲舉其以自代。樓鑰《除給事中舉高似孫自代狀》云：「右臣伏見文林郎、紹興府會稽縣主簿高似孫，夙有俊聲，能傳家學，詞章敏贍，吏道通明，臣今舉以自代。」〔註61〕《南宋館閣續錄》卷九載樓鑰「（紹熙）五年二月，以中書舍人兼（實錄院同修撰）。九月為給事中，仍兼」。可見朝廷未予採納，高似孫仍在稽縣主簿任上。

　　慶元中（約在 1197～1198 年間），似孫隨父文虎遷居嵊縣。《剡南高氏宗譜》稱高文虎「性愛山水，慶元中入剡，建玉峰堂、藏書寮於金波玉峰山，即明心寺之東麓也」〔註62〕，「慶元中，來縣北明心寺東麓，建玉峰堂、秀堂、藏書寮、雪廬」〔註63〕，又稱高似孫「生於鄞，從父雪廬公來剡」〔註64〕。

　　慶元五年（1199），由武學博士任秘書省校書郎。《宋會要輯稿》選舉二二之一三載：「（慶元五年）正月二十五日，武學博士高似孫點檢試卷。」〔註65〕《南宋館閣續錄》：「十月，除秘書省校書郎。」〔註66〕

〔註60〕（宋）高似孫著，王群栗點校：《緯略》卷八，《高似孫集》，杭州：浙江古籍出版社，2015 年，頁 670。

〔註61〕（宋）樓鑰：《攻媿集》卷三，清武英殿聚珍版叢書本。

〔註62〕高我桂等修：《剡南高氏宗譜》卷三，《內紀行傳》。

〔註63〕高我桂等修：《剡南高氏宗譜》卷一，《雪廬公傳》。

〔註64〕高我桂等修：《剡南高氏宗譜》卷一，《疏寮公行述》。

〔註65〕（清）徐松輯：《宋會要輯稿》，北京：中華書局，1957 年，頁 4603。

〔註66〕佚名：《南宋館閣續錄》卷八，北京：中華書局，1998 年，頁 327。

　　慶元年間，南宋政局突變，發生了慶元黨禁這一重大政治事件。慶元黨禁源於紹熙末年宰相趙汝愚與權臣韓侂冑兩黨的政治爭鬥。趙汝愚與權臣韓侂冑同為擁立宋寧宗的功臣。趙汝愚得到朱熹的支持，「收召李祥、楊簡、呂祖儉等道學諸君子以自壯」〔註67〕。壯大起來的理學勢力不再滿足於以清議的方式干預朝政，朱熹用「吾黨」一詞來稱呼理學同道，理學派遂與趙汝愚結為一黨。韓侂冑集團則指斥道學家只是借著研究義理、修身養性的幌子從事政治上的陰謀活動，因而將道學斥為「偽學」，朱熹被視為「偽學之魁」。慶元元年（1195）六月，劉德秀首論道學為偽學，七月何澹請禁偽學，趙汝愚被彈劾而去相位，隨後韓黨主要成員京鏜、何澹、劉德秀、胡紘進而大力打擊支持趙汝愚的道學一派。慶元二年（1196），寧宗下詔禁止道學。同年朱熹落職罷祠，四年後病死於武夷山中。慶元三年（1197），先後有五十九人被列入偽學黨籍。慶元四年（1198）五月，高文虎受命草《諭告偽邪之徒改視回聽詔書》，與御史胡紘共攻道學。《宋史·高文虎傳》云：「韓侂冑用事，既逐趙汝愚、朱熹，以其門多知名士，設偽學之目以擯之，遂命文虎草詔……與胡紘合黨，共攻道學。」〔註68〕由於其父的政治立場，高似孫也成為反道學派的成員，在政治上支持韓侂冑，並因此直接受益，官途亨通，直接由縣主簿升為秘書省校書郎。不過由於高似孫官職不高，他在黨爭中的影響較為有限，《慶元黨禁》中所列攻偽諸人之名單中就沒有高似孫的名字。

　　關於高似孫《右道學圖》，朱熹弟子黃榦在《勉齋集》中說：「《道學之圖》，聞高文虎之子所為，又有一圖云《右道學》，則以鄭惠叔為首，楊元範次之，以其助佑道學也。」〔註69〕《宋元學案·玉山學案》載：「鄭僑，字惠叔，莆田人也……黨禁起，高似孫作《右道學圖》，以先生為巨首，謂其庇之也。」〔註70〕弘治《八閩通志》卷七十一也有類似記載。鄭僑為目錄學家鄭樵之侄、名臣汪應辰之婿，寧宗時任參知政事，後升為知樞密院事。黨禁期間，朱熹

〔註67〕（宋）周密：《齊東野語》，歷代筆記小說大觀，上海：上海古籍出版社，2012年，頁25。

〔註68〕（元）脫脫等：《宋史》卷三百九十四，《高文虎傳》，北京：中華書局，1985年，頁12033。

〔註69〕（宋）黃榦：《勉齋集》卷四，《與晦庵朱先生書》，文淵閣四庫全書本。

〔註70〕（明）黃宗義：《宋元學案》，《黃宗義全集》第7冊，杭州：浙江古籍出版社，2012年，頁1645。

被罷職，鄭僑四次上書諫言為朱熹辯護，由此被貶，於慶元三年（1197）出知福州。《右道學圖》中「庇之」之說即指此事。從以上記載來看，高似孫作《右道學圖》的時間應當介於鄭僑上書為朱熹申辯到他出知福州的這一期間。朱熹被免職於慶元二年（1196），而鄭僑上書之時在知樞密院任上，其時間也在慶元二年（1196）。因此，筆者認為高似孫作《右道學圖》當在慶元二年（1196）或慶元三年（1197）。

　　高似孫在館閣任職時，嘗獻韓侂胄「九錫」詩，此舉頗招非議，而嘉定元年高似孫落職即由此事而起。

　　慶元六年（1200）二月，為徽州通判。〔註 71〕在赴任徽州通判的途中繞道金陵（今南京），作《由校中秘書授徽倅道出金陵投留守吳公琚》以投吳琚，其詩云：「四朝渥遇鬢微絲，多少恩榮世少知。長樂花深春侍宴，重華香暖夕論詩。黃金籝滿無心愛，古錦囊歸有字奇。一笑難陪珠履客，看臨古帖對梅枝。」〔註 72〕該詩作於慶元六年（1200），吳琚此時任鎮安軍節度使判建康府兼留守。

　　嘉泰元年（1201），作《朝丹霞》。《騷略》卷二《朝丹霞》小引云：「歲辛酉元日，夜半夢昇天……夢忽寤，時已五鼓。既以詩記其事……作《朝丹霞》。」〔註 73〕

　　嘉泰三年（1203），知信州，旋罷，與祠祿。《宋會要輯稿》職官七五之三七：「（嘉泰三年）十一月二十八日，新知信州高似孫與祠祿……以臣僚言，似孫倅徽陵轢，守喪寓居干擾郡政。」〔註 74〕

　　開禧二年（1206），在知嚴州任上，四月二十七日被罷官，與宮觀。《宋會要輯稿》職官七四之二二：「（開禧二年）四月二十七日，知嚴州高似孫與宮觀，理作自陳，以臣僚言其廉聲不聞。」〔註 75〕余嘉錫《四庫提要辯證》據《嚴州圖經》卷一知州題名無高似孫姓名，且開禧二年四月知州為鞏嶸，疑似孫未到任。〔註 76〕實際上，開禧二年四月高似孫嚴州知州之職被罷，而

〔註 71〕佚名：《南宋館閣續錄》卷八，北京：中華書局，1998 年，頁 327。

〔註 72〕（宋）葉紹翁撰，馮惠民等點校：《四朝聞見錄》卷二，北京：中華書局，1989年，頁 48～51。

〔註 73〕（宋）高似孫著，王群栗點校：《騷略》卷二，《高似孫集》，杭州：浙江古籍出版社，2015 年，頁 973。

〔註 74〕（清）徐松輯：《宋會要輯稿》，北京：中華書局，1957 年，頁 4092。

〔註 75〕（清）徐松輯：《宋會要輯稿》，北京：中華書局，1957 年，頁 4061。

〔註 76〕余嘉錫：《四庫提要辯證》卷七，北京：中華書局，2007 年，頁 413。

鞏嶸為接任者，因而未到任之說並不成立。同年，韓侂冑主持北伐戰爭，史稱「開禧北伐」。宋金雙方互有勝敗，但南宋因為準備不足、用人不當、軍隊腐敗、內部鬥爭、吳曦降金等原因，最後戰敗。次年十一月三日，韓侂冑被史彌遠等人殺害。嘉定元年（1208）九月，宋金雙方簽訂「嘉定和議」，南宋最後一次北伐行動至此結束。

開禧三年（1207），作《水仙花後賦》。清浦銑《復小齋賦話》稱此賦「依仿《洛神》句調，已為明人作俑矣」〔註77〕。

嘉定元年（1208），封通議大夫。《剡南高氏宗譜》卷首載「宋進士高似孫誥命」兩道，因高似孫封通議大夫，父文虎亦封通議大夫，母周氏封太恭人。〔註78〕二月，高似孫在知江陰軍任上，左諫議大夫傅伯成彈劾他諂事韓侂冑及無君之心，高似孫由此降五官，其父文虎亦落職。《宋會要輯稿》職官七四之二八：「（嘉定元年）二月九日，華文閣學士、提舉江州太平宮高文虎落職罷祠，新知江陰軍高似孫降一官，罷新任。以左諫議大夫傅伯成言文虎詭譎傾邪，似孫諂事侂冑，故有是命。既而臣僚復言似孫無君之心三事，又追五官。」〔註79〕從嘉泰三年（1203）到嘉定元年（1208）的六年間，高似孫因結交韓侂冑，多次遭受彈劾而罷官，在官場上起伏不定。

三、隱居嵊縣時期（五十一至六十五歲）

高似孫父子罷官後隱居於嵊縣，長達十五年之久。閒居期間，高似孫一面流連於剡縣山水，探尋名勝古蹟，「遇跡必考，遇物必詳」，一面將大量時間用於讀書與著述，他的許多重要著作如《緯略》《剡錄》《文苑英華纂要》《硯箋》等書都完成於這一時期。由於知識積累的不斷豐富，高似孫的治學風格在這一時期發生了明顯的轉變，從以往偏重於辭章之學轉向文獻考證之學。

嘉定五年（1212），著《緯略》十二卷。影宋本《緯略》載有高似孫《緯略》自序。據此序，其父高文虎卒於嘉定壬申春夏之際，即嘉定五年（1212）。《剡南高氏宗譜·內紀行傳》稱高文虎「卒於嘉定甲戌（1212年）五月初一日」〔註80〕。

嘉定六年（1213）冬，似孫請其叔父高文善為《剡南高氏宗譜》作序。

〔註77〕（清）浦銑輯：《復小齋賦話》卷下，清乾隆五十三年（1788年）刻本。
〔註78〕高我桂等修：《剡南高氏宗譜》卷首，《歷朝誥敕》。
〔註79〕（清）徐松輯：《宋會要輯稿》，北京：中華書局，1957年，頁4064。
〔註80〕高我桂等修：《剡南高氏宗譜》卷三，《內紀行傳》。

高文善《剡南高氏宗譜舊序》：「嘉定六年冬掄侄示余宗譜一編，請為之序。」〔註81〕

　　嘉定七年（1214），嵊縣知縣史安之以嵊無縣志，請高似孫作志。高似孫因撰成《剡錄》十卷（史安之序作於次年）。高似孫《剡錄》自序云：「史君尹剡，訪似孫錄剡事，剡始有史……宋嘉定甲戌高似孫。」《剡南高氏宗譜》：「邑令史君安之不以余為固陋，以《剡錄》十卷屬予編緝，時嘉定七年也。」〔註82〕同年，為史安之新建成的嵊縣縣學撰《遷建學宮碑記》。〔註83〕《嶀臺神絃曲》亦作於此年。

　　嘉定八年（1215）五月，提舉建康崇禧觀，作《周舅氏家乘序》，署名「中大夫、提舉建康崇禧觀、通議大夫甥高似孫」。〔註84〕十二月，應「通妙道人」易如剛之請，作《重修靖通庵記》，署名「玉笥山人高似孫」。

　　嘉定十二年（1219）八月，作《題喻工部樗所寫禊序》。

　　嘉定十五年（1222）十一月二十一日，作《選詩句圖》。

　　嘉定十六年（1223）三月七日，編成《文苑英華纂要》四卷。同年四月十五日，應衡山僧瞿省之請，撰《硯箋》四卷。

四、再度出仕至去世時期（六十六至七十三歲）

　　嘉定十六年（1223）五月，似孫再度入仕，任秘書省秘書郎。《南宋館閣錄續錄》：「高似孫（嘉定）十六年五月除（秘書郎）。」〔註85〕同年十一月冬至（二十二日）作《真誥序》，署名「朝散大夫、行秘書郎高似孫」。《宋會要輯稿》選舉二二之二八：「（嘉定）十六年六月二十五日，銓試，命司封郎官陳貴誼、大理寺丞江模考試，秘書郎高似孫、國子監主簿姚子材考試。」〔註86〕

　　嘉定十七年（1224）八月，作《休寧縣禮物記》，署名「朝議大夫、行秘

〔註81〕（宋）高文善：《剡南高氏宗譜舊序》，見高我桂等修：《剡南高氏宗譜》卷首。

〔註82〕（宋）高似孫：《周舅氏家乘序》，見高我桂等修：《剡南高氏宗譜》卷首。

〔註83〕（宋）高似孫著，王群栗點校：《剡錄》卷一，《高似孫集》，杭州：浙江古籍出版社，2015年，頁40。

〔註84〕高似孫《周舅氏家乘序》，高我桂等修：《剡南高氏宗譜》卷首，亦見（清）周工溰等修，（清）周德元等纂：《剡溪聯桂周氏宗譜》，清光緒十七年淵源堂活字本。

〔註85〕佚名：《南宋館閣續錄》卷八，北京：中華書局，1998年，頁299。

〔註86〕（清）徐松輯：《宋會要輯稿》，北京：中華書局，1957年，頁4609。

書省著作佐郎、兼莊文府教授、兼權侍右郎官高似孫」〔註87〕。九月，為秘
書省著作佐郎、兼權侍右郎官。《南宋館閣錄續錄》：「高似孫，（嘉定）十六年
五月除（秘書郎），十七年九月為著作佐郎。」〔註88〕同年，應兩浙東路提舉
齊碩之請，刪訂桑世昌《蘭亭考》，刪改其父高文虎所作《蘭亭博議序》，將原
署時間「開禧元年十二月望日」改為「嘉定元年十二月望日」，並作《蘭亭考
序》，署名「朝議大夫、新除秘書省著作佐郎、兼權侍右郎官高似孫」。〔註89〕
同年秋，高似孫首修《剡南高氏宗譜》畢，並為該譜作序，同時請周宣子為該
譜作序，周宣子《剡南高氏宗譜舊序》云：「似孫公作《剡錄》而邑斯有志，
編家乘而剡斯有譜；下筆選詞，奇崛而古峭，非時流可跂……帙成屬敘，余
忝戚誼，不敢以固陋辭，又不敢以浮泛語塞，乃責第述其淵源自來與里居遷
移大概，題之簡端。」〔註90〕

　　寶慶元年（1225）九月，知處州。〔註91〕高似孫離杭赴任處州時，釋居
簡為之送行並作《送侍左秘書高疏寮得處州》詩。十月十日至十一月七日，
撰《史略》六卷。〔註92〕《直齋書錄解題》稱高似孫「晚知處州，貪酷尤甚」
〔註93〕。《宋史·陳塤傳》稱陳塤任處州教授時「與郡守高似孫不合，去，歸
奉其母」〔註94〕。高似孫在處州，尋訪道教名山名士，自得其樂，正如吳惟
信《上高疏寮處州守》詩所謂「神仙來守神仙地」〔註95〕。

　　據光緒《處州府志》卷八記載，紹定中，處州守高似孫重修忠節祠，並
作《忠節祠記》，其文曰：

> 似孫守括兩載，一日，小孫彭夢神人曰：「我太原盂縣義烈祝公
> 也、姜官師也、章少傅也、詹光祿也。一屋荒寂。西亞角樓，雲馬

〔註87〕　（明）彭澤修，汪舜民纂：弘治《徽州府志》卷十二，明弘治十五年刻本。
〔註88〕　佚名：《南宋館閣續錄》卷八，北京：中華書局，1998年，頁299。
〔註89〕　（宋）喻松：《蘭亭續考》卷一，北京：中華書局，1985年。
〔註90〕　（宋）周宣子：《剡南高氏宗譜舊序》，高我桂等修：《剡南高氏宗譜》卷首。
〔註91〕　佚名：《南宋館閣續錄》卷八，北京：中華書局，1998年，頁317。
〔註92〕　（宋）高似孫：《史略·序》，《高似孫集》，杭州：浙江古籍出版社，2015年，
　　　　　頁235。
〔註93〕　（宋）陳振孫：《直齋書錄解題》卷二十，上海：上海古籍出版社，1987年，
　　　　　頁608。
〔註94〕　（元）脫脫等：《宋史》卷四百二十三，《陳塤傳》，北京：中華書局，1985年，
　　　　　頁12639。
〔註95〕　（宋）吳惟信：《上高疏寮處州守》，見（宋）陳起：《江湖後集》卷二十三，
　　　　　文淵閣四庫全書本。

風車，謝守振拔者，魚魚闐闐，我甚慕焉，幸為啟太守。」彭曉白
其事，乃謁以香，四公名稱，宛與夢合。即上奏，願賜旌額肖像而
奉之。竊惟天之為天，人之為人，同一清明，其生為忠臣，為義士，
死亦如之，耿亮湛瀅，直可以配天。諸公皆以罵賊不屈於刀鋸，報
之者嗇，有國者所當盡其義，為人臣者不當辭其責。予歸矣，稍刊
其意，以告後之垂意於斯者。〔註96〕

高似孫重修的忠節祠供奉太原府孟縣主簿祝公明、忠翊郎姜綬、義士章雲龍、
知雍州詹友四位處州籍忠烈守節之士，文中對他們表達了高度的讚賞，這也
體現了高似孫的愛國之情。光緒《處州府志》卷十三稱高似孫「紹定戊子守
郡時，村民獻雙蓮花三、雙蓮實二，咸以為仁德所召云」〔註97〕。紹定戊子
即紹定元年（1228）。由這兩處事例來看，高似孫「無君之心」實乃別有用心
之人因其結交韓侂胄而有意扣上的罪名。

紹定二年（1229）正月十一日，應建平縣知縣施德懋之請，作《小石山
滄灣亭記》〔註98〕。鮑永軍稱該文「應江陰縣令林某之請」〔註99〕，誤。四
月十二日，應江陰知縣林庚之請，作《冰玉堂記》〔註100〕。

紹定四年（1231年）十月十五日，卒，「縉衿慟哀，送葬者百數，群奉主
入賢祠，春秋牲祀」〔註101〕，葬於嵊縣北金波山高文虎墳側〔註102〕。

高似孫晚年居於嵊縣之東墅園。〔註103〕元人戚輔之《佩楚軒客談》載：
「高續古東墅亭館名：秀堂、疏閣、分繡閣、是堂、雪廬、京觀、聽雪齋、雲
壑、清香館、漁莊、歷齋、綠漪、墨沼、游雅齋、藏書寮、疏寮、蘭磴、集硯
亭、朝霞林、藻景亭、光碧鄉、剡興亭、蓬萊遊、探春塢、霽雪亭、耶溪月、

〔註96〕光緒《處州府志》卷八，《祠祀志》，《中國方志叢書》華中地方第193號，臺
　　　　北：成文出版社，1974年，頁255。
〔註97〕光緒《處州府志》卷十三，《職官志上·文職一》，《中國方志叢書》華中地方
　　　　第193號，臺北：成文出版社，1974年，頁383。
〔註98〕（明）趙錦修，（明）張袞纂，劉徐昌點校：嘉靖《江陰縣志》卷五，上海：
　　　　上海古籍出版社，2011年，頁67。
〔註99〕鮑永軍：《高似孫生平事蹟考辨》，《社會科學戰線》2009年第11期。
〔註100〕（明）趙錦修，（明）張袞纂，劉徐昌點校：嘉靖《江陰縣志》卷十六，上
　　　　海：上海古籍出版社，2011年，頁9～10。
〔註101〕高我桂等修：《剡南高氏宗譜》卷一，《列傳·疏寮公行述》。
〔註102〕高我桂等修：《剡南高氏宗譜》卷三，《內紀行傳》。
〔註103〕桑世昌《蘭亭考》卷十：「世昌近於東墅閱高續古校書、法書、名畫。」又，
　　　　高似孫《文苑英華纂要序》云：「冶使史公來訪越墅。」

水蘭徑、楊明麓、雪岩、西窯、鼇峰、岩壑。」〔註104〕高似孫所作《分繡閣夜作二首》和《蓬萊遊》即以其亭為題。

第三節　高似孫之人品爭議

　　高似孫生於四明望族，工詩文，「善以孔孟之旨，借發於淺近之言，邑中名俊類奉為宗法」，廣交當世名公巨卿如洪邁、周必大、樓鑰、陸游、辛棄疾、劉克莊、吳琚等人，於當世有盛名，堪稱一代名人，但因捲入慶元黨禁，身後屢遭非議，被理學一派斥為「異類」，以至於被視為「不忠、不孝、不仁、不義」之徒。

　　因曾獻「九錫」詩為韓侂冑祝壽，被斥為不忠於君。陳振孫譏高似孫「不自愛重，為館職，上韓侂冑生日詩九首皆暗用錫字，為時清議所不齒」〔註105〕。劉克莊《有宋龍圖學士光祿大夫致仕贈開府儀同三司傅公行狀》云：「高似孫嘗獻侂冑九詩，皆有『錫』字，公論其有無君之心。」〔註106〕《慶元黨禁》載：「高文虎之子似孫為秘書郎，因其誕日獻詩九章，每章用一錫字，侂冑當之不辭。辛棄疾因壽詞贊其用兵，則用司馬昭假黃鉞異姓真王故事。」〔註107〕盛如梓《庶齋老學叢談》將此事與辛棄疾贊韓侂冑用兵之辭相提並論，並加以評論：「如疏寮、稼軒負大文名，而有此作，穢名史冊，悲夫！」〔註108〕全祖望說：「疏寮魷魷，追配范、陸，苦吟之餘，尚聞三《略》，晚節微嫌，平原入幕。」〔註109〕

　　高似孫因應齊碩之請刪改其父高文虎所作《蘭亭博議敘》二篇，改其父之序，又因未盡瞻養父親之責，被視為「不孝」。陳振孫對高似孫刪改《蘭亭博議》頗有微詞：「其書始成，本名《博議》，高內翰文虎炳如為之序，及其刊也，其子似孫主為刪改，去此二篇固當，而其他務從省文，多失事實，或戾本意。其最甚者，序文本亦條達可觀，亦竄改無完篇，首末闕漏，文理斷續，

〔註104〕（元）戚輔之：《佩楚軒客談》，見陶宗儀等編：《說郛三種》，上海：上海古籍出版社，1988 年，頁 1298～1299。

〔註105〕（宋）陳振孫：《直齋書錄解題》卷二十，上海：上海古籍出版社，1987 年，頁 608。

〔註106〕（宋）劉克莊：《後村先生大全集》卷四十九，四部叢刊本。

〔註107〕《慶元黨禁》不分卷，文淵閣四庫全書本，亦見《宋史全文》卷二十九下。

〔註108〕（元）盛如梓：《庶齋老學叢談》卷上，北京：中華書局，1985 年，頁 16。

〔註109〕（清）全祖望：《鮚埼亭集》卷四，四部叢刊本。

於其父猶然，深可怪也。此書累十餘卷，不過為晉人一遺帖，自是作無益，玩物喪志，本無足云。其中所錄諸家跋語，有昭然偽妄而不能辨者，未暇疏舉。」〔註110〕周密《癸辛雜識·別集下》「銀花」條：「高疎寮一代名人，或有議其家庭有未能盡善者，其父嘗作《蘭亭博議敘》，疎寮後易為《蘭亭考》，且輒改翁之文，陳直齋嘗指其過焉。近得炳如親書與其妾銀花一紙，為之駭然，漫書於此。」〔註111〕

　　高似孫晚年知處州，被陳振孫指責為「貪酷尤甚」，又挾妓以去，故被指為「不仁」。周密《癸辛雜識·續集上》：「高疎寮守括時，有籍妓洪渠者，慧黠過人，一日歌《真珠簾》詞，至『病酒情懷猶困懶』，使之演，其聲若病酒而困懶者，疎寮極稱賞之。適有一客云：『卿自用卿法。』高因視洪云：『吾亦愛吾渠。』遂與脫籍而去，以此得嘖言者。」〔註112〕

　　高似孫受程大昌《演繁露》的啟發而作《緯略》，被指責為剽竊該書而成《繁露詰》，故被斥為「不義」。周密《齊東野語》卷十九「著書之難」條：「程文簡著《演繁露》初成，高文虎炳如嘗假觀，稱其博贍。文虎子似孫續古時年尚少，因竊窺之。越日，程索回元書。續古因出一帙，曰《繁露詰》，其間多文簡所未載，而辯證尤詳。文簡雖盛賞之，而心實不能堪。或議其該洽有餘，而輕薄亦太過也。」〔註113〕

　　針對以上指責，現代學者多有駁斥。著名史學家洪業先生詳考高似孫之事蹟，辨明舊說之非，指出：「似孫好仙道窈渺之說，樂山水、園亭之美，縱情於詩酒字畫之間。或亦如晉時文士之流於曠放，非謹飭拘守之士，然又烏可誣之為輕薄、諂佞、貪酷、迕逆之人哉？」〔註114〕黃慧鳴進一步為高氏辨誣，並分析高氏遭非議的原因：「原其所以受非議之緣由，或因其學與當時主流之學相悖。宋學好議論、重性理，有別於漢之訓詁學與唐之文章學。然似孫治學之道似更接近於漢學，又是以詩名著稱於世者，與當時之風尚相左，受冷落之命運，當是不可避免的……似孫雖出身於儒學世家，而其行為志趣

〔註110〕（宋）陳振孫：《直齋書錄解題》卷十四，上海：上海古籍出版社，1987 年，頁 409。

〔註111〕（宋）周密：《癸辛雜識·續集上》，上海：上海古籍出版社，2012 年，頁 153。

〔註112〕（宋）周密：《癸辛雜識·續集上》，上海：上海古籍出版社，2012 年，頁 63。

〔註113〕（宋）周密：《齊東野語》卷十九，上海：上海古籍出版社，2012 年，頁 201。

〔註114〕洪業：《洪業論學集》，北京：中華書局，1981 年，頁 105。

卻與理學家所確立的道德規範相去甚遠。理學家宣揚『克己』，而似孫在精神上卻更傾向於魏晉名士的無拘無束，放曠自然。」〔註115〕蔣鵬翔指出陳振孫對高似孫的責難主要源於二人文風好尚不同。〔註116〕王群栗《高似孫集‧點校前言》認為：「高氏一生實遠離政治權力中心，但因其是高文虎之子，又可能曾作《右道學圖》，遂陷入政治誣衊的漩渦中，不能獨善其身。用今天的眼光來看，黨爭雙方顯然都不夠客觀，互相攻擊，不惜無中生有。『九錫詩』不見一字，且所謂諂媚韓侂胄，辛棄疾、陸游尚不免此譏（此三人亦有交集），亦可見一時好尚。陳振孫本身即是一名理學家，他對高似孫文風的厭惡自然可以理解，今其著作俱在，『怪澀』容或有之，『可笑』則實在不知何指；所謂『貪酷』，除了洪業先生所舉反證外，本書補遺所收高氏落官閒居時為徽州所作的《休寧縣禮物記》，為江陰縣所作的《冰玉堂記》《小石山滄灣亭記》，亦可證明高氏當時實見重士林——否則請他作序，豈非自取其辱？至於周密之書，本就是雜記，只管記錄見聞而不負考訂之責，前人駁之已盡。」〔註117〕司馬朝軍教授在《子略校釋》前言中評道：「平心而論，高似孫真是生不逢時。假如生在魏晉，他必定成為名士，與嵇康為鄰，與阮籍為友，因其生性無拘無束，『逍遙乎山水之阿，放曠乎人間之世』（潘岳《秋興賦》）。假如生在唐代或者清代，他必定成為名儒，因為他博覽四部，孜孜考古，勤於著述，上可窺陸德明、孔穎達之藩籬，下可開朱彝尊、紀曉嵐之先河。而他偏偏生在朱熹的時代。慶元四年（1198），朝廷宣布禁偽學，高文虎草詔，高似孫又作道學之圖。高氏父子聯袂站在『偽學』的對立面，難免大大小小的理學家要將他妖魔化。」〔註118〕

　　從以上研究來看，高似孫的人品爭議與他參與黨爭、得罪理學有極為緊密的聯繫。從家族史的角度分析，高氏家族的早期人物汲汲於伊川之學，高閌、高安世、高閶兄弟均師事楊時，為程頤的再傳弟子，高閌更是四明理學的代表性人物之一。不過，高閌與理學的關係不像表面上看起來那麼牢不可破，高閌因附和秦檜和議而受洛學人士非議，同門胡宏對此舉表示極大憤慨。到高文虎這一代，他在治學上繼承了高氏家學中的史學一途並將其發揚光大，又遊學於詩人曾幾門下，故而兼工詩文，他對理學那種空談性理的做法已有

〔註115〕黃慧鳴：《高似孫的生平及其著作》，復旦大學碩士學位論文，2000 年。
〔註116〕蔣鵬翔：《高似孫目錄學思想發微》，湖南師範大學碩士學位論文，2007 年。
〔註117〕王群栗：《高似孫集‧點校前言》，杭州：浙江古籍出版社，2015 年，頁 7。
〔註118〕司馬朝軍：《〈子略校釋〉解題》，《漢籍與漢學》2018 年第 2 期，頁 143。

不滿。高似孫的學風與其父頗為相似，對理學不感興趣，他的政治立場、學術取向及品行志趣與理學多有不同。

　　第一，從政治立場的角度來看，宋孝宗至宋寧宗開禧年間的黨爭主要表現為道學派與反道學派之間的激烈鬥爭，這一鬥爭盛於淳熙年間，慶元黨禁標誌了道學派的暫時失利，而韓侂胄兵敗被誅意味著反道學派的徹底失勢。在政治派別的選擇上，高似孫由於其父的關係成為反道學派的一員，他與道學派發生衝突在所難免，他在仕途上的起伏與黨爭密切相關。在政治理想上，高似孫主張北伐，恢復失地，因此與韓侂胄有所交往，對其北伐戰爭持贊成態度。高似孫的人品非議主要緣於他追隨韓侂胄而被斥為不忠於君。合理地看待韓侂胄這一人物是我們正確評價高似孫的關鍵。韓侂胄一生主要做了兩件大事，一是發動黨禁，扳倒趙汝愚，二是解除黨禁，實施北伐。籌劃北伐時期，韓侂胄貶秦檜、崇岳飛，得到了不少士人的支持。辛棄疾、陸游就曾公開支持韓侂胄北伐，辛棄疾有頌韓之詞《清平樂》《西江月》《六州歌頭》，陸游為韓氏作《閱古泉記》《南園記》。高似孫作詩為韓氏祝壽，與陸游為韓氏作詩祝壽以及辛棄疾贊其「黃金假鉞、異姓真王」一樣，都是因為他們在北伐上的願望與韓不謀而合。因南宋政府腐敗、投降派抵制，加上韓侂胄自己犯了準備不足、用人失當的錯誤，至開禧三年（1207），韓侂胄兵敗被誅，投降派對他橫加罪名，命「史官改紹熙以來韓侂胄事蹟」〔註119〕。又因黨禁中得罪道學一派，韓侂胄死後遭到道學家的打擊報復。元初尊奉道學的《宋史》編者更是將他打入秦檜一流的姦臣之列，視其為禍國殃民的代表。對於韓侂胄受到的惡評，宋末學者周密就提出不同意見：「（韓侂胄）身隕之後，眾惡歸焉；然其間是非，亦未盡然。若《雜記》所載，趙師睪犬吠，乃鄭斗所造，以報撻武學生之憤。至如許及之屈膝，費士寅狗竇，亦皆不得志抱私讎者撰造醜詆，所謂僭逆之類，悉無其實。」〔註120〕現代學者對這一問題更是多有質疑。〔註121〕而頗具諷刺意味的是，表面上抗戰、實際上迫害抗金功臣的張浚，因為是理學大師張栻的父親，卻被《宋史》吹捧為「忠君」「愛國」的抗

〔註119〕（元）脫脫等：《宋史》卷三十九，《寧宗本紀》，北京：中華書局，1985年，頁749。
〔註120〕（宋）周密：《齊東野語》卷三，歷代筆記小說大觀，上海：上海古籍出版社，2012年，頁29。
〔註121〕參見何忠禮：《南宋全史：政治、軍事和民族關係卷》，上海：上海古籍出版社，2016年，頁37～52。

金功臣。支持或接近韓侂胄的士人如辛棄疾、陸游、高似孫等人都受到理學派的批判，批判的標準自然是理學家的標準。

第二，從學術取向的角度來看，高似孫與理學一派截然不同。四庫館臣已經注意高似孫與理學派在學風上的嚴重分歧：「蓋南宋末年道學一派惟以語錄相傳習，江湖一派惟以近體相倡和，而似孫所述，多魏晉以來詩文事蹟，與當時風尚相左，故駭而走歟？」〔註122〕其分析可謂一針見血。不過，四庫館臣的總結還不夠全面。以下從四個方面加以探討：

在史學方面，理學家提倡義理，存在重經輕史的傾向。二程曾說：「相業自《大學》、經學中來者深，自史學、俗學中來者淺。」〔註123〕張載（1020～1077）也不太重視史學，他在《經學理窟・義理》中說：「觀書且勿觀史，學理會急處，亦無暇觀也，然觀史又勝於遊山水林石之趣，始是可愛，終無益，不如遊心經籍義理間。」〔註124〕楊簡云：「學者當先讀孔子之書，俟心通德純，而後可以觀於史學者；道心未明而讀非聖之書，溺心於似是而非之言，終其身汩汩，良可念也。」〔註125〕朱熹對史學也存有一定的偏見，他說「讀史之士多是意思粗淺，於義理之精微多不能識，而墮於世俗尋常之見，以為雖古聖賢，亦不過審於利害之算而已」〔註126〕，又說「看此等書，機關熟了，少間都壞了心術」〔註127〕，朱熹還對呂祖謙、陳亮重視史學大加批評，反對浙學「言性命必究於史」的主張。而高似孫則繼承家學，精於史學，其史學類著作有《史略》《古世本》《蜀漢書》《漢書司馬相如傳注》《漢官》《秦檜傳》等，他不僅整理和考證史籍，而且對宋代以前的史學史加以梳理和總結，他對通史、雜史以及亡佚史籍的重視具有鮮明的時代特色。

在諸子學方面，理學主張學術思想的一元化，認為「天下萬物皆能窮，只是一理」，「一物之理即萬物之理」。為了表明理學是直承孔孟的正統儒學，理學在學術上具有強烈的排他性。理學排斥先秦諸子百家之學，特別是將佛、

〔註122〕《剡錄》卷首提要，文淵閣四庫全書本。

〔註123〕（明）薛瑄：《讀書錄》卷六，《讀陰符經雜言并序》，見《薛瑄全集》下，太原：山西人民出版社，1990年，頁1164。

〔註124〕（宋）張載：《張載集》，《經學理窟・義理》，北京：中華書局，1978年，頁276～278。

〔註125〕（宋）楊簡：《慈湖遺書》卷十五，《泛論學》，四明叢書本。

〔註126〕（宋）朱熹：《朱熹集》卷五十四，《答趙幾道》，成都：四川教育出版社，1996年，頁2735。

〔註127〕（宋）朱熹：《朱子語類》卷一百二十二，武漢：崇文書局，2018年，頁2242。

老思想視為異端，一方面援佛、老入理學，一方面又不遺餘力地闢佛、老。朱熹早年泛濫佛、老，深受佛、老思想影響，而又極力排佛，稱「異端之害道，如釋氏者極矣」「禪學悟入乃是心思路絕」「卻回頭看釋氏之說，漸漸破綻罅漏百出」。高似孫對先秦諸子的看法與理學截然不同，高氏重視先秦諸子的學術價值與功用，提出經子「經緯表裏」的觀點，他推尊儒家，但也認為道家、兵家、縱橫家、雜家等均有可取之處。高氏對道家尤為偏愛，「少耽黃老說」，其詩中多涉仙道，對超凡脫俗的仙境無限嚮往，且與桐柏山、天台山、龍虎山等處的道士交往頻繁，知處州時好友吳惟信在《上高疏寮處州守》一詩中稱「神仙來守神仙地」，直呼似孫為「神仙」。高似孫的主張更接近於以蘇軾為代表的蜀學。

關於儒家道統的傳承譜系，韓愈在《原道》中提出「堯—舜—禹—湯—文—武—周公—孔子—孟子」的傳承譜系，認為孟子之後道統斷絕，提出而自己是孔孟的合法傳人。〔註128〕唐末文學家皮日休讚賞韓愈賡續道統之功，但認為孟子到韓愈之間還有荀卿、王通：「夫孟子、荀卿翼傳孔道，以至於文中子……文中之道，曠百祀而得室授者，惟昌黎文公焉。」〔註129〕於是提出「孔子—孟子—荀子—王通—韓愈」的儒家道統傳承譜系。理學家不認同韓愈、皮日休的說法，將漢唐諸儒排除在道統之外。程顥自謂：「聖人沒而聖學不傳，以興起斯文為己任。」〔註130〕程頤認為「周公沒，聖人之道不行；孟軻死，聖人之學不傳」，提出孟子之後「千載無真儒」，推尊程顥為孔孟道統的傳人，稱「聖人之道得先生而後明，為功大矣」。〔註131〕張載提出伏羲、神農、黃帝、堯、舜、禹、湯、武王、伊尹、周公、孔子的道統譜系，以繼承孔孟道統自許。朱熹系統論述道統之傳授，將周敦頤、二程和他自己作為道統的傳人。朱熹弟子黃榦總結說：「堯、舜、禹、湯、文、武、周公生而道始行，孔子、孟子生而道始明。孔孟之道，周、程、張子繼之；周、程、張子之道，文公朱先生又繼之，此道統之傳歷萬世而可考也。」〔註132〕高

〔註128〕（唐）韓愈撰，馬其昶校注：《韓昌黎文集校注》卷一，《原道》，上海：上海古籍出版社，1986年，頁18。
〔註129〕（唐）皮日休：《皮子文藪》卷九，《請韓文公配饗太學書》，上海：上海古籍出版社，1981年，頁88。
〔註130〕（宋）程顥、程頤：《二程集》，北京：中華書局，1981年，頁639。
〔註131〕（宋）程顥、程頤：《二程集》，北京：中華書局，1981年，頁640。
〔註132〕（宋）黃榦：《勉齋集》卷四，《與晦庵朱先生書》，文淵閣四庫全書本。

似孫對道統譜系的看法與理學家有很大的不同，受皮日休推崇王通的影響，他提出：「道始於伏羲，終於孔子，孔子以來二千餘年矣，孟軻氏、楊雄氏、王通氏、韓愈氏，皆祖述孔子而師尊之，若通拳拳於六經之學，自孟子而下未有也……嗚呼，蓋自孟子歷兩漢數百年而僅稱楊雄，歷六朝數百年而僅稱王通，歷唐三百年而唯一韓愈。」高氏以伏羲為道統始祖，提出「伏羲—孔子—孟子—揚雄—王通—韓愈」的儒家道統傳承體系，以學術史的眼光突出漢唐大儒楊雄、王通和韓愈的重要地位，認為他們都是傳承和振興道統的關鍵人物。

在文學方面，理學家普遍有重道輕文的傾向，對辭章之學不太重視，晁說之（1059～1129）云：「德義之士如聖人，其視章句之徒如僕役，自章句之徒而視文字之學則如乞丐。」〔註133〕理學開山周敦頤（1017～1073）提倡文以載道，主張以道德為務，反對誇飾的文章之學，他說：「文，所以載道也……文辭，藝也；道德，實也……不知務道德而第以文辭為能者，藝焉而已。噫，弊也久矣。」〔註134〕二程斥文學為異端，程頤鮮明地提出「作文害道」，認為作文玩物喪志，《二程遺書》卷十八載：「問：『作文害道否？』曰：『害也。凡為文，不專意則不工，若專意則志局於此，又安能與天地同其大也。』《書》云：『玩物喪志。』為文亦玩物也。」〔註135〕張載稱：「文集、文選之類，看得數篇無所取，便可放下。」〔註136〕湖湘學派奠基人胡宏（1106～1162）曾作詩「心恥文俳似班馬，眼看青紫自頭旋」，稱自己恥與文人為伍。楊時稱韓、柳之文「不詭於聖人蓋寡矣」。理學家把作詩視為徒耗心力的閒工夫，提倡闡發義理的「道學之詩」，對吟詠情性、體現生活的「詩人之詩」則持排斥的態度。在文學創作上，高似孫沒有理學家的偏見，他受高開、高文虎的影響，自幼喜好詩賦，少有詩名，其詩不主一家，風格多樣，山水詩、詠蟹詩頗具特色，南宋詩人方岳對其詩文頗為推崇，他在《答葉兄》一文中將高似孫的《秋蘭》作為典範：「讀（葉）君所謂羊口行諸篇，則誠不能解為何等語也。古人

〔註133〕（宋）晁說之：《儒言·三論》，文淵閣四庫全書本。
〔註134〕（宋）周敦頤：《周敦頤集》，《通書·文辭第二十八》，北京：中華書局，1990年，頁34。
〔註135〕（宋）程顥、程頤：《二程集·河南程氏遺書》卷十八，《伊川先生語》，北京：中華書局，1981年，頁239。
〔註136〕（宋）張載：《張載集》，《經學理窟·義理》，北京：中華書局，1978年，頁276～278。

遠矣，君試取諸公之文參讀之，如讀蘭辭，則參高續古之《秋蘭》，如讀賈蚤，則參以洪舜俞之《洪蚤》，蓋有不待言語，而了然胸次間者矣。」〔註137〕近代學者、藏書家張壽鏞（1876～1945）認為高似孫《騷略》中的《讀易賦》《秋蘭賦》《幽蘭賦》《後長門賦》《水仙花前賦》《水仙花前賦》《松江蟹捨賦》「均有為而言，所寄者遠而所託深，匪無病呻吟者可比」〔註138〕。

　　在治學方法方面，北宋以來的理學家有感於漢唐傳注繁冗穿鑿之弊，抨擊漢唐注疏之學，擯棄訓詁考據之學，注重闡發義理，發揮微言大義，致力於增新意，立新解。張載強調對經義的主觀發揮，而不必拘泥於經文的訓詁，「心解則求義自明，不必字字相較」，「凡經義不過取證明而已，故雖有不識字者，何害為善」。〔註139〕程頤批評漢代章句訓詁之學，「漢之經術安用？只是以章句訓詁為事，且如解『堯典』二字，至三萬餘言，是不知要也」〔註140〕，主張以己意解經，以義理說經，「經，所以載道也，誦其言辭，解其訓詁，而不及道，乃無用之糟粕耳」，「善學者要不為文字所梏，故文義雖解錯，而道理可通行者不害也」〔註141〕。程頤弟子呂希哲（1039～1116）主張：「人君之學不在於遍讀雜書，多知小事，在於正心誠意，少私寡欲。」〔註142〕朱熹博極群書，藉重考據以闡發義理，於考據之學深有所得，但仍稱「若論為學，則考證已是末流，況此又考證之末流，恐自此不須更留意，卻且收拾身心，向裏做些工夫」〔註143〕，「讀書玩理外，考證又是一種工夫，所得無幾，而費力不少，向來偶自好之，固是一病，然亦不可謂無助也」〔註144〕。在朱熹看來，考證的作用次於研理，考證是用來探究義理的重要工具，不當為考證而考證。而高似孫在治學上長於文獻考辨，尤其是對史、子的考辨，他對注釋學、考據學的看法與理學一派頗為不同。在注釋學方面，高似孫不僅撰有史注著作

〔註137〕（宋）方岳，《秋崖集》卷二十七，文淵閣四庫全書本。

〔註138〕張壽鏞：《四明叢書本〈騷略〉序》，見高似孫：《高似孫集》下冊，杭州：浙江古籍出版社，2015年，頁985。

〔註139〕（宋）張載：《張載集》，《經學理窟·義理》，北京：中華書局，1978年，頁276～277。

〔註140〕（宋）程顥、程頤：《二程集》，北京：中華書局，1981年，頁232。

〔註141〕（宋）程顥、程頤：《二程集》，北京：中華書局，1981年，頁671、378。

〔註142〕（宋）晁說之：《晁氏客語》，《全宋筆記》第1編第10冊，鄭州：大象出版社，2003年，頁93。

〔註143〕（宋）朱熹：《晦庵集》卷五十九，《答吳斗南》，文淵閣四庫全書本。

〔註144〕（宋）朱熹：《晦庵集》卷五十四，《答孫季和》，文淵閣四庫全書本。

《漢書司馬相如傳注》，而且對注釋類書籍非常重視，例如，《史略》在著錄史書時將與之相應的史注之書單獨列出，設為一類，這是《史略》在分類上的一個突出特色；《子略》於《陰符經》《老子》和《莊子》解題之前均詳列相關的注疏著作；《緯略》稱讚劉孝標《世說新語注》引援詳確，堪為注書之法，高似孫引用此注甚多；《史略》推崇酈道元《水經注》「辭義峻拔，援引廣博」，《剡錄·山水志》即用《水經注》之例；高氏對《文選注》亦頗有研究，多有徵引。在考據學方面，高似孫撰有《戰國策考》，而《緯略》《子略》等書彙集了他的考據成果。在高似孫之後，黃震、王應麟等學者已經注意糾正理學高談性命、不重訓詁、排斥考證的弊端，他們繼承朱熹藉重考據以闡發義理的學術風格，體現出義理考據兼重的特點，尤其是王應麟宗朱而不泥朱，兼紹朱、陸，成為一代考據學大師，其著作實際上多可視為純粹的考據學成果，以至於有學者把王應麟看作清代樸學之鼻祖。

　　第三，從品行志趣的角度來看，高似孫支持韓侂冑北伐中原、收復失地，與陸游、辛棄疾、洪邁、劉克莊等愛國人物頗有交往，常懷憂國憂民之心。在陸游、辛棄疾的影響下，高似孫的詩中多有讚頌抗金壯士、寄寓憂國情懷之作，如《答辛幼安》云：「青天不惜日，壯士偏知秋。自古有奇畫，如今空白頭。彼時當再來，吾老不可留。天推璧月上，星人銀河流。躔度若此急，人生與之浮。終夜自起舞，無人共登樓。典謨有陳言，河洛非故州。黃鶴呼不來，誰能理殘裘。」感歎壯士空白頭，而壯志仍未酬。《寄吳鈐幹》云：「有偉千人傑，能為萬里遊。掛帆春北雁，問驛夜驚鷗。道路空留滯，文章莫暗投。九疑生雨遍，三峽帶寒流。採藥青神觀，題詩白帝樓。乾坤供爛醉，星斗照閒愁。漢已歸蕭相，天難壽武侯。詞人頭欲雪，壯士淚如秋。中下猶須策，西南夙倚籌。有錢書盡買，滅虜志終酬。猿破高唐夢，龍馴灩澦腔。行人定安穩，夏近可歸不。」亦發出相同的感歎。《任賢良歸蜀》云：「衰衰江來急建瓴，一西還有幾長亭。峨眉雪罷添巴水，玉壘雲空見蜀星。白浪不侵魚復陣，青苔猶護劍關銘。堂堂功業今皆在，天意何時更一醒。」則為蜀地的一位抗金之士打抱不平。紹定中，高似孫在知處州任上重修忠節祠，作《忠節祠記》，文中寫道：「竊惟天之為天，人之為人，同一清明，其生為忠臣，死亦如之，耿亮湛瀅，直可以配天。諸公皆以罵賊不屈於刀鋸，報之者嗇。有國者所當盡其義，為人臣者不當辭其責。」於此可見他對忠烈守節之士的推崇。《子略》卷一「武侯八陣圖」條讚美諸葛亮矢志恢復、鞠躬盡瘁：

「昔者先王處民以井，寄兵於民，熟之以禮，容用之以節制，是誠不陣而可以服人兵者。使武侯昌諸用、勒諸功，《甘誓》《牧誓》可也。天不壽漢，圖石如泣，悲夫！」〔註145〕

與高似孫同時的一些文人對他的品行多有肯定，如南宋江湖詩人吳惟信在《上高疏寮處州守》一詩中稱高似孫「道接聖賢韓愈學，詩關風教杜陵心」，稱讚他有韓愈、杜甫那樣心憂國家的崇高情懷。另一位詩人蘇泂在《次韻高秘書》一詩中認為高似孫「讀書識大體，於世無棄物……如君執謙柄，我不能萬一」。

屈原高潔之志對高似孫有很大的影響，高氏在《離騷序》中說：「《離騷》不可學。可學者章句也，不可學者志也。楚山川奇，草木奇，原更奇，原人高志高，文又高，一發乎詞，與《詩》三百五文同志同……嗚呼！余固不能窺作，猶或知原志……嗚呼！後之視今，今之視昔也，知我者《騷》乎。」〔註146〕因此，高氏仿《離騷》作《騷略》，以闡發屈原之志，同時表達自己不為時人理解的複雜心理，寄託曠達出世、高標絕塵、自辨清白之意。這種心境在他的《幽蘭賦》中體現得尤為明顯，該賦「小引」稱：「蘭曾伴屈大夫，政復何恨。然非屈大夫，無知蘭者。余固非知蘭，亦非知大夫者。後五百年或有知余焉。」

高似孫對魏晉名士極其推崇，正如《剡錄》序所云：「王、謝抱經濟具，二戴深經學，奈何純曰高逸也？嗚呼！山川顯晦，人也；人隱顯，天也。天下多奇山川，而一禊一雪，致有爽氣，可謂人矣。江左人物如此。」關於晉人品行，高似孫評論道：「晉人風尚高曠，往往如此。」〔註147〕他對於魏晉人士的文章也非常欣賞，如稱「郭璞之文精切如此，一一皆援據文章」〔註148〕，評價晉人成公綏《天地賦》「敘事之妙如此」，又說「晉人文章清暢如此」〔註149〕。

〔註145〕（宋）高似孫撰，司馬朝軍校釋：《子略校釋》，濟南：山東人民出版社，2018年，頁233。

〔註146〕（宋）高似孫著，王群栗點校：《騷略》卷一，《高似孫集》，杭州：浙江古籍出版社，2015年，頁960。

〔註147〕（宋）高似孫著，王群栗點校：《緯略》卷八，《高似孫集》，杭州：浙江古籍出版社，2015年，頁671。

〔註148〕（宋）高似孫著，王群栗點校：《緯略》卷十二，《高似孫集》，杭州：浙江古籍出版社，2015年，頁770。

〔註149〕（宋）高似孫著，王群栗點校：《緯略》卷十二，《高似孫集》，杭州：浙江古籍出版社，2015年，頁772。

高似孫嚮往魏晉雅士的無拘無束,「非老子兮孰悟,亦晉人兮予盟」,因此縱情於山水之間,自稱「平生略持山水眼,是處且了林泉素」〔註150〕。

　　總之,高似孫與道學一派在政治上為敵,在學風上相左,在行為志趣上迥然有異,正所謂「道不同,不相為謀」,高似孫遭到道學派的抨擊,受到理學家陳振孫的嚴厲批評,就是順理成章之事。從宋代的文獻記載來看,也有一些理學人士並沒有質疑高似孫的人品問題,與高似孫保持良好的關係,如樓鑰、鍾震、汪莘、王萬都與高似孫有交往,這也從側面證明高似孫在當時就已經遭到誤解。從高似孫同時的學者如陸游、辛棄疾、周必大、洪邁、劉克莊、吳惟信、蘇泂等人對他的評價來看,高似孫的人品並不像後來學者描繪得毫不足道。

第四節　　高似孫之交遊

　　高似孫的學術成就固然源於家學傳承和自身的勤奮治學,然得於師友之請益切磋者亦多。他在詩賦的創作上造詣頗高,這為他的交遊提供了良好的條件。今稽考高似孫著作,參以《全宋詩》《全宋文》,以及當時學者的著作、詩詞,得出與高氏交遊密切者 62 人,其中可考者 36 人。其交遊對象不乏像陸游、周必大、辛棄疾、洪邁、樓鑰、劉克莊這樣的名公巨卿。通過考察高似孫的交遊情況,一方面可以瞭解當時學者對他的評價,另一方面也能以此分析高氏的學術淵源和治學經歷。

一、見於《高似孫集》者 25 人

（一）陸游

　　陸游（1125～1210）,字務觀,自號放翁。越州山陰（今浙江紹興）人。隆興初賜進士出身。秦檜死後任福州寧德主簿,除大理寺司直兼宗正簿。孝宗即位,遷樞密院編修官,出為鎮江通判,次年易隆興府,後通判夔州。乾道八年（1173）,任四川宣撫使司幹辦公事兼檢法官職。范大成帥蜀,遊為參議官。後任江西常平提舉,知嚴州,遷軍器少監。紹熙元年（1190）,除禮部郎中,兼實錄院檢討官,嘉泰三年（1203）,權同修國史、實錄院同修撰,以寶

〔註150〕 （宋）高似孫著,王群栗點校:《高似孫集·補遺》,《萬年山》,杭州:浙江古籍出版社,2015 年,頁 1071。

章閣待制致仕。晚年再出，為韓侂冑撰《南園記》《閱古泉記》，見譏清議。主要著述有《劍南詩稿》《渭南文集》《老學庵筆記》《入蜀記》等。

據蘇泂《次韻高秘書謁陸待制》詩，高似孫拜訪過陸游，陸游任寶謨閣待制的時間是嘉泰三年（1203），詩中有「松竹當姬侍，鷗禽是僕童」〔註151〕之句，則兩人相見當在 1203 年之後陸游退居山陰期間。

高似孫博學多識，身為前輩的陸游曾與他探討學術問題。高似孫《緯略》卷十《翠粲》條：「陸放翁嘗問余曰：『比在成都市時，見彩帛鋪，榜曰：翠色真紅。殊不曉所謂。紅而曰翠，何也？』余曰：『嵇康《琴賦》曰：新衣翠粲，縹徽流芳。班婕妤《自悼賦》曰：紛翠粲兮紈素聲。翠粲，取其鮮明也。東坡《牡丹詩》：一朵妖紅翠欲流。蓋取鄉語。』放翁擊節大喜。」〔註152〕陸游對「翠」字含義大惑不解，高似孫以詩賦為例作答，令陸游擊節讚賞，高氏之博學於此可見一斑。陸游《老學庵筆記》的記載與此相呼應：「東坡《牡丹》詩，初不曉『翠欲流』為何語。及遊成都，有大署市肆，曰『鮮翠紅紙鋪』。問士人，乃知蜀語，『鮮翠』猶言鮮明也。東坡蓋用鄉語。」〔註153〕所謂「士人」指的就是高似孫。

（二）周必大

周必大（1126～1204），字子充，一字洪道，號省齋居士，晚號平園老叟，廬陵（今江西吉安）人。紹興二十一年（1151）進士。紹興十七中博學宏詞科，授秘書正字。孝宗初，除起居郎，累官至吏部尚書兼翰林學士承旨。淳熙七年（1180），拜參知政事。九年（1182），除知樞密院事。十一年（1184），任樞密使。十四年（1187），遷右丞相。十六年（1189），拜左丞相，封益國公。周必大學問淹博，工文詞，善校勘。著有《周益國文忠公集》二百卷。生平事蹟見《周益國文忠公集》後附李壁所撰《行狀》、樓鑰所撰《神道碑》、其子周綸所撰《年譜》及《宋史》卷三九一。周必大曾用諸本編校歐陽修文集，頗為精善。又校勘《文苑英華》千卷並加以刊刻，結束了此書二百年來只有寫本無刻本的局面。

高似孫曾助周必大校勘《文苑英華》，事見高似孫《文苑英華纂要序》：

〔註151〕　（宋）蘇泂：《泠然齋詩集》卷三，文淵閣四庫全書本。
〔註152〕　（宋）高似孫著，王群栗點校：《緯略》卷八，《高似孫集》，杭州：浙江古
　　　　　籍出版社，2015 年，頁 735。
〔註153〕　（宋）陸游：《老學庵筆記》卷八，北京：中華書局，1979 年，頁 102。

孝宗皇帝閱《文苑英華》，周益公直玉堂，夜宣對。上謂秘閣本太舛錯，再三命精讎十卷以進。一日侍公酒，公以無佳本為言，因白架中有此書，間嘗用諸集是正，頗改定十之二三。公驚喜曰：「《英華》本世所無，況集耶？」乃盡笈去，復以讎整者畀予研訂，書奏御，不為無分毫助也。後以本傳之廬陵，手書寄來，急讀一遍，因取其可必用者僅為帙四。又以奉公復答曰：「書千卷，鮮克展盡，顧乃獵之精，舉之確耶？不減小洪公《史語》也。」〔註154〕

周必大《文忠集》卷首之《年譜》記載，淳熙四年（1177）五月丁卯，周必大除翰林學士。據周必大《文苑英華序》和《皇朝文覽序》，高似孫助周必大校勘《文苑英華》的時間在淳熙四年（1177）十一月之後，此時高似孫正在杭州太學讀書。1195～1204 年間周必大退休居廬陵，開始第二次校勘《文苑英華》，期間高似孫與周必大依然書信往來不斷，探討《文苑英華》的校勘問題，高似孫《文苑英華纂要》也在這一期間完成，周必大稱讚此書堪比洪邁《史語》。

高似孫曾輯《古世本》一書，周必大面借再三，閱後讚為「天下奇書」，此事見《史略》卷六「《世本》」條：「予閱諸經疏，惟《春秋左氏傳》疏所引《世本》者不一，因採掇匯次為一書，題曰《古世本》。周益公在西府，聞予有此，面借再三，因錄本與之。益公一見，曰：『天下奇書，學者雋功也。』予因曰：『劉孝標注《世說》，引摯氏《世本》，蓋敘摯氏世家。今人慾系譜諜，依摯氏法，名之曰某氏《世本》，殊為古雅。』益公曰：『此說尤新奇。』」〔註155〕西府指樞密院，周必大於淳熙九年（1182）除知樞密院事，十一年（1184）任樞密使，十四年（1187）遷右丞相。故周必大向似孫借《古世本》之事在淳熙九年至十三年之間（1182～1186）。

（三）楊困道

楊困道（生卒年不詳），字深仲，號雲莊，南宋人，著有《雲莊四六餘話》一卷。《雲莊四六餘話》有「紹興十九年（1149），予為福州教授，為府作《謝曆日表》」語，知其於紹興十九年任福州教授，為福州府作《謝曆日表》。書中

〔註154〕（宋）高似孫：《文苑英華纂要》卷首，《四庫全書存目叢書》子部第 119 冊，濟南：齊魯書社，1995 年。

〔註155〕（宋）高似孫著，王群栗點校：《史略》卷六，《高似孫集》，杭州：浙江古籍出版社，2015 年，頁 363。

又有「寧宗二年（1196）五月，奉孝宗皇帝御製藏文華殿」語，可知楊困道於南宋初年至慶元年間在世。

楊困道與高似孫的交往見《緯略》卷八《水仙賦》：「余二十年前作《水仙賦》，自恨筆力欠奇偉。五年前，楊仲困自蕭山致水仙花一二百本，極盛，乃以兩古銅洗藝之，學《洛神賦》體再作《後水仙花賦》，頗愜人意……（楊仲困今名困道）。」〔註156〕據這一記載，楊困道，原名仲困，曾從蕭山（今屬浙江杭州）購買了水仙花一二百本，贈送給高似孫，可見兩人關係的密切。由《緯略》自序，高似孫《緯略》撰於嘉定五年（1212），因知楊困道送似孫水仙花之事，在開禧三年（1207），似孫《後水仙花賦》即因楊仲困所贈送的水仙花而作。

（四）徐似道

徐似道（生卒年不詳），字淵子，號竹隱，黃岩（今浙江台州）人。孝宗乾道二年（1166）進士。歷任吳江尉、知太和縣、主管官告院、知郢州。開禧元年（1205）除禮部員外郎兼翰林權直，二年（1206）遷秘書少監、起居舍人，兼國史院編修官、實錄院檢討官，旋罷。嘉定四年（1211）為江西提刑。有詩名，嘗從戴復古遊。著有《竹隱集》十一卷，已佚。

高似孫曾與徐似道討論王維畫卷，《緯略》卷六「輞川圖」條：「今所見者摹本，不足道也。余與徐淵子同點檢南宮，出右丞《捕魚圖》一卷，如無咎公所題者，余曰：『此善摹者為之。』徐不以為然。一日得一卷，僅存三分之一，徐圖葭葦之外，意其為水耳，此特波濤浩瀰，水痕浪跡，一一畢具，人物尤精絕。淵子必欲易之，余有難色，已而，又有一卷，題曰《摩詰寒江釣雪》，上施秘閣之印。此乃淳化以前，未更秘書省印篆也。畫筆奇古，全不類世間所見山水圖也。」〔註157〕據此，高似孫與徐似道為秘書省同僚，一同點檢南宮，對王維畫卷的真偽看法頗不相同。兩人詩風亦頗為相似，劉克莊《茶山誠齋詩選序》云：「徐淵子、高續古曾參誠齋，警句往往似之。」〔註158〕

〔註156〕（宋）高似孫著，王群栗點校：《緯略》卷八，《高似孫集》，杭州：浙江古籍出版社，2015 年，頁 670。

〔註157〕（宋）高似孫著，王群栗點校：《緯略》卷六，《高似孫集》，杭州：浙江古籍出版社，2015 年，頁 616。

〔註158〕（宋）劉克莊：《後村先生大全集》卷九十七，《茶山誠齋詩選序》，四部叢刊本。

（五）史安之

史安之（生卒年不詳），字子由，鄞縣（今浙江寧波）人，史彌遠之侄，史彌茂之子。甫冠，從沈渙學。嘉定七年（1214），始知嵊縣。（清）杜春生《越中金石記》卷四載：「史安之，字子由，父名彌正……安之曾令剡，有善政，仕至朝奉大夫、浙東安撫司參議。」《剡錄》卷一載有史安之任縣令期間的政績。

史安之出身四明望族史氏，史氏與高氏淵源頗深，史氏第五世史漸的妻子即為高閌之後，知書達禮，為人稱道。史安之與高似孫為同鄉，史安之任嵊縣縣令時，高似孫罷官閒居嵊縣，與之相識。據《剡錄》自序，嘉定七年（1214），史安之欲修嵊縣志，遂請高似孫撰《剡錄》。史安之在任上新建嵊縣學宮，高似孫《遷建學宮碑記》即為此而作。似孫曾請史安之為其父文虎作傳，其事見史安之《雪廬公傳》：「余宰是邑，兼與通議交，命作傳，以故不得辭。」〔註159〕

（六）富次律

富次律，生平本末不詳，趙師俠曾作詞《滿江紅（丙辰中秋定王臺即席餞富次律）》，為他送行。富次律與似孫的交往見《蟹略》卷三：「疏寮詩……又《富次律送蟳》詩：『鱗甲錯夏物，懷青莫如蟳。蘇公今張華，何微不知音。入手巨螯健，斫雪雋莫禁。宛然如玠輩，曾是秉玉心。蟹因龜蒙傑，酒與畢郎深。二者不可律，食之當酌斝。』」

（七）趙嘉甫

趙嘉甫，生平本末不詳。《蟹略》卷四有高似孫詩《趙嘉甫致松江蟹》。

（八）李迅甫

李迅甫，生平本末不詳。《蟹略》卷四有高似孫詩《李迅甫送蟹》。

（九）趙嘉父

趙嘉父，生平本末不詳。《蟹略》卷四有高似孫詩《趙嘉父送松江蟹》。

（十）同父

同父，生平本末不詳。《蟹略》卷四有高似孫詩《同父送松江蟹》。

〔註159〕高我桂等修：《剡南高氏宗譜》卷一。

（十一）趙廣德

趙廣德，生平本末不詳。《蟹略》卷四有高似孫詩《趙廣德送松江蟹》。

（十二）趙崇暉

趙崇暉（生卒年不詳），樂清（今浙江溫州樂清縣）人，南宋宗室。嘉定元年（1208），登進士第。嘉定七年至十年（1214～1217），任臨安府鹽官縣主簿，後遷大理評事。嘉定十六年（1223），任海寧縣知縣，累官至刑部郎官、大理少卿。事蹟見永樂《樂清縣志》卷七、嘉定《赤城志》卷十一、《蒙齋集》卷九。《蟹略》卷四有高似孫詩《趙崇暉送魚蟹》。

（十三）趙君海

趙君海，生平本末不詳。《蟹略》卷四有高似孫詩《趙君海惠蟳》。

（十四）江寺丞

江寺丞，生平本末不詳。《蟹略》卷四有高似孫詩《江寺丞送蟹》。《宋會要輯稿》二二之二八：「（嘉定）十六年六月二十五日，銓試，命司封郎官陳貴誼、大理寺丞江模考試，秘書郎高似孫、國子監主簿姚子材考試。」江寺丞可能是大理寺丞江模。

（十五）吳中

吳中生，平本末不詳。《蟹略》卷四有高似孫詩《吳中致蟹》。

（十六）汪強仲

汪強仲，生平本末不詳。《蟹略》卷四有高似孫詩《汪強仲郎中送蟹》。

（十七）王份

王份（生卒年不詳），字文儒，號腰庵，以特恩補官，嘗為大冶令。嘗築圃於松江之側。《蟹略》卷四有高似孫詩《答腰庵致糟蟹》。

（十八）僧瞿省

瞿省，衡山僧人。高似孫《硯箋》序：

> 衡山浮屠氏瞿省以詩謁，一日，曰：「公愛硯入骨，與硯朋，蘇、歐、蔡、唐嗜不減公也，記載恨無所統。」余儆其言，箋天下石遺之。瞿省曰：「然則端孰精也？」余曰：「唐彥猷所謂紫潤無聲者也。」「歙孰精也？」曰：「歐陽公所謂銛而膩理者也。然而殫極受用莫如

後山，其曰：『書生活計亦酸寒，斷磚半瓦寧求備。』石老矣。」省曰：「唯。」筆而西。嘉定癸未四月十五日似孫識。〔註160〕

（十九）蘇楚

蘇楚，生平本末不詳。《騷略》卷二《花飛引》：「蘇楚自廬山來，與予同在山中數月，酒必酒，詩必詩。予平生友如楚者，不一二數，其去也，各灑淚花竹間，不勝依依，乃書此送之西。」〔註161〕蘇楚與高似孫同在山中飲酒賦詩數月，相交甚歡，《花飛引》即為蘇楚送別而作。

（二十）李龜朋

李龜朋（生卒年不詳），字才翁，自號靜齋，長安（今陝西西安）人。與兄龜年齊名，中特科，監南嶽廟。高宗紹興末年，隨錢忱寓居臨海（今浙江臨海市）。卒年六十八。事蹟見《嘉定赤城志》卷三十四。

《疏寮小集》有高似孫詩《答李才翁》：「素意杳難尋，殘爐屬晚陰。花知西洛事，雁叫北人心。客共艱難盡，詩隨老大深。金陵書不到，消息又沉沉。」抒發了對友人的無限關心與思念。

（二十一）宋研

宋研生平本末不詳。《疏寮小集》有高似孫詩《宋江都研》。

（二十二）宇文文學

宇文文學，生平本末不詳。《疏寮小集》有高似孫詩《答宇文文學》。

（二十三）吳廣文

吳廣文，生平本末不詳。《疏寮小集》有高似孫詩《答武昌吳廣文》。

（二十四）胡史君

胡史君，生平本末不詳。《疏寮小集》有高似孫詩《丹砂歌謝胡史君惠砂床》。

（二十五）吳鈐幹

吳鈐幹，生平本末不詳。鈐幹，官名，宋代為路都兵馬鈐轄司幹辦公事

〔註160〕（宋）高似孫著，王群栗點校：《硯箋・序》，《高似孫集》，杭州：浙江古籍出版社，2015 年，頁 875。
〔註161〕（宋）高似孫著，王群栗點校：《騷略》卷二，《高似孫集》，杭州：浙江古籍出版社，2015 年，頁 970。

的省稱。《疏寮小集》有高似孫詩《寄吳鈐幹》。

（二十六）吳道士

吳道士，句曲山道士，生平本末不詳。《疏寮小集》有高似孫詩《騎鸞引贈句曲山吳道士》。句曲山即茅山，在句容縣（今江蘇句容市）東南，為道教的發祥地之一。

二、見於《高似孫集・補遺》者 24 人

（一）王尊師

王尊師，桐柏山道士，生平本末不詳。《天台續集別編》卷四有高似孫詩《寄桐柏山王尊師》。

（二）桑世昌

桑世昌（約 1175～1250），字澤卿，號莫庵，高郵（今江蘇高郵）人，世居天台，陸游之甥。工詩文，擅賞鑒，廣交當世名流。陳亮《桑澤卿莫庵詩集序》稱：「桑澤卿來客西湖，為詩數百篇，無一句一字刺人眼者，可謂用工於斯術者。」〔註162〕葉適《蘭亭考跋》稱他「事事精習，詩尤工」。輯《蘭亭考》《回文類聚》，桑世昌著有《莫庵詩集》。

高似孫曾為《蘭亭考》作序，稱：「桑君盡交名公巨卿，以及海內之士，以充其見聞者固不一。然與予遊從三十年，見必及此，其有贊於帖考者，尤為不一。」〔註163〕桑世昌與高似孫交遊達三十年之久，關係非同一般，高似孫《桑世昌澤卿歸天台》一詩即為桑世昌送行而作。《蘭亭考》卷十：「世昌近於東墅，閱高續古校書法、書名畫。」〔註164〕桑世昌與高似孫之父高文虎亦交好，曾攜《蘭亭考》請序。

（三）沈台州

《天台續集別編》卷四有高似孫詩《次韻沈台州遊桐柏山》。沈台州當指沈作賓，字賓王，歸安（今浙江湖州）人。慶元五年（1199）十一月，以朝請大夫試太府卿、淮東總領，除直龍圖閣。六年二月，轉朝議大夫。三月，除兩浙路轉運副使。

〔註162〕（宋）林表民：《赤城集》卷十七，明弘治十年謝鐸刻本。

〔註163〕（宋）桑世昌：《蘭亭考》卷首，文淵閣四庫全書本。

〔註164〕（宋）桑世昌：《蘭亭考》卷十，文淵閣四庫全書本。

（四）黃法師

黃法師，桐柏山道士，生平本末不詳。《天台續集別編》卷四有高似孫詩《桐柏山黃法師齋》。

（五）鄭先生

鄭先生，生平本末不詳。《天台續集別編》卷四有高似孫詩《桐柏山鄭先生齋》。

（六）鹿何

鹿何（1127～1183），字伯可，台州臨海（今浙江臨海市）人。紹興三十年（1160）進士，授秀州華亭尉，乾道四年（1168）知南安縣，歷監登聞鼓院、通判吉州、知饒州、諸王宮教授，遷尚書屯田員外郎、郎中。五十二歲乞致仕，進朝奉郎、直秘閣，歸築見一堂，自號見一先生。有《見一堂集》，已佚。樓鑰有《鹿伯可郎中園池雜詠》十三首，朱熹有《挽鹿伯可郎中二首》。

《天台續集別編》卷四載有高似孫詩《鹿郎中山居》，說明高氏曾拜訪鹿何居所。洪頤煊《台州劄記》云：「鹿郎中何，世居臨海東鄉白竹罍。所居山水清佳，極園林之勝，曰見一堂，曰止室，曰小東山，曰桂堂，曰霤龕，曰柑隅，曰桃蹊，曰月沼，曰星潭，曰三友徑，曰竹塢，曰梅坡，曰松嶺。」〔註165〕

（七）王卿月

王卿月（1138～1192），字清叔，號醒庵居士，台州臨海（今浙江臨海）人，祖籍開封祥符（今河南開封）。乾道二年（1166）中武舉，乾道五年（1169）中進士第，歷官樂清縣尉、宗正寺主簿、秘書郎、起居舍人、中書舍人、知廬州、知靜江府、知襄陽、利州路提刑等。紹熙三年（1192）授宗正少卿兼中書門下檢正諸房公事，除太府卿。善詞章，博學多藝，精於書法、繪畫、音律，旁通百家之學。著有《醒庵集》，已佚。事蹟詳見樓鑰《攻媿集》卷一百零二《太府卿王公墓誌銘》。

王卿月于北山之麓築有玉寒堂，並詩《題北山玉寒堂》三首。高似孫曾拜訪王卿月，對其玉寒堂大為讚賞，作有《王清叔舍人玉寒堂》一詩〔註166〕。

〔註165〕（清）洪頤煊：《台州劄記》卷五，北京：中國文史出版社，2004年，頁65。

〔註166〕（宋）林表民等：《天台續集別編》卷四，《宋元浙江方志集成》第14冊，杭州出版社，2009年，頁6902。

（八）蕭煉師

蕭煉師，天台山道士，生平本末不詳。《天台續集別編》卷四有高似孫詩《寄天台蕭煉師》。

（九）鄭練師

鄭練師，桐柏山道士，生平本末不詳。《天台續集別編》卷四有高似孫詩《桐柏鄭練師歸故山》。

（十）吳琚

吳琚（生卒年不詳），字居父，號雲壑，汴（今河南開封）人，吳益之子，宋高宗吳皇后之姪。歷任尚書郎、部使者、知明州兼沿海制置使。光宗時，知襄陽府。寧宗時，知鄂州、慶元府。慶元六年（1200），以鎮安軍節度使留守建康，遷少保。卒諡忠惠。工詩詞，尤精翰墨，孝宗常召之論詩作字。著有《雲壑集》。

葉紹翁《四朝聞見錄》卷二載高似孫投吳琚之詩《由校中秘書授徽倅道出金陵投留守吳公琚》，該詩作於高似孫赴任徽州通判途中。

（十一）楊輔

楊輔（生卒年不詳），字嗣勳，遂寧（今四川遂寧市）人。乾道二年（1166）進士。淳熙七年（1180），除秘書省正字，遷校書郎。次年，出知眉州。累遷戶部郎中。紹熙三年（1192），總領四川財賦。次年，權轉運使，升太府少卿、利州路安撫使。慶元二年（1196），召為秘書監，除禮部侍郎。次年，出為江東提刑。六年（1200），知江陵府兼荊湖北路安撫使，移知襄陽，又移守潼川。開禧年間，以顯謨閣直學士知成都府兼本路安撫使，後任四川制置使、四川宣撫使、四川制置使兼知成都府。召還，除兵部尚書兼侍讀。嘉定二年（1209），知建康府兼江淮制置使，旋卒於官，諡莊惠。事蹟見《宋史》卷三九七本傳、《建炎以來朝野雜記》卷十八。樓鑰曾為楊嗣勳送行，作《送楊嗣勳校書守眉山》一詩〔註167〕。楊嗣勳曾向高似孫贈茯苓，高似孫作詩《楊嗣勳惠茯苓》。

（十二）辛棄疾

辛棄疾（1140～1207），字幼安，號稼軒，歷城（今山東濟南市）人。歷任江陰簽判、建康府通判、湖北及湖南轉運副傳、知潭州兼湖南安撫使、知

〔註167〕　（宋）樓鑰：《攻瑰集》卷二，四部叢刊本。

隆興府兼江西安撫使、知滁州、知江陵府兼湖北安撫使、提點福建路刑獄。晚年支持韓侂冑北伐，被起用為紹興知府兼浙東安撫使、鎮江知府，遭劾去職，憂憤而死。作品集有《稼軒長短句》存世。一生力主抗金，為著名的軍事家、政治家和愛國詞人，詞風豪放，與蘇軾並稱「蘇辛」，《四庫全書總目》稱「其詞慷慨縱橫，有不可一世之概」〔註168〕。

　　高似孫與辛棄疾有詩歌往來，高似孫答辛棄疾之詩《答辛幼安》云：「青天不惜日，壯士偏知秋。自古有奇畫，如今空白頭。彼時當再來，吾老不可留。天推璧月上，星人銀河流。躔度若此急，人生與之浮。終夜自起舞，無人共登樓。典謨有陳言，河洛非故州。黃鶴呼不來，誰能理殘裘。」〔註169〕詩中感歎時光之匆匆，抒發了對辛棄疾英雄暮年而壯志未酬，才華卓越卻不受重用的憤慨，又隱含對當局消極作為、錯失抗金大業歷史機遇的悲歎。據詩中「知秋」「白頭」之語可知，作詩的時間在辛棄疾晚年，即在1199至1207年間。從二人的生平軌跡推測，他們有可能在信州相識。開禧元年（1205），辛棄疾被彈劾罷官，返回鉛山（今江西上饒市鉛山縣）居所，此時已66歲。高似孫恰好於嘉泰三年（1203）知信州（今江西上饒市）。

（十三）釋居簡

　　釋居簡（1164～1246），字敬叟，號北磵，潼川（今四川三臺）人，南宋著名的詩文僧。居杭州飛來峰之北磵十年。後詔遷淨慈，晚居天台。《補續高僧傳》卷二十四有傳。著有《北磵文集》十卷、《北磵詩集》九卷、《外集》一卷、《續集》一卷及《語錄》一卷。居簡與士大夫交遊甚廣，以詩文聞名，文章簡潔而具哲理，其詩主張「以自己為準的」，詩作中不乏關心民生疾苦、國家安危的優秀作品。葉適詩《奉酬般若長老》稱「簡公詩語特驚人」〔註170〕。《四庫全書總目》評其詩文「格意清拔，自無蔬筍之氣」〔註171〕。

　　高似孫與釋居簡交往甚篤。嘉定五年（1212），釋居簡曾請高似孫為希夷禪師作碑文，《北磵集》卷十《夷禪師碑陰·靈隱》條載：「石鼓既得銘於秘書、侍右郎官高公似孫。」〔註172〕石鼓即為杭州靈隱寺的希夷禪師，號石鼓，

〔註168〕（清）紀昀等：《欽定四庫全書總目》，北京：中華書局，1997年，頁2793。
〔註169〕（宋）劉克莊：《後村先生大全集》卷一百八十，《後村詩話·續集》，四部叢刊本。
〔註170〕（宋）葉適：《葉適集》，北京：中華書局，1961年，頁127。
〔註171〕（清）紀昀等：《欽定四庫全書總目》，北京：中華書局，1997年，頁2178。
〔註172〕（宋）釋居簡：《北磵集》卷十，文淵閣四庫全書本。

是居簡的先師。嘉定十六年（1223），似孫為秘書郎，次年任著作佐郎、兼權侍右郎官。可知作碑文之事當在 1223～1224 年間。

釋居簡與高似孫往來頻繁，多有贈別酬唱之詩，其中釋居簡所作今存六首，高似孫所作僅存一首。釋居簡所作之詩有：《答疏寮高處州論激字》〔註173〕、《謝高秘書雪蕈》〔註174〕、《謝疏寮高秘書同常博王省元見過》〔註175〕、《送侍右秘書高疏寮得處州》〔註176〕、《寄處州高使君疏寮》〔註177〕、《送湯少瞻見疏寮》〔註178〕。《宋才子傳箋證・高似孫傳》所錄居簡詩僅三首，尚有遺漏。高似孫所作《和居簡師韻》〔註179〕，即為答釋居簡《謝疏寮高秘書同常博王省元見過》之詩而作。從「高處州」「高秘書」這些稱謂來看，作詩時間是高似孫任秘書郎以及知處州這段時間，即在 1223～1228 年間。

（十四）陳校書

陳校書，生平本末不詳。元李衎《竹譜》卷五有高似孫詩《次韻陳校書送鶴竹筍詩》。

（十五）范仲藝

范仲藝（生卒年不詳），字東叔，號覺庵，成都府華陽（今四川成都）人。范百祿之孫。乾道五年（1169）進士。乾道年間，曾入王炎幕府，與陸游為同僚。淳熙七年（1180），累遷為秘書郎。歷任著作郎、軍器監、樞密院檢詳文字、右司郎中等職。紹熙年間，嘗知潼川府，改除湖南路提點刑獄。慶元三年（1197）除宗正少卿。次年，遷中書舍人兼實錄院同修撰。慶元五年（1199），進吏部侍郎。《華陽人物志》有傳。《陽春白雪》卷二有高似孫詞《金人捧露盤・送范東叔給事帥維揚》。

〔註173〕（宋）釋居簡：《北磵集》卷六，文淵閣四庫全書本。

〔註174〕（宋）釋居簡：《北磵詩集》卷一，《宋集珍本叢刊》第 71 冊，北京：線裝書局，2004 年，頁 261。

〔註175〕（宋）釋居簡：《北磵詩集》卷五，《宋集珍本叢刊》第 71 冊，北京：線裝書局，2004 年，頁 298。

〔註176〕（宋）釋居簡：《北磵詩集》卷五，《宋集珍本叢刊》第 71 冊，北京：線裝書局，2004 年，頁 299。

〔註177〕（宋）釋居簡：《北磵詩集》卷六，《宋集珍本叢刊》第 71 冊，北京：線裝書局，2004 年，頁 309。

〔註178〕（宋）釋居簡：《北磵詩集》卷七，《宋集珍本叢刊》第 71 冊，北京：線裝書局，2004 年，頁 314。

〔註179〕見《北磵詩集》卷五《謝疏寮高秘書同常博王省元見過》附錄。

（十六）洪邁

洪邁（1123～1202），字景盧，號容齋，饒州鄱陽（今江西波陽）人。洪皓季子。幼好學，紹興十五年（1145）中博學宏詞科。乾道年間，歷任中書舍人、兼侍讀、直學士院、同修國史。曾出使金國，威武不屈，有父風。淳熙十三年（1186），為翰林學士。寧宗時，以端明殿學士致仕。卒謚文敏。洪邁博極群籍，學識淵博，尤熟於宋代掌故，著作頗富，著有《容齋隨筆》《夷堅志》《史記法語》《南朝史精語》《經子法語》等。《容齋隨筆》堪稱南宋說部之首。

洪邁年長高似孫三十五歲，是高似孫的長輩。高氏在洪邁晚年曾陪侍身邊，交往密切，其事載於高似孫《文苑英華纂要序》：

> 初，予官越，洪公方在郡，日日陪棟華堂書研，頗及《史語》。
> 公曰：「不過觀書寫筆，示不苟於觀耳。」予曰：「類書帙多字繁，非惟不能盡記，蓋亦未嘗盡見，古人是以有撮取之功。然乃切於自用，非為它人設也。」洪公擊節曰：「此正余意，《鈔》亦出是歟？」〔註180〕

《宋史·洪邁傳》云：「紹熙改元，進煥章閣學士，知紹興府……明年，再上章告老……是歲卒。」〔註181〕據此可知高氏陪侍洪氏在紹熙元年（1190）左右，此時高似孫任會稽縣主簿，洪邁任紹興府知府。陪侍期間多次討論到《史語》的問題。《史語》可能為洪氏所輯《史記法語》，此書摘《史記》中文句之古雋者，依次標出，亦間錄舊注。洪邁非常重視節本，擅長摘錄精語，輯有《史記法語》《南朝史精語》《經子法語》，這種思想對高似孫影響頗大，高氏《史略》中有多處摘錄人物之精語，還專門列出「史鈔」這一類目，他所編纂的《文苑英華》節本——《文苑英華纂要》就受到了洪氏的啟發，《四庫僵屍總目》即稱此書「仿洪邁《經子法語》之例，鈔合成帙」〔註182〕。

（十七）史定之

史定之，字子應，自號月湖漁老，鄞縣（今浙江寧波）人，史浩之孫。以祖蔭補修職郎，授豫章丞。紹熙末，為成都府錄事參軍。慶元四年（1198），知邵武縣。嘉泰初，改知蘭溪縣。開禧三年（1207），知吉州。嘉定間，遷提

〔註180〕　（宋）高似孫：《文苑英華纂要》卷首，《四庫全書存目叢書》子部第119冊，濟南：齊魯書社，1995年。

〔註181〕　（元）脫脫等：《宋史》卷三百七十三，北京：中華書局，1977年，頁11573。

〔註182〕　（清）紀昀等：《欽定四庫全書總目》，北京：中華書局，1997年，頁1730。

點坑冶鑄錢公事兼知饒州。曾在嘉定年間刊印高似孫《文苑英華纂要》。《文苑英華纂要序》云：「冶使史公來訪越墅，因從容硯僚，見鈔本曰：『鉤玄摘奇，便於後學者也。』書成，索甚力。第二書報已刊。第三書寄刊本令作鈔序，乃誦益公、洪公語以謝好雅。嘉定十六年三月七日高似孫續古識。」〔註183〕冶使史公即指史定之。

（十八）易如剛

易如剛（生卒年不詳），龍虎山道士。《龍虎山志》：「易如剛，字仁甫，安仁人。南宋末道士，道法精嚴，尤工詩文。嘉泰年間赴召。制受三茅山崇禧觀左街監義，五遷至左右街都道錄，太乙宮都監，賜號『通妙葆真先生』。理宗立，眷遇益隆。嘉定間，得請還山，卒。」〔註184〕

嘉定八年（1215），高似孫應通妙道人易如剛之請作《重修靖通庵記》〔註186〕，文中稱：「通妙道人易君如剛，以文學道義，如玉在山，相攸岩峒……擇羽士薛端友重建是庵，迄諧其謀。虛靖後人仁靖先生亦裨助不斳……先公翰林既撰（虛靖）先生傳，通妙君又以《記石》屬似孫，乃作楚語，俾薦泉菊。」〔註186〕靖通庵為龍虎山天師道第三十代天師「虛靖先生」張繼先（1092～1128）所創，易如剛與薛端友等重建。高似孫父文虎曾為張繼先作傳。似孫又應易如剛之請，作騷體賦《記石》以薦泉菊。

高似孫《真誥序》云：「太乙宮高士、玉京外臣易如剛告予以茅山刊《真誥》，敘其略。」〔註187〕

（十九）吳靜

吳靜，江西道士，生平本末不詳。高似孫《真誥序》云：「少耽黃老說，搜索道家者流幾千家，殫精日月，無能深鑿其鍵。嘗接江西道士吳靜，極言玄事，靜曰：『誤矣！』余驚拜曰：『願學道！』靜曰：『讀《易》乎？讀《易》足矣。』後乃以《易》悟，所得者《易》也。」〔註188〕高似孫結識江西道士吳靜很可能在知信州這一時期。龍虎山即位於信州的貴溪縣（今江西貴溪市），

〔註183〕（宋）高似孫：《文苑英華纂要》卷首，《四庫全書存目叢書》子部第119冊，濟南：齊魯書社，1995年。
〔註184〕（清）婁近垣輯：《龍虎山志》卷七《人物》，清乾隆五年刻本。
〔註186〕此文為《高似孫集》補遺所失收。
〔註186〕（清）婁近垣輯：《龍虎山志》卷十四《藝文·記五》，清乾隆五年刻本。
〔註187〕《真誥》卷首，叢書集成初編本。
〔註188〕《真誥》卷首，叢書集成初編本。

為天師道發祥地。吳靜可能為龍虎山道士。

（二十）尹良弼

尹良弼（生卒年不詳），徽州休寧縣縣令。嘉定十七年（1224），高似孫為尹良弼作《休寧縣禮物記》，對尹良弼在任上的功績大為讚賞：「休寧輔新安郡之縣，其宰任尹良弼，有政有教，聲流大江之東。」〔註189〕

（二十一）齊碩

齊碩（生卒年不詳），青社（今山東青州）人。嘉定十四年（1221），以宣教郎知台州，期間組織纂修《赤城志》。嘉定十六年（1223），除兩浙東路提舉常平茶鹽。次年知慶元府。寶慶元年（1225），除金部郎官。

嘉定十七年（1224），高似孫應兩浙東路提舉齊碩之請刪訂桑世昌的《蘭亭考》。高似孫《蘭亭考》序載有此事：「今茲浙東臺使齊公屬加匯正，遂略用史法羈裁之。為此書者無非風流大雅之事，又無非博古好事之人，若齊公獨拳拳於此者，是為風流大雅、博古好事之極矣。嘉定十七年秋九月□日，朝議大夫、新除秘書省著作佐郎、兼權侍右郎官高似孫謹書。」〔註190〕齊碩《蘭亭考》跋：「內相高公曩嘗序其編首，今吏部復刪潤之，豈非是編之幸！」〔註191〕

（二十二）林庚

林庚（生卒年不詳），事蹟見嘉靖《江陰縣志》：「林庚，寶慶三年（1227）知江陰縣。多惠愛，嘗增廣漏澤園，又籍餘糧若干，以飼獄囚無家屬者，其生人之政可知己」。〔註192〕《光緒江陰縣志》卷一《建置》：「紹定二年，知縣林庚……建冰玉堂。」〔註193〕

紹定二年（1229），高似孫應江陰知縣林庚之請，為新建成的冰玉堂作記，成《冰玉堂記》一文，稱讚林庚「以才智風猷，裁劃而施行之，饑者盡飽，病者盡蘇，濟有新梁，因有淨榻，已足以區服若吏與民矣」。〔註194〕

〔註189〕（明）彭澤修，汪舜民纂：弘治《徽州府志》卷十二，明弘治十五年刻本。
〔註190〕《蘭亭考》卷首，文淵閣四庫全書本。
〔註191〕《蘭亭考》卷末，文淵閣四庫全書本。
〔註192〕（明）趙錦修，（明）張袞纂，劉徐昌點校：嘉靖《江陰縣志》卷十六，上海：上海古籍出版社，2011年，頁291。
〔註193〕（清）陳延恩等修，李兆洛等纂：道光《江陰縣志》卷一，《中國方志叢書》華中地方第457號，臺北：成文出版社，1983年，頁250。
〔註194〕（明）趙錦修，（明）張袞纂，劉徐昌點校：嘉靖《江陰縣志》卷十六，上海：上海古籍出版社，2011年，頁9～10。

（二十三）施德懋

施德懋（生卒年不詳），建平縣知縣，事蹟見雍正《建平縣志》：「施德懋，浙江會稽人，端平間進士，典邑事。庚子歲大饑，多方賑恤，全活甚眾。士多失業，公遂招邑弟子教之復學，田伍百餘畝贍焉。修橋樑、治傳舍、招流民，卓有惠政。秩滿遷審計司。」〔註195〕則施德懋約在 1234～1240 年在建平縣知縣任上，頗有政績，後任審計司。

施德懋與高似孫的交往，見高似孫所作《小石山滄灣亭記》：

> 予在墅，殫極千岩競秀，萬壑爭流，草木薰籠，雲興霞蔚之狀，有非一日。曹能日同予酒，同予筆研，所以考高明之具，闢廣大之觀，意接情諧，若有得於斯者。然非其心胸不凡，目力不俗，筆下不塵埃，則匠幽裁奧，何能頡是哉？書來再三，委載其事。予曾不得同彼酒，同彼筆硯，往往神馳而意騖，又安能為之淋漓傾倒哉？乃歌《江騷》答之，使歌者歌以酒，其必有知戶曹及予者……戶曹姓施，名德懋，予嘗字曰商輔，同年著作郎兼右司郎官諱纍之子，礭乎雋秀而端挺者也。紹定二年正月十一日。〔註196〕

此文應施德懋之請而作，施德懋為施纍之子，施纍和高似孫同為淳熙十一年（1184）進士。施德懋與高似孫關係甚密，常從之遊，高似孫稱他「礭乎雋秀而端挺」。

（二十四）陳堯章

陳堯章生平本末不詳。高似孫《八景樓記》：「陳君堯章甘棲其濱，剷其麓，凡海情狀，以智受之，又希昔人所以心乎愛矣者，為其遊息之物。高明之具雖未得，拍斯闌，建斯酒，固已翛然望蓬萊之雲氣，懷乘桴之壯遊。」〔註197〕

三、見於其他書傳者 13 人

（一）樓鑰

樓鑰（1137～1213），字大防，號攻媿主人，汪大猷外甥，明州鄞縣（今浙江寧波）人。孝宗隆興元年（1163）進士，任溫州教授、宗正寺主簿、知溫

〔註195〕（清）衛廷璞修：雍正《建平縣志》卷十七，清雍正九年刻本。

〔註196〕（明）趙錦修，（明）張袞纂，劉徐昌點校：嘉靖《江陰縣志》卷五，上海：上海古籍出版社，2011 年，頁 67。

〔註197〕（宋）林表民：《赤城集》卷十四，文淵閣四庫全書本。

州，光宗時任考功郎中、中書舍人，遷給事中，寧宗時權吏部尚書兼侍讀。出知婺州，移寧國府，慶元黨禁中被奪職。韓侂胄被誅後，起為翰林學士，遷吏部尚書，除同知樞密院事。嘉定二年（1209），進參知政事。樓鑰雖為理學家，但為學篤實，博採兼取，學問賅博，詩文皆工。性喜藏書，聚書逾萬卷，精於校讎，他所寫的題跋將近 400 篇，為清儒所重，王士禎說「諸體中題跋最勝」〔註198〕，《四庫全書總目》稱「尤多元元本本，證據分明」〔註199〕。

樓鑰與高家關係匪淺，交往密切，與高閌次子高得全為親家〔註200〕。他曾為高閌《春秋集注》作序，對高閌極為推崇，稱高文虎「博學篤志，承伯父之傳」。〔註201〕樓鑰對同鄉後學高似孫頗為欣賞，極力推薦他代替自己任給事中這樣的要職，見樓鑰《除給事中舉高似孫自代狀》：「右，伏見文林郎、紹興府會稽縣主簿高似孫，夙有俊聲，能傳家學，詞章敏贍，吏道通明，臣今舉以自代。」〔註202〕據《南宋館閣續錄》卷九記載，樓鑰「（紹熙）五年二月，以中書舍人兼（實錄院同修撰）。九月為給事中，仍兼」，則樓鑰向宋光宗薦高似孫以自代在 1194 年。

（二）劉克莊

劉克莊（1187～1269），字潛夫，號後村居士，福建莆田人。嘗受學於真德秀。以世蔭補官，淳祐六年（1246），賜同進士出身，任秘書少監兼中書舍人，累官至工部尚書，以龍圖閣學士致仕。卒諡文定。著有《後村先生大全集》196 卷。劉克莊為南宋晚期文壇宗主，不僅是江湖詩人的代表，而且詩詞深受陸游、辛棄疾影響，是繼陸、辛之後的愛國詩詞家，因主張收復中原、抨擊時弊，屢遭貶黜。劉克莊在史學上亦負盛名，宋理宗稱他「文名久著，史學尤精」〔註203〕。

高似孫與劉克莊的交往始於嘉定十七年（1224），劉克莊《後村詩話》續集卷四載：

〔註198〕（宋）王士禎：《居易錄》卷十一，文淵閣四庫全書本。

〔註199〕（清）紀昀等：《欽定四庫全書總目》，北京：中華書局，1997 年，頁 2133。

〔註200〕樓鑰詩《送高仲遠赴滁倅》云：「今日當門戶，友愛深弟昆……與我親兒女，次第了嫁婚」，見《攻媿集》卷三，清武英殿聚珍版叢書本。

〔註201〕（宋）樓鑰：《攻媿集》卷五十四，《黃州貢院記》，清武英殿聚珍版叢書本。

〔註202〕（宋）樓鑰：《攻媿集》卷三十一，清武英殿聚珍版叢書本。

〔註203〕（宋）劉克莊：《後村先生大全集》卷七十六，《辭免賜同進士出身除秘少狀·丙午》，四部叢刊本。

癸未（1223）甲申，余自桂林入都改秩。一日自外歸，逆旅主
人云：「有二客訪君不遇，留刺而去。」視之，蓋高續古、鍾春伯二
館職也，皆素昧。明日往謝，高云：「吾於陸伯敬處見子某詩。」鍾
云：「吾於南唐處見子四六。相約訪君，共論此事，何相避之深也！」
鍾惠四六一卷，高遺《疏寮詩》二冊。未幾，鍾顯貴，高出館，不
復入。今皆物故。余老矣，四六姑置，惟詩結習未忘，所得《疏寮
詩》二冊，前已摘出一二聯，後得其全集，數倍於舊，老筆如湘弦
泗磬，多人間俚耳所未聞者，有石湖、放翁、誠齋之風。部帙既多，
不能遍閱，姑錄其警語於編，以備遺忘。〔註204〕

1223年高似孫任秘書郎，與館閣同事鍾震相約拜訪住在杭州旅館的劉克莊，
當天沒有見到，第二天劉克莊到館閣答謝，高似孫贈他《疏寮詩》二冊，自此
相識，後來又將《疏寮詩》全集贈給劉克莊。劉克莊對高似孫詩評價甚高，稱
其「老筆如湘弦泗磬，多人間俚耳所未聞者，有石湖、放翁、誠齋之風」，評
《題四聖觀》詩「極藻繪追琢之功，二宋殆不能過」，贊《答辛幼安》詩「此
篇甚高古」。〔註205〕劉克莊《茶山誠齋詩選序》謂：「初，陸放翁學於茶山，
而青於藍。徐淵子、高續古曾參誠齋，警句往往似之。」〔註206〕《後村詩話》
前集：「高續古《題四聖觀》云：『射熊館暗花扶屐，下鵠池深柳拂舟。』極藻
繪追琢之功，二宋殆不能過。晚兼都官，《題直舍》云：『無詩如鄭谷，有髮似
馮唐。』亦警策。」〔註207〕

（三）鍾震

鍾震（生卒年不詳），字春伯，善化（今湖南長沙）人。紹熙五年朱熹講
學嶽麓書院時，受業門下。於湘潭築主一書院，講學其中，湘南之士，從之甚
盛。慶元二年（1196）進士。嘉定十五年（1222），除國子博士。嘉定十六年
（1223）正月，任秘書郎，七月任著作佐郎。嘉定十七年（1224），任秘書丞，

〔註204〕（宋）劉克莊：《後村先生大全集》卷一百八十，《後村詩話・續集》，四部
　　　　叢刊本。
〔註205〕（宋）劉克莊：《後村先生大全集》卷一百八十，《後村詩話・續集》，四部
　　　　叢刊本。
〔註206〕（宋）劉克莊：《後村先生大全集》卷九十七，《茶山誠齋詩選序》，四部叢
　　　　刊本。
〔註207〕（宋）劉克莊：《後村先生大全集》卷一百七十四，《後村詩話・前集》，四
　　　　部叢刊本。

同年高似孫入秘書省任秘書郎，與鍾震相識。端平元年（1234），任吏部侍郎兼同修國史、實錄院同修撰。事見《南宋館閣續錄》卷七、八、九。嘉定十七年（1224），鍾震與高似孫結伴，前往探訪劉克莊，事見於劉克莊《後村詩話》續集。

（四）蘇泂

蘇泂（生卒年不詳），字召叟，山陰（今浙江紹興）人，蘇頌四世孫，江湖詩人。曾隨祖宦遊入蜀，以蔭作過短暫朝官，後落拓走四方，在荊湖等地作幕賓，曾再入建康幕府，身歷開禧北伐，終偃蹇不遇，有《金陵雜興》二百首。以詩名，嘗師事陸游，與辛棄疾、劉過、王柟、潘檉、趙師秀、周文璞、姜夔、葛天民等人往來唱和。其詩法源於陸游，「其所作皆能鑱刻淬煉，自出清新，在江湖詩派之中可謂卓然特出」〔註208〕。《直齋書錄解題》著錄《泠然齋集》二十卷、《泠然齋詩餘》一卷，均佚。清四庫館臣從《永樂大典》中輯為《泠然齋集》八卷。

蘇泂與高似孫唱和之詩作頗多，有《次韻高秘書謁陸待制》二首、《問訊知府高校書》《東墅次高秘書韻》《次韻高秘書》《簡高秘書》《走筆謝高秘書送示詩文》《奉和高秘書雪中雜興》。

（五）汪莘

汪莘（1155～？），字叔耕，休寧（今安徽休寧）人，新安理學家。幼從學於呂希哲，不事科舉，退安丘園讀《易》，後屏居黃山。嘉定間應詔上書，不報。徐誼帥江東，以遺逸薦，亦不果。遂築居休寧柳塘之上，圍以方渠，自號方壺居士，學者稱柳塘先生。與朱熹頗友善，在朱子的影響下研究理學，為朱熹在徽州的及門弟子。曾於休寧柳溪書院講學。著述有《方壺存稿》《方壺詩餘》《方壺詞》。明弘治《徽州府志》卷九、《新安文獻志》卷八十七有傳。工詩詞、文章，詩學李白，詞則推崇蘇軾、朱敦儒、辛棄疾，為文雄壯奇偉。

高似孫在徽州通判任上，與徽州學者多有交遊，汪莘即其中之一。《方壺存稿》載有汪莘詩《辛酉正月初八日入郡赴高校書之約二十二日出西郊即事》〔註209〕，此詩作於嘉泰元年（1201年），汪莘應高似孫之約到徽州治所歙縣

〔註208〕（清）紀昀等：《欽定四庫全書總目》，北京：中華書局，1997年，頁2170。
〔註209〕（宋）汪莘：《方壺存稿》卷七，《北京圖書館古籍珍本叢刊》第88冊，北京：書目文獻出版社，1998年，頁747。

與之相見。汪莘還作有《壽高秘書》詩〔註210〕，為高似孫祝壽。

（六）洪諮夔

洪諮夔（1176～1236），字舜俞，號平齋，於潛（今浙江臨安）人。嘉泰二年（1202）進士，授如皋主簿，尋為饒州教授。嘉定中，為成都府通判。嘉定十七年（1224），召為秘書郎。寶慶元年（1225），遷金部員外郎，轉考功員外郎，拜監察御史。端平元年（1234），為中書舍人。累官至刑部尚書、翰林學士、端明殿學士。為官耿直，屢次上次抨擊弊政。事蹟具《宋史》本傳。著述有《春秋說》三十卷、《平齋文集》三十二卷、《平齋詞》一卷。詩受江西詩派影響，詞風似稼軒。

洪諮夔與高似孫多有唱和，今存洪諮夔詩三首，有《和高似孫省中雪》：「升平見一斑，未臘得三雪。天開銀色界，人立水晶闕。小團醉後煮，清夢梅邊說。莫道石渠春，不似山陰月。」〔註211〕《和續古蜜術》：「參桂齊名骨自香，百花釀醹助甘涼。含金咀玉風標別，消得肩吾為發揚。」〔註212〕《和續古謝送墨》：「黑月黳雲脫太清，海風吹上筆頭輕。瑣窗冷透芙藻碧，定有新銘到九成。」〔註213〕

（七）陸伯敬

陸伯敬與高似孫的交往亦見於劉克莊《後村詩話》續集，高似孫稱於陸伯敬陸伯敬處看到了劉克莊所作之詩，因而欲前往探討劉克莊。陸伯敬事蹟史志均不載，惟釋居簡《跋西嶽降靈圖》稱：「嘗見諸白玉樓畫於臨川陸伯敬，伯敬，象山之子。」〔註214〕可知，陸伯敬，臨川人，陸九淵之子。

（八）吳惟信

吳惟信（生卒年不詳），字仲孚，號菊潭，霅川（今浙江湖州）人，寓居嘉定（今上海市）白鶴村。不喜官場，布衣終身。記聞該博，有詩名。工於七律、七絕，其詩清雅秀麗，吳中老儒糜先生拜其為「謫仙人」，翁方綱《石洲

〔註210〕（宋）汪莘：《方壺存稿》卷五，《北京圖書館古籍珍本叢刊》第 88 冊，北京：書目文獻出版社，1998 年，頁 738。

〔註211〕（宋）潛說友：《咸淳臨安志》卷十五，《宋元浙江方志集成》第 1 冊，杭州：杭州出版社，2009 年，頁 485。

〔註212〕（宋）洪諮夔：《洪諮夔集》，杭州：浙江古籍出版社，2015 年，頁 104。

〔註213〕（宋）洪諮夔：《洪諮夔集》，杭州：浙江古籍出版社，2015 年，頁 105。

〔註214〕（宋）釋居簡：《北磵集》卷七，文淵閣四庫全書本。

詩話》稱其「小詩極有意味」。著有《菊潭詩集》一卷。其傳記資料散見《宋詩紀事》《齊東野語》《江湖後集》等。

吳惟信與高似孫多有酬唱，吳惟信贈給高似孫的兩首詩《上高疏寮處州守》和《寄越上高疏寮》分別作於高似孫知處州和閒居嵊縣時期。《上高疏寮處州守》詩中稱似孫「道接聖賢韓愈學，詩關風教杜陵心」，對他評價甚高。

（九）王萬

王萬（？～1234），字萬里，號淡齋，邛州蒲江（今屬四川成都市蒲江縣）人，魏了翁門人。博通經術，尤善《戴氏禮》。嘉定三年（1210），類省試第一，故被高似孫稱為「王省元」。歷仕資州教授、敘州教授、除吏部架閣文字、太常錄、太常博士、知廣安軍、知紹熙府，積官朝散郎。主張以理學治國，提出厚風俗在於明人倫，尊朝廷在於聚賢才，崇學校在於養士氣。著有《心銘》《淡齋規約》等。事蹟見魏了翁《太常博士知紹熙府朝散郎王聘君墓誌銘》（《鶴山先生大全集》卷八十六）、《宋元學案》卷八十《鶴山學案》。

高似孫任秘書郎時，曾與太常博士王萬一同前往拜訪釋居簡，《北磵詩集》有居簡《謝疏寮高秘書同常博王省元見過》詩：「友生朱與葛，月旦說疏寮。老錫思投越，春江夢趁潮。句新哦易熟，燈喜剪難消。聞道搴旗鼓，山林不寂寥。不縱青雲步，行間著得麼。官居最華要，吟似老頭陀。行輩今差少，聲名早厭多。猶將三萬軸，清夜答絃歌。」〔註215〕

（十）史彌寧

史彌寧（生卒年不詳），字安卿，號友林，鄞縣（浙江寧波）人，史浩之侄，史源之子。《宋史》無傳。嘉定中以國子舍生，帶閣門宣贊舍人，知邵陽軍。有詩名，厲鶚《友林乙稿跋》稱「安卿詩宗蕭千巖，清疏有出塵之致」〔註216〕。著有《友林詩稿》二卷，今存《友林乙稿》一卷。

南宋時，詩人結社風氣盛行，史彌寧與同鄉高似孫於慶元、嘉定年間曾在鄞縣組織詩社。全祖望《句餘土音》序稱：「吾鄉詩社，其可考者……慶元、嘉定而後……高疏寮、史友林別有詩壇，則從事於苦吟者也。」〔註217〕可見

〔註215〕 （宋）釋居簡：《北磵詩集》卷五，《宋集珍本叢刊》第71冊，北京：線裝書局，2004年，頁298。
〔註216〕 （清）厲鶚撰，羅仲鼎、俞浣萍點校：《厲鶚集》，杭州：浙江古籍出版社，2016年，頁616。
〔註217〕 （清）全祖望：《鮚埼亭集外編》卷二十五，四部叢刊本。

二人在詩風上在相似之處。陳小輝《宋代詩社研究》也認為，高似孫曾設有寧波詩社，史彌寧參與其中。

（十一）韓侂冑

韓侂冑（1151～1207），字節夫，韓琦曾孫，安陽（今河南安陽）人。以策立寧宗有功，自宜州觀察使兼樞密都承旨，加開府儀同三司，累遷少師，封平原郡王，進太傅，拜太師，除平章軍國事，權傾一時。斥理學為偽學，興「慶元黨禁」。力主北伐，收復中原。追封岳飛為鄂王，奪秦檜王爵。開禧北伐失敗後被誅。

劉克莊《龍學行隱傅公行狀》、陳振孫《直齋書錄解題》、《慶元黨禁》、《宋史全文》等文獻均認為高似孫曾向韓侂冑獻九錫詩，傅伯成彈劾他「有無君之心」。

（十二）周之瑞、周之章

據《剡南高氏宗譜》所載之《疏寮公行述》，似孫「嘗與舅氏周子瑞、周子章等同學，晨夕坐談文藝，討論典制，相契最厚。」〔註218〕按，「周子瑞、周子章」當為「周之瑞、周之章」之誤。阮元《兩浙金石志・宋紹興府進士題名碑》載：「周之瑞（汝能侄），淳熙十四年王容榜進士；周之章（之瑞弟），嘉定元年鄭自誠榜進士。」〔註219〕周之瑞、周之章是高似孫的表舅，周氏家族為剡縣的科舉世家。

〔註218〕高我桂等修：《剡南高氏宗譜》卷一。
〔註219〕（清）阮元：《兩浙金石志》卷十，四部叢刊本。

第二章　高似孫之文獻編纂實踐

　　高似孫劬學尚古，博聞廣識，著述極富，其中以《經略》《史略》《子略》《集略》《緯略》《騷略》《蟹略》諸「略」最具學術價值。明末清初文壇領袖錢謙益云：「漢高誘注《短長》《淮南》，宋高似孫輯七《略》，咸為博雅之宗。」〔註1〕清初浙東學派大師全祖望則稱高似孫「三《略》與詩終為一望」。《經略》《集略》二書已佚，其餘五《略》尚存。以「略」作為目錄著作的書名，始於《七略》。南宋鄭樵所編《通志·二十略》，亦以「略」為名，鄭樵《通志·總序》云：「總天下之大學術，而條其綱目，名之曰略，凡二十略，百代之憲章，學者之能事，盡於此矣。」近代學者劉咸炘在《學略》一書中對高似孫諸《略》含義解釋說：「『略』字有『疆略』『概略』二義，吾家子政辨章學術，名曰《七略》，蓋取『疆略』之義。宋高似孫仿之為《史略》《子略》《騷略》，又僅『概略』矣。」〔註2〕除諸《略》以外，高似孫《剡錄》堪稱宋代方志中的名作，為後人所推重。本章以《史略》《子略》《緯略》《剡錄》為重點，探討高似孫在文獻編纂實踐上的成就。

第一節　史部專科目錄──《史略》

一、《史略》的版本

　　《史略》一書在國內久佚，宋代至明代的官私書目均未著錄。《玉海》卷四十九「論史」條《晉漢書集解》：「《史通》：『《漢書》舊無注解，唯服虔、應劭等各為《音義》……後人不知臣瓚所作，乃謂之應劭等集解。』斯不審矣。」

〔註1〕（清）錢謙益：《牧齋有學集》卷十四，《顏子疏解敘》，四部叢刊本。
〔註2〕劉咸炘：《學略》，上海：華東師範大學出版社，2009年，116頁。

武秀成、趙庶洋《玉海藝文校證》認為此段文字不見於今本《史通》而見於《史略》卷二引顏師古《漢書注例》,疑「史通」為「史略」之誤。〔註3〕此說若成立,則宋末王應麟之時,《史略》尚存。《四庫全書總目》著錄有《子略》而無《史略》。所幸國內失傳的宋本《史略》在日本流傳下來。《古逸叢書》本《史略》就源於宋本。

(一)日本內閣文庫藏南宋刊本

此本今藏於日本國立公文書館內閣文庫,漢9269號。六卷,二冊,封面墨書題《高氏史略》,書前有寶慶元年(1225)自序、目錄,撰者題「高似孫續古」,後題「高似孫續古修」,卷五題「高氏似孫續古修」,卷六題「高似孫集」。每半葉有界十行,行二十字,注文雙行。白口,左右雙邊。版框縱20cm,橫13.7cm,版心有大小字數和刻工名(禾、昌、桂、珪)。在避諱上,「恒」「貞」「敦」「匡」「禎」字缺筆,卷五「高道讓」改作「高道遜」〔註4〕,「敬翔」改作「恭翔」〔註5〕。卷首自序中「似孫」二字作小字。卷二第七頁有缺葉,插入白紙,脫「取焉,舊所闕漏,未嘗解說,普更詳釋,無不洽通」至「諸家注釋,雖見名氏,至爵里,頗或難知,傳無所存,具列如左」這段文字,《古逸叢書》本則已據原引補全。鈐印有「慈照院」「梅熟軒」「蒹葭堂藏書印」「淺草文庫」「木氏永保」「昌平阪學問所」「日本政府圖書」「內閣文庫」「文化甲子」,其中「昌平阪學問所」印為黑色印,餘為朱色印。據日本學者石田肇的研究,宋本《史略》東渡日本後最早藏於京都相國寺,後歸大木村蒹葭堂(1736~1802),蒹葭堂卒後,其藏書贈於昌平阪學問所,昌平阪學問所收藏的時間是日本文化甲子年(1804)。昌平阪學問所的藏書後轉至書籍館、淺草文庫、太政宮文庫、內閣文庫。淺草文庫是明治七年(1874)至十四年(1881)設於淺草八番崛的公共圖書館。「日本政府圖書」印用於明治十九年(1886)至昭和七年(1932),因此「內閣文庫」印當用於昭和七年(1932)。此本被日本「文化財審議委員會」定為「日本重要文化財」。

最早著錄宋刊本《史略》的目錄著作是日本學者澀江全善、森立之撰寫的《經籍訪古志》,其提要云:「《史略》六卷,宋刊本,宋高似孫撰,昌平學

〔註3〕(宋)王應麟撰,武秀成、趙庶洋校證:《玉海藝文校證》,南京:鳳凰出版社,2013年,頁716~717。
〔註4〕避宋英宗父趙允敬之諱。
〔註5〕避宋太祖祖父趙敬之諱。

藏。首有寶慶元年《自序》。卷一述《史記》，卷二述兩《漢書》《三國志》至晉、宋、齊、梁、陳、後魏、北齊、後周、隋、唐、五代志，卷三述《東觀漢記》、歷代春秋、歷代紀、實錄、起居注、《唐左右螭坳書事》、延英殿時政記、時政記、唐曆、會要、玉牒，卷四述史典、史表、史略、史鈔、史評、史贊、史草、史例、史目、通史、《通鑒》參據書，卷五述霸史、雜史、《七略》中古書、東漢以來書考、歷代史官目、劉勰論史，卷六述《山海經》《世本》《三蒼》《漢官》《水經》《竹書》。每半板十行，行二十字。界長六寸六分，幅四寸六分。按：高氏又著《子略》四卷，《四庫全書總目》載之，而不言別有《史略》之著，蓋彼土早已亡逸耳。此書文辭簡約而引據精覈，多載逸書，實為讀史家不可闕之書矣。」〔註6〕

晚清官員、藏書家董康（1867～1947）曾多次赴日本訪書，也曾見過宋本《史略》，《書舶庸譚》卷八載：

> 《史略》六卷，宋槧宋印本。每半頁十行，每行二十字。前有目錄，序題「寶慶七年十月十一日修，十一月十日畢，似孫序」。首行題《史略》卷幾，卷尾隔正文二行，題同前。次行題撰人名「高似孫續古」，或增作「續古修」，距下欄三格。每卷正文題低四格，板心上記字數，魚尾下《史略》幾，近下欄記刻工名，如昌、珪、禾等，俱一字。有「蒹葭堂藏書」「木氏永保」（俱篆書朱文）、「淺草文庫」（楷書朱文）、「文化甲子」（隸書朱文）及「慈照院梅熟軒」諸記。〔註7〕

（二）岡本保孝抄本

岡本保孝（1797～1878）抄本是一種較為重要的《史略》早期抄本。岡本保孝於日本孝明天皇嘉永五年（1852）得《史略》六卷和《子略》四卷的抄本。此本每半葉十行，行二十字。《史略》卷末有朱筆識語曰：「癸丑（嘉永六年）夏五月十日，校畢」。《子略》卷末有朱筆識語曰：「癸丑夏五初二日，校畢」，後有花押。又有岡本保孝墨筆跋文：「昌平學校藏宋本《史略》及《子》，惜哉《子略》卷四欠，今影鈔之，以《百川學海》本補其欠卷，以張氏《學律

〔註6〕（日）澀江全善，森立之等撰：《經籍訪古志》，上海：上海古籍出版社，2017年，頁132。

〔註7〕（清）董康著，朱慧整理：《書舶庸譚》，《書目題跋叢書》，北京：中華書局，2013年，頁262。

〔津〕討原》本校《子略》全部，但《史略》余未知別本，不能校定。嘉永五年冬十月，況齋岡本保孝識。」〔註8〕岡本保孝，字況齋，德川幕府後期考證學派學者。此本卷中又有「黑川氏圖書記」印記，係黑川睿村舊藏。此本今存築波大學圖書館和京都大學文學系東洋史研究室。

（三）《古逸叢書》本

清光緒六年（1880）四月，楊守敬（1839～1915）應清駐日公使何如璋之邀，隨使日本。楊氏竭力搜訪古書，所得頗豐，「日遊市上，凡板已毀壞者皆購之，不一年遂有三萬餘卷」〔註9〕。光緒七年（1881），黎庶昌接替何如璋任公使。黎氏見楊守敬《日本訪書緣起條例》，遂有刊刻《古逸叢書》之志，楊守敬任校刻。《古逸叢書》的刊刻始於光緒八年（1882），收入國內失傳的古代逸書 26 種，其中就有宋本《史略》。

長澤規矩也《楊惺吾日本訪書考》詳考楊氏在日本訪書的情況，但未說明《史略》是否為楊守敬訪得，蔣鵬翔《〈古逸叢書〉編刊考》也稱「不能確定係何人訪得，俟考」〔註10〕。筆者從森立之的《楊守敬與日本森立之筆談稿》一書中發現了相關線索。森立之（1807～1885），字立夫，號枳園，出身於醫學世家，師事澀江全善、狩谷棭齋，喜聚古書，精於書目考證，曾與澀江全善合撰《經籍訪古志》，此志在楊守敬訪書過程中發揮了很大作用。楊氏為購書曾拜訪森立之十餘次，在明治十四年（1881）三月二十八日第二次登門時，他向森立之提出：「貴邦古書，為我國所佚者，如《姓解》、《史略》、《玉篇》殘本、《玉燭寶典》，皆欲刻之。尤煩先生為校刊，可乎？」又說：「《姓解》《史略》《玉燭寶典》等書，如有抄本，弟願得之。」〔註11〕於此可見楊守敬對《史略》這部稀世孤本的重視。同年七月二十日，楊氏拜訪森立之時說：「又有《史略》《姓解》，弟皆屬人影抄之，皆欲刻之。」〔註12〕這說

〔註 8〕嚴紹璗：《日本藏漢籍珍本追蹤紀實》，上海：上海古籍出版社，2005 年，頁136～137。

〔註 9〕楊守敬：《日本訪書志》卷一，《日本訪書志緣起》，《海王邨古籍書目題跋叢刊》第 8 冊，北京：中國書店出版社，2008 年，頁 163。

〔註10〕蔣鵬翔：《〈古逸叢書〉編刊考》，復旦大學博士學位論文，2011 年，頁 203。

〔註11〕森立之撰，張新民整理：《楊守敬與日本森立之筆談稿》，見莊建平主編：《近代史料文庫》第 9 卷，上海：上海書店出版社，2009 年，頁 393。

〔註12〕森立之撰，張新民整理：《楊守敬與日本森立之筆談稿》，頁莊建平主編：《近代史料文庫》第 9 卷，上海：上海書店出版社，2009 年，頁 400。

明明治十四年（1881）7月，楊守敬已影抄《史略》。據此，訪得《史略》之功歸於楊守敬當無疑問。楊守敬為刊刻《史略》，特意聘請日本著名刻工木村嘉平。

光緒十年（1884）七月，《古逸叢書》在日本東京使署刊成。同年，黎庶昌歸國，將《古逸叢書》版片帶回國內，於上海、蘇州重印，《史略》遂在國內刊版流傳。因此，《古逸叢書》有日本印本與中國印本兩種版本。黎、楊二人曾對《古逸叢書》所收各書的跋文問題有過爭執，《鄰蘇老人年譜》癸未（1883）條云：「（黎庶昌）遂皆不作跋，亦不願守敬作跋。故《叢書》中如《玉燭寶典》、正平《論語》、《史略》諸書，均有劄記，皆輟不刻，至今尚存守敬篋中。」因此，《古逸叢書》日本印本沒有《史略》跋，而國內印本附有楊守敬跋文。該叢書先行刷印百部，以贈當時知名人士，因內容珍稀，刻印精美，一經推出即享譽士林。

《史略》日本刊本前有「光緒十年甲申遵義黎氏刊於日本東京使署」「影宋本史略古逸叢書之二十」「遵義黎氏校刊」牌記，自序頁有「兼葭堂」「木氏永保」「淺草文庫」三印，卷六末頁有「遵義黎庶昌之印」「星吾東瀛訪古記」。避諱缺筆同宋本，末頁附有《經籍訪古志》之《史略》提要，刻工注明為「日本東京木村嘉平刻」。中國刊本利用日本刊本原版重印，紙張、刻印質量不如日本刊本，在內容上增加了楊守敬《史略跋》。

《古逸叢書》書前有黎庶昌《敘目》，黎氏所撰《史略》提要云：「似孫有《經》《史》《子》《緯》《騷》五略。《子略》《緯略》，《四庫》已著錄，《騷略》見《存目》。此《史略》，其佚者也。序云『依劉向《七錄》法，各匯其書而評其指意，始寶慶元年十月十日，畢十一月七日』，未及一月而書成，蓋略採眾家評騭之言，以明史之綱領而已。」

楊守敬《史略跋》簡要交待了宋刊本的收藏及刊刻情況：「高似孫《史略》六卷，宋槧，原本今存博物館。此書世久失傳，此當為海外孤本。首有兼葭堂印，木氏永保印。按木世肅，大阪人，以藏書名者也。原本亦多誤字，今就其顯然者改之，其稍涉疑似者仍存其舊……光緒甲申春正月宜都楊守敬記」。此跋後收入刊於光緒二十七年（1901）的《日本訪書志》，與原跋文字相同，只是沒有注明年月而已。楊跋撰於光緒十年（1884）正月，則時間在《古逸叢書》刊成之前。依此跋，楊守敬已對宋本的明顯文字錯誤進行校正，可疑者仍存其舊，因此保留了宋本原貌。楊守敬據宋本《史略》謄抄而成原稿本，

《古逸叢書》本就是據原稿本刊版。楊氏還撰有《史略校勘劄記》，但《古逸叢書》刊刻時沒有錄入《劄記》。後來楊氏將原稿本帶回國內，王重民整理楊氏遺著時見過此稿本，並作《迻錄〈史略校勘劄記〉小引》一文，交待了原稿本的情況，其文如下：

> 此文從觀海堂《史略》校抄本錄出，即《古逸叢書》原稿本也。書前有「兼葭堂」「木氏永保」「淺草文庫」三印，後有「昌平阪學問所」圖記（此圖記《古逸叢書》本脫去）。按《經籍訪古志》附言，近世藏書名者，前有佐伯毛利氏紅栗齋、浪華木世肅、孔恭兼葭堂。又云木氏之書，早獻之昌平學。《古文舊書考》又謂：昌平學本一入淺草文庫，再散內閣千代田文庫、帝室博物館等。則是書由木氏、兼葭堂、昌平學、淺草文庫、帝室博物館遞相珍藏。中土久逸，自刻入《古逸叢書》，始再入中國也。《鄰蘇老人年譜》云：「如《玉燭寶典》、正平《論語》、《史略》諸書，均有劄記，皆軼不刻，至今尚存守敬篋中。」蓋遭黎純齋之忌，故此《劄記》未能附刻《叢書》之末也。先生跋是書云：「原本亦多誤字，今就其顯然者改之，其稍涉疑似者，仍存其舊。」余曾整理楊氏遺書，極迻錄之，以饗學子，更於以睹宋刻之真也。民國十六年三月王重民謹記。（原載《圖書館學季刊》第二卷第四期）〔註13〕

王重民指出，原稿本有「昌平阪學問所」圖記，而《古逸叢書》本脫去，其說良是。通過比對宋本《史略》，我們發現《古逸叢書》本書前還缺少「慈照院」「梅熟軒」印，每卷末缺「文化甲子」印。

（四）清虞山鮑廷爵《後知不足齋叢書》本

該本收入《後知不足齋叢書》第七函第 48 至 49 冊，亦有單行本行世。書前有「宋本史略」「光緒癸未年仲春虞山鮑氏開雕刊」印記。此本傳本稀少，遠不及《古逸叢書》本通行。自序頁有「子子孫孫永保」「宋本」「五湖」「陸師道氏」「回文」「五硯主人」印。按：「五湖」「陸師道氏」印為明陸師道藏書印。陸師道（1511～1574），字子傳，號元洲，更號五湖，長洲人，嘉靖十七年（1538）進士，明代藏書家；「五硯主人」印為清袁廷禱藏書印，袁廷禱（1762～1809），後更名廷壽，字又愷，號壽階，吳縣人，清乾嘉間

〔註13〕王重民：《冷廬文藪》，上海：上海古籍出版社，1992 年，頁 375。

藏書家，藏書處名「五硯樓」。卷一第一頁有「百宋一廛」「蕘圃過眼」「黃丕烈」「衛泳」「長叔」印。前三印為清代著名藏書家黃丕烈之印，後二印為衛泳之印。衛泳，字永叔，明末蘇州人，著有《悅容編》，家富藏書。

《後知不足齋叢書》本《史略》自稱刊於 1883 年，竟比《古逸叢書》本還早一年。據書中藏書印，該本經明清以來藏書家陸師道、衛泳、袁廷檮、黃丕烈遞相收藏，似為國內所存之宋刊本。事實上，宋本《史略》在國內早已失傳，楊守敬言之鑿鑿。鮑氏所謂的國內宋本純屬杜撰，實欲託黃丕烈之名以謀利。羅振玉讀到此本時，稱其乃據黃丕烈所藏宋本刊刻，並未懷疑。左洪濤《兩宋浙東高氏家族研究》認為此本所據底本為《古逸叢書》原稿本，實際上 1883 年楊守敬還未回國，鮑氏根本不可能見到原稿本。日本學者石田肇指出此本係仿刻《古逸叢書》本，並提出三條理由。第一，宋本《史略》僅有內閣文庫本。第二，兩者文字完全相同，連避諱缺筆、校勘錯誤等都完全一樣。第三，所鈐著名藏書家印明顯為仿製贗品，黃丕烈著作未提及《史略》。據此，則《後知不足齋叢書》本仿自《古逸叢書》本無疑，其刊刻時間也絕非在 1883 年。

除了以上四種版本，《史略》還有《四明叢書》本、《人人文庫》本、《叢書集成初編》本、《書目續編》本、《百部叢書集成》本，這些版本均以《古逸叢書》本為底書。此書的整理本有周天游的《〈史略〉校箋》（書目文獻出版社 1987 年版）、張豔雲和楊朝霞校點的《史略・子略》（新世紀萬有文庫，遼寧教育出版社 1998 年版）和王群栗《高似孫集》（浙江文叢，浙江古籍出版社 2015 年版）。

二、《史略》的編纂特色

（一）網羅散佚、評騭諸家的編纂宗旨

高似孫在《史略・序》中說：

> 太史公以來，載籍之作，大義粲然著矣。至於老蝕半瓦，着力汗青，何止間見層出。而善序事，善裁論，比良班、馬者，固有舉舉可稱。然書多失傳，世固少接，被諸簽目，往往莫詳，況有窺津涯、涉閫奧者乎？乃為網羅散軼，稽輯見聞，采菁獵奇，或標一二。仍依劉向《七錄》法，各彙其書，而品其指意。後有才者，思欲商榷千古，鈐括百家，大筆修辭，緝熙盛典，殫極功

緒，與史並驅，其必有準於斯。寶慶元年十月十日修，十一月七日畢。似孫序。〔註14〕

從自序來看，高似孫注意到，自《史記》問世以來史書層出不窮，而圖書散佚問題非常嚴重，書目中所載之書往往佚而不存，因而高氏編纂《史略》的宗旨，一方面是要「網羅散軼，稽輯見聞」，也就是搜集散佚文獻資料，這一點從《史略》卷二所著錄的已佚各家《後漢書》、《晉書》、歷代《紀》等佚文即可以得到證明，因而可以說《史略》具有一定的輯佚性質；另一方面意欲恢復劉向《別錄》那種解題式目錄的傳統，「商榷千古，鈐括百家」。劉向開創的解題之法在其後千餘年間幾乎斷絕，期間再沒有出現較有影響的解題目錄，這種局面直到宋代才發生轉變，《崇文總目》《郡齋讀書志》代表了宋代目錄學的在解題目錄上的復興。在這種時代背景下，高似孫也非常重視對典籍進行解題，高氏諸《略》均貫徹這種理念。高似孫修撰《史略》的時間是寶慶元年（1125）十月十日至十一月七日，不足一個月，這成了後人輕視此書的一個重要因素。《史略》成書如此之快，一方面由於高似孫在編纂方式上使用了輯錄體，參考了《隋志·經籍志》《舊唐書·經籍志》《新唐書·藝文志》《通志·藝文略》等已有書目，另一方面《史略》是他在平時讀書筆記的基礎上編纂而成的，《緯略》實際上就是由他的讀書筆記彙編而成，《緯略》成書於嘉定五年（1212），在《史略》之前；《緯略》中的部分材料與《史略》存在直接關聯，例如《緯略》卷二「御撰《晉書》」條、卷八「葛洪論《史記》」條、卷十二「歐、宋《唐書》條」、卷十二《通鑒》條均與《史略》所載內容有密切的聯繫。張壽鏞在四明叢書本《史略》序中指出：「續古著《史略》，為時僅二十七日。後世以其成書之易，譏其罅漏之多。安知不由學士注《史記》時，一一搜輯於先，而續古成之之速者，藉此往？」

（二）別具一格的史部分類體系

《史略》作為一部史部專科目錄，在分類上沒有完全照搬以往書目的史部分類體系。《史略》六卷的分卷情況如下：

卷一為《史記》專目，分為太史公《史記》、《太史公自序》、諸儒史議、續《史記》、《史記》注、《先公史記注》、《史記》雜傳、《史記》考、江南古本

〔註14〕（宋）高似孫：《史略·序》，《高似孫集》，杭州：浙江古籍出版社，2015年，頁235。

《史記》考、《史記》音共十個類目。高似孫搜羅了關於《史記》的作者、歷來評議、相關研究著作及版本情況等豐富資料，顯示了他對《史記》的重視和推崇。其中，「江南古本《史記》考」是關於《史記》版本學的重要資料。

卷二著錄了漢代至五代的紀傳體史書，包括《漢書》（含《漢書》注、《漢書》考）、《漢書》雜傳、《漢書》音義、《漢書》版本、《後漢書》（含諸家《後漢書》、《後漢書》注、《後漢書》雜傳、《後漢書》考、《後漢書》音）、《三國志》、魏氏別史（含《魏志》音）、蜀別史、吳別史、《晉書》（含《晉書》注、《晉書》音）、《宋書》、《齊書》、齊別史、《梁書》、梁別史、《陳書》、《後魏書》、《北齊書》、《後周書》、《隋書》、《唐書》（含《唐書》考、《唐書》注、《唐書》音）、《五代史》、五代別史、《五代史》考。其中《漢書》與《史記》分別著錄，吸收了《史通》分《史記》與《漢書》為二家的思想。《四庫全書總目》「別史類」小序說：「陳振孫《書錄解題》創立別史一門，以處上不至於正史、下不至於雜史者，義例獨善，今特從之。」〔註15〕其說似已成定讞。然高似孫《史略》已設立了魏氏別史、蜀別史、吳別史、齊別史、梁別史及五代史別史，其創立別史類之功不應忽視。

卷三臚列了《東觀漢記》、歷代春秋、歷代紀、實錄、起居注、《唐左右史螭坳書事》、延英殿時政、時政記、《唐曆》、《唐會要》、玉牒等類目，這些內容基本上屬於編年體史籍。高似孫對《東觀漢紀》評價很高，認為可與班、馬相提並論，因而將《東觀漢紀》單列以示重視。《史略》認識到實錄、起居注的史料價值。《唐左右史螭坳書事》、延英殿時政二目敘唐時史官之制度。時政記是宰相等人記國家機密大事並加以編纂的史書。《唐曆》《唐會要》分別屬於日曆和會要。日曆是根據起居注、時政記等資料，按月日順序編纂的編年體史書。會要是專記各朝典制損益因革的政書。玉牒「奠世系、分宗譜、記大事」，實際上是皇帝的家譜，是類似正史帝紀的編年體史書。

卷四設史典、史表、史略、史鈔、史評、史贊、史草、史例、史目、通史、《資治通鑑》和《通鑑》參據書共十二個類目。高氏將體裁相同、書名相似的一類史書歸在一起，設置了史典、史表、史略、史鈔、史評、史贊、史草、史例和史目諸目，並對它們的特點進行了總結。如稱史典「幾同於紀，事省而辭約者也」，史表「追敘前紀，究其本末」，史略「芟繁提要」，史鈔「皆擷其英，獵其奇也」，史例特點在於古簡今繁，「史目」為「史之綱紀」。「通

〔註15〕（清）紀昀等：《欽定四庫全書總目》，北京：中華書局，1997年：頁686。

史」不分紀傳與編年，著錄梁武帝《通史》、蘇轍《古史》等七書，每書有解題，《古史》解題對《史記》之失有評說。該卷最後將《資治通鑑》單獨列出以示重視。

卷五設霸史、雜史、《七略》中古書、東漢以來書考、歷代史官目和《劉勰論史》六個類目。「霸史」是記載地方割據政權的史書，《七錄》稱「偽史」，《隋志》改稱「霸史」，《四庫全書總目》稱「載記」。「雜史」按時代排列，「雜史」之小序分析了雜史眾多的原因在於「靈獻以來，天下大亂，史官失守」，又認為雜史可以補正史記載的不足，肯定了雜史的史料價值。「東漢以來書考」對東漢、魏、晉、宋、梁、陳、後魏、後齊、後周、隋、唐、宋代各朝的文獻流傳和目錄發展情況進行了闡述。「歷代史官目」著錄了自東漢至唐的史官。

卷六有《山海經》《世本》、《三蒼》、《漢官》、《水經》《竹書》《穆天子傳》《周書》諸類目，著錄了成書年代較早的若干書籍。

從各卷的類目設置來看，《史略》沒有設置一個明晰的分類體系，但其分類並非雜亂無章，而是有一定的內在邏輯：卷一、卷二為正史類，卷三為編年類，卷四為史典、史表、史略、史鈔、史評、史贊、史草、史例、史目、通史，卷五為霸史、雜史，因此《史略》的分類實際上可以看作十四類。以往都歸入史部的地理、職官、譜牒類、儀注、刑法、傳記類等類目都被高似孫捨棄了，似乎這些內容不應歸入史學研究的範疇。平心而論，《史略》的分類雖不夠嚴謹規範，但其分類思想頗有獨到之處，受《史通》影響較深，作者試圖打破斷代侷限，體現出貫通古今的分類意識，卷四所列各目是《史略》分類的精華所在。

（三）輯錄眾說的編纂特色

對於《史略》的編纂特色，周天游教授認為，《史略》敘述簡潔，善於剪裁史料，內容豐富……以嶄新的史部分類法貫穿全書，並揉合了敘錄體、傳錄體、總經序等古代解題體例的精華，繼承了鄭樵「泛釋無義」的思想，首次採用了輯錄體，開創編製大型史著或史注引用書目的先河，使《史略》成為當時較為成熟而又唯一存世的解題類史籍專目。〔註16〕輯錄體是《史略》的一大編纂特色，尤以《史記》《漢書》二目最為典型，輯錄的內容主要包括該書的宗旨、編纂經過，作者相關資料，各家對該書的評論，該書的注本、考

〔註16〕周天游：《史略校箋》，北京：書目文獻出版社，1987年，頁4。

證，該書的版本等，而且所輯內容的順序較為固定，顯然是作者精心編排的結果。

以《史略》卷二《漢書》為例，《班彪傳論》輯自范曄《後漢書》，第一部分為范曄對班彪的論贊文字，以表彰班彪之德行，第二部分節抄自《後漢書·班固傳》，說明《漢書》的成書及價值；《東觀漢記》輯自《東觀漢記》中關於班固私改史書的一段文字，說明《漢書》的作者問題；司馬彪《後漢書》抄錄司馬彪《續漢書》中關於班固記載的一段文字，引自《世說新語·文學篇》裴松之注；「張輔」抄自《晉書·張輔傳》，評論班、馬之優劣；「范曄」抄自《後漢書·班固傳》論，為范曄對班固的評論；顏師古《漢書注例》，抄自《漢書·敘例》，說明顏師古對《漢書》舊注的看法、顏師古的注釋原則、舊注作者介紹；「顏氏所注重複」抄自《容齋續筆·漢書注冗》；「漢書注」「漢書考」「漢書雜傳」「漢書音義」四目則自史志輯錄關於《漢書》的注釋考證著述，其中對《漢書》顏注引書缺漏的問題有所批評；「漢書諸家本」則是關於宋代《漢書》重要版本的研究。

《史略》以史學研究者的視角，輯錄相關研究資料，這與劉向《別錄》、晁公武《郡齋讀書志》等根據藏書撰寫提要的形式，有著明顯的不同，主要體現在：《史略》信息量更大，探究史學學術源流和總結史學發展情況的意識更強，對史書的注釋、雜傳、考證、音義等這類整理性著作更為重視，《史略》對史書版本的詳細著錄也是一大亮點。

三、《史略》的學術價值

第一，重視保存文獻、網羅佚文是《史略》的一大特點。《史略》善以輯錄的形式摘抄相關資料，儘管這種做法遭到楊守敬、余嘉錫、姚名達等學者的指責，但不可否認的是，這一編纂方式對保存文獻頗為有功。《史略》著錄的許多典籍已經失傳，一些典籍的文本僅見於此書。例如，《史略》卷一「諸儒史議」中有一段劉伯莊對《史記》的評議文字即不見於他書，劉伯莊云：

> 班固云：「司馬遷據《左氏》《國語》，采《系本》《戰國策》，述《楚漢春秋》，接其後事，訖於天漢。」《左氏》者，謂左丘明為《春秋》經作《傳》三十篇，其中記三皇、五帝、三王、五伯、卿大夫、士等居處族系之事也。《國語》者，亦左丘明所撰，起周穆王，訖敬

王之末；又記諸侯等事，起魯莊公，訖春秋末。《系本》者，劉向云
古史官明於古事者之所記錄，黃帝、顓頊、帝嚳、堯、舜、夏、殷、
周至時王，依及諸國繫卿大夫名號，即太史公所取為本紀、系家。
《戰國策》者，記春秋之後、七國戰爭之事，以東、西周為首，而
及中山之國，其間戰鬥征伐謀臣說士從橫之策也。《楚漢春秋》者，
陸賈所記，起項氏、漢高，訖漢文帝，中間諸呂用事，故名《楚漢
春秋》。訖於天漢者，自漢家太史所記高、惠、呂后、文景及武帝天
漢諸年之事也。〔註17〕

「諸儒史議」所載韓愈對司馬遷等人的評論亦可補《韓昌黎集》之不足，
韓愈云：「司馬遷、相如、董生、楊雄、劉向之徒，尤所謂傑然者也。」此外，
《史略》所輯《東觀漢記》中《鄧禹傳序》《吳漢傳序》為四庫輯本所不載，
而僅見於《史略》，楊守敬、李慈銘均指出這兩篇佚文可補四庫輯本之不足。
總而言之，《史略》的文獻價值是不容忽視的。

　　第二，《史略》博引群書，大量摘抄原文，保存了一些當時典籍的原貌，
因而可與傳世版本進行比勘，具有較高的校勘價值。一些學者在這一方面作
了有益的嘗試。如《史略》卷五《劉勰論史》抄自《文心雕龍·史傳篇》，而
其文字與今本《文心雕龍》頗有差異。楊守敬取之與今本《文心雕龍》相校，
《史略校勘劄記》中列舉歧異處 17 條。日本學者石田肇進一步將宋本《史
略》、古逸叢書本《史略》與蜀刊本《太平御覽》、新譯漢文大系本《文心雕
龍》對照校勘，得異文 57 條，石田肇總結說：「《史略》所載諸文，作為宋版
原典，或亦有價值。」〔註18〕張新民先生在楊守敬、石田肇研究的基礎上，
取《史略》《太平御覽》與《文心雕龍》黃永琳校注本互勘異同，略加案語，
撰成《〈文心雕龍·史傳篇〉校記》一文，並指出：「《史略》廣引他書，校勘
價值極高。」〔註19〕這充分肯定了《史略》的校勘價值。

　　理清《史略》所引原文的來源問題，是將《史略》引文用於校勘的關鍵
一環。例如，《史略》卷一「諸儒史議」皇甫湜之語似出自《皇甫持正文集·
編年紀傳論》。《史略》卷一所引如下：

〔註17〕（宋）高似孫著，王群栗點校：《史略》卷一，《高似孫集》，杭州：浙江古籍
　　　　出版社，2015 年，頁 247。
〔註18〕（日）石田肇著，孔繁錫、張新民譯校：《高似孫史略研究》，《貴州師範大學
　　　　學報（社會科學版）》1993 年第 4 期。
〔註19〕張新民：《文心雕龍·史傳篇校記》，《古籍整理研究學刊》1991 年第 6 期。

　　　　古史編年，至漢史司馬遷，始更其制而為紀傳，相承至今無以
　　　移。出太古之軌，鑿無窮之門，作為紀、傳、世家、表、志，首尾
　　　具敘錄，表裏相發明，庶為得中，以是無愧。太初已來，千有餘歲，
　　　史臣接踵，文人比踵，卒不能有所改張，奉而尊行，傳以相授，斯
　　　亦奇矣。

《皇甫持正文集》卷二《編年紀傳論》云：

　　　　古史編年，至漢史司馬遷，始更其制而為紀傳，相承至今無以
　　　移之……革舊典，開新程，為紀、為傳、為表、為志，首尾具敘述，
　　　表裏相發明，庶為得中，將以垂不朽。自漢及今，代已更八，年幾
　　　歷千，其間賢人摩肩，史臣繼踵，推今古之得失，論述作之利病，
　　　各耀聞見，競誇才能，改其規模，殊其體統，傳以相授，奉而遵行。

《全唐文》卷六八六所錄與《皇甫持正文集》同。通過文獻比對，筆者
發現《史略》所抄實際上與《文苑英華》卷七百四十二所輯文字更加吻合，有
所刪節。與《文苑英華》原文比對，《史略》所錄「移」字下脫「之」字，當
據補。

　　此外，《史略》卷六所摘抄的《逸周書》也頗具校勘價值。《史略》所錄
篇目共計 67 篇，每篇摘錄篇首數句，從其中的注語來看，高似孫所見到的
本子為宋代孔晁注本。宋本《逸周書》已經亡佚，今存最早的版本是元至正
十四年（1354）嘉興路儒學刻本，而《史略》保存了宋本《逸周書》部分文
本的原貌，因此《史略》所載《逸周書》之文具有較為重要的校勘價值。楊
守敬曾將這些文字與今本《逸周書》進行對勘，得異文 14 條，並指出今本
《逸周書》的多處錯誤，楊氏的校勘雖有遺漏，但給後人以有益的啟示。清
代校注《逸周書》者多達十五家，如盧文弨校本、朱右曾《逸周書集訓校
釋》、陳逢衡《逸周書補注》、孫詒讓《周書斠補》、丁宗洛《逸周書管箋》、
唐大沛《逸周書分編句釋》、王念孫《讀書雜志·逸周書》、任兆麟《逸周書
注》等，其中孫詒讓《周書斠補》對《史略》所載《逸周書》最為重視，孫
氏在盧文弨校本和朱右曾《集訓校釋》的基礎上，取高似孫《史略》、黃震
《黃氏日鈔》等書比勘參校，對高、黃二家多所匡正，他利用《史略》所載
《逸周書》校正今本《逸周書》多處錯訛。例如，孫氏在《逸周書·酆謀解
第三十》對「謀言告聞，王召周公旦曰『嗚呼！商其咸辜，維日望謀建功，
謀言多信，今如其何』」句校云：「《史略》作『傷商其成辜』，又『建』作

『見』,『謀言』正作『諜言』,可證今本之誤,『今如其何』作『今其如何』。」
〔註20〕現代學者也注意到《史略》所載《逸周書》的校勘價值,如黃懷信
先生《逸周書匯校集注》對上句校云:「《史略》『商』上有『傷』字,『咸』
作『成』,『日望謀建功』作『日望建功』,『謀言』作『諜言』,『如其』二字
倒。丁宗洛云:『如其』應倒。」〔註21〕他在《逸周書校補注譯》中進一步
指出此句中的『咸』為『成』之訛,「謀建功」之「謀」為衍字,肯定了《史
略》所載《逸周書》的校勘價值。目前《史略》整理本對於其中所載《逸周
書》的校勘仍有不足,周天游《〈史略〉校箋》對這一部分的校勘全錄楊守
敬《史略校勘劄記》,因此未出校語之處尚多;《高似孫集·史略》則省略了
對這一部分的校勘。關於《史略》所載《逸周書》與今本《逸周書》的文本
差別,參見本書附錄二。

第三,《史略》既是一部史部專科書目,也是繼劉知幾《史通》之後的一
部史評專著,對於瞭解宋代以前的史學發展頗具參考價值。日本學者石田肇
認為:「《史略》本身的研究意外缺乏,鮮為人提及。一九八三年上海辭書出
版社出版的《中國歷史大辭典》『史學史』分冊即無《史略》和高似孫條目,
其他條目亦未言及⋯⋯《史略》在史學史或目錄學史上是否有價值,議論或
會還有分歧,學術界儘管顧及不上,但高似孫撰有《史略》則屬事實。此外,
中國傳統史學遺留的史學史或史學理論方面之著作不多,《史略》一書是應加
研究和利用的對象。」〔註22〕瞿林東先生認為:「高似孫的《史略》是一部目
錄書,也是一部論史學之要略的書,有鮮明的史學之簡史的特色。同時,高
似孫也有突出的史學批評意識。」〔註23〕謝貴安教授稱高似孫是「對實錄體
史學有貢獻的學者」〔註24〕。

第四,《史略》試圖恢復創自劉向而中斷千年的解題式書目傳統,同時又
表現出其不拘一格、勇於創新的一面。王重民評價說:「《史略》的水平並不

〔註20〕（清）孫詒讓:《逸周書斠補》,《續修四庫全書》第301冊,上海:上海古籍
　　　　出版社,2002年,頁187～188。
〔註21〕黃懷信,張懋鎔,田旭東:《逸周書匯校集注》修訂本(上冊),上海:上海
　　　　古籍出版社,2007年,頁297。
〔註22〕（日）石田肇著、孔繁錫、張新民譯校:《高似孫史略研究》,《貴州師範大學
　　　　學報(社會科學版)》1993年第4期。
〔註23〕瞿林東:《兩宋史學批評的成就》,《河北學刊》1999年第2期。
〔註24〕謝貴安:《中國實錄體史學研究》,武漢:武漢大學出版社,2007年,頁418。

很高，但把十三世紀以前的歷史書籍，不受其他部類的拘束，純依歷史書籍的發展範疇，建立新的獨立的體系，這就更突出地表現出了歷史書籍專科目錄的特徵。」〔註25〕《史略》的創新之處主要體現在該志打破了以往四部分類法在史部分類上的範式，在類目設置上根據史籍自身的性質，強調按史例和史體進行歸類，會通古今的思想傾向也更加明顯，在目錄方法上採用了輯錄體等新的組織形式，廣泛輯錄與一書有關的資料如序、跋、題記、列傳、歷代目錄的敘錄等，以此形成提要，以供研究參考之用。一般認為，輯錄體始於馬端臨的《文獻通考》，而實際上高氏《史略》早在一百年前已使用輯錄體。《史略》卷一《史記》目採用了典型的輯錄體形式，先抄錄《太史公自序》，繼之以「諸儒史議」，輯錄揚雄、班彪、班固、范曄、劉昭、張輔、葛洪、裴駰、王通、司馬貞、劉伯莊、韓愈和柳宗元等二十位文人學者對《史記》的評論，並略加評述，並編纂了續《史記》、《史記》注、《史記》雜傳、《史記》考、江南古本《史記》傳考、《史記》音等內容，提供了與《史記》密切相關的重要研究資料，體現了高似孫對史書批評的重視。

應當承認的是，《史略》成書較倉促，不足一月即寫成，也難免存在一定的不足之處。首先，《史略》的分類不夠完善，在體例上也難稱謹嚴。《史略》沒有建立規範明確的分類體系，有些類目的命名比較隨意，一些類目依書籍原名而命名，如《史略》卷一、卷二的《史記》《漢書》《後漢書》《三國志》等類目即依原書命名；一些類目的設置有不統一的地方，如先公史記注（一百三十卷）、唐御撰晉書（一百三十卷）、唐修隋書（一百一五卷）、皇宋修唐書（二百二十五卷）等類目，帶有卷數，而其他類目上都沒寫卷數。由於《史略》大半輯自其他目錄，或多或少地保留了其他目錄的體例，前用輯錄體，後用敘錄體或用小序，使得《史略》體例並不統一。因此，《史略》在體例嚴謹統一方面遜色於同時代的《郡齋讀書志》和《直齋書錄解題》。其次，《史略》在著錄上也存在一些書名、卷數、撰者、內容等錯誤，如杜延業《晉春秋略》，撰者誤作杜延篤；鄭處誨《明皇雜錄》，撰者誤為趙元一；荀綽《晉後略》五卷，誤作十一卷；趙毅《隋大業略記》，誤作杜毅《大業記略》，等等。不過，總體而言，瑕不掩瑜，《史略》是目前僅存的有較高學術價值的史部專科目錄，是《史通》之後宋代唯一的史評之作。《史略》多載逸書，輯錄資料豐富，包含了高似孫在目錄學、

〔註25〕王重民：《中國目錄學史論叢》，北京：中華書局，1984年，頁127。

史學方面的獨到心得，既可為讀史者提供參考，補《史通》之未備，也可為考證者所取資，該書在校勘學、目錄學和歷史學上的學術價值不應被忽視。

四、前人對《史略》的評價

日本書志學家澀江全善、森立之的《經籍訪古志》著錄有《史略》一書，對《史略》的價值予以肯定，他們認為「此書文辭簡約而引據精覈，多載逸書，實為讀史家不可闕之書矣」。〔註26〕

楊守敬是最早訪得並刊刻《史略》的中國學者，他對《史略》的版本價值和書法價值有充分的認識。楊氏對《史略》作過細緻的校勘，但評價不高，認為《史略》「餖飣雜抄，詳略失當」。楊氏的評價偏重於版本和校勘方面。他在《史略跋》中評價說：

> 史家流別已詳於劉知幾《史通》，高氏此書未能出其範圍，況餖飣雜抄，詳略失當。其最謬者，如《後漢書》，既採《宋書》范蔚宗本傳，又採《南史》及蔚宗《獄中與諸甥書》，大同小異，一事三出，不恤其繁。又如既據《新唐書》錄劉陟《齊書》十三卷，為齊正史，又據《隋志》錄劉陟《齊紀》十三卷，為齊別史；既出范質《晉朝陷藩記》四卷，又出范質《陷藩記》四卷，而不知皆為一書。其他書名之誤、人名之誤與卷數之誤，不可勝紀。據其自序，成書於二十七日，宜其罅漏如斯之多也。似孫以博奧名，其《子略》《緯略》兩書，頗為精覈，此書則遠不逮之，久而湮滅，良有由然。唯似孫聞見終博，所載史家體例，亦略見於此篇。又時有逸聞，如所采《東觀漢記》為今《四庫》輯本所不載，此則可節取焉。〔註27〕

晚清學者李慈銘《越縵堂讀書記》評《史略》云：

> 閱高續古似孫《史略》，共六卷，亦黎氏所刻，據日本宋刊翻雕，極精緻。其自序言成書不及一月，故粗略殊甚，亦多復舛。惟舉江南（謂南唐）古本《史記》一條云：「《刺客傳》『劍堅故不可拔』，江南本作『劍豎』，劍堅安得不可拔？『豎』為有旨。」案，此說甚是。古人佩劍皆在掖下脅旁，故有上士、中士、下士之長短異制，

〔註26〕（日）澀江全善、森立之等撰，杜澤遜、班龍門點校：《經籍訪古志》，上海：上海古籍出版社，2014年，頁128。

〔註27〕楊守敬：《史略·跋》，見古逸叢書本卷末。

上、中、下以身之長短言也。秦王身長則劍長，豎於掖下，故不可卒拔。左右告王負劍，謂舉劍負於背上，則易拔（近儒亦有此說）。作「豎」則情況宛然，亦可考見古人佩劍之制矣。又載《東觀記》中《鄧禹傳序》《吳漢傳》序兩首，文甚完美，可補入四庫輯本，又可證《東觀記》以論為序也。（《史通》云，班固曰贊，荀悅曰論，東觀曰序，謝承曰詮，陳壽曰評，王隱曰議，何法盛曰述。）光緒丙戌（一八八六）七月初四日。〔註28〕

清末目錄學家耿文光對楊守敬「餖飣雜抄，詳略失當」的觀點提出反駁，認為《史略》「具有條理」「綱舉目張」「多資考證」。語見《萬卷精華樓藏書記》卷六十五：

> 是書前二卷，自《史記》至歐陽《五代史》皆正史、別史之類。《史》《漢》皆先列本書，略述緣起並撰人、卷數，次列本傳，次列諸儒史議，次列諸家注，次雜傳，次考，次音。《漢書》列諸本，《晉書》採要語，悉為標目，具有條理。三卷以下，於諸史門目頗為賅備，所引諸書各依其類，綱舉目張，多資考證，非茫然無序者可比。楊氏以為餖飣雜抄，蓋於目錄之學未曾究心也。夫所謂「餖飣」者，於全文中掠取數語，不顧上下，使人難明是也。《史略》繁徵博引，皆錄全文，豈可謂之餖飣乎？「雜抄」者，隨手所之，前後無次，方經而忽史，方子而忽集是也。《史略》於史之外不他及，於史之中又各有部分，豈可謂之雜抄乎？至范蔚宗事，雖連引三書，而詳略不同，評論亦異，使人互證，甚為有益。揆以引書之體未為違戾，不可謂之最謬也。蔚宗《獄中書》，洪容齋亦取而辯論之，然不出於此，未知其暗合耶，抑竊取耶？如《容齋五筆》誠所謂雜抄者也。高氏所引不參己說，或有所考，亦分別不清，其一二字之誤不足為全書累也。〔註29〕

著名學者羅振玉曾校讀鮑氏《後知不足齋叢書》本《史略》，提出應當重視該書的學術價值，他在《史略跋》一文中說：

> 宋高似孫《史略》六卷，黃氏士禮居所藏宋本，光緒癸未虞山

〔註28〕（清）李慈銘：《越縵堂讀書記》，上海：上海書店出版社，2000 年，頁 606。
〔註29〕（清）耿文光：《萬卷精華樓藏書記》卷六十五，《山右叢書·初編》第 10 冊，上海：上海古籍出版社，2014 年，頁 219。

鮑氏重刻。此外尚有遵義黎氏《古佚叢書》本,與此同,前賢多未見。前有寶慶元年十月似孫自序。似孫所撰,尚有《子略》《緯略》,與此書體例略同,蓋採諸史《藝文志》及諸家目錄為之,而多可校史書之誤。如《隋書·經籍志》載《梁書》四十九卷,梁中書郎謝吳撰,《新唐書·藝文志》及劉知幾《史通·史官》《正史》二篇皆作「謝昊」,此書作「謝炅」,《新唐書·姚思廉傳》「採謝炅、顧野王等諸家言為梁、陳二史」,亦作「謝炅」,與似孫此書正合,似以作「炅」為正。作「昊」作「吳」,皆由「炅」而訛也。光緒庚寅,玉方校《隋書》,有以此書來售者,披讀半夕,所得已如此,異日以校它史,所得當不只此。黎本後有楊君惺吾守敬跋,摘此書之誤甚詳。然其善處,不可沒也,為濡管記之如此。〔註30〕

民國時姚名達將《史略》視為抄錄目錄資料的彙編,可能因為其人品原因,認為「似孫學識低暗」,貶斥此書「徒錄成文,無所發明」,姚名達在《中國目錄學史》中說:

> 其體例龐雜,有似書目者,有似提要者,有盡鈔名文者,有移錄舊事者,然其大體既近目錄,且其對象純為歷代史籍,集中有關史籍之書目於一處,以備學者之研究,頗為有功。所惜似孫學識低暗,徒錄成文,無所發明;雖自謂「仍依劉向各匯其書,而品其指意」,實際則有遜劉向遠矣。然書成於宋理宗寶慶元年,距今已七百餘年,僥倖留傳,足備一格。後來朱彝尊之撰《經義存亡考》,未始不受其啟發焉。〔註31〕

第二節　子部專科目錄——《子略》

一、《子略》的版本

《子略》的主要版本有日本內閣文庫藏南宋刊本、南宋左圭《百川學海》

〔註30〕羅振玉著,羅繼祖主編:《羅振玉學術論著集》第9集,上海:上海古籍出版社,2013年,頁32～33。

〔註31〕姚名達:《中國目錄學史》,上海:上海古籍出版社,2005年,頁267。案,朱彝尊(1629～1709)之時,《史略》尚未回傳國內,根本不可能見過此書,因此「啟發」之說不能成立。

本、《學津討原》本和四庫全書本。現存宋本《子略》有兩種，國內為左圭《百川學海》本，該本流傳最廣，影響也最大，明清以來的翻刻本及抄本眾多。《學津討原》本和四庫全書本均源於《百川學海》本。日本則保存了另一種宋本，藏於內閣文庫。

（一）日本內閣文庫藏南宋刊本

此本今藏於日本國立公文書館內閣文庫，漢 5208 號。一冊，僅存目及前三卷（缺第四卷）。封面墨書題《高氏子略》，書前有寶慶元年自序（未題撰人與年代）。卷一為《子略目》，撰者題「高似孫續古」，卷二至卷三為正文，卷四缺。版心有刻工名「吳茂」「王進」「王日」「金振」「王桂」「昌」「桂」「吳」「王」「進」「金」「茂」「日」。行款、藏書印與內閣文庫藏南宋刊本《史略》相同，僅無「日本政府圖書」印，則兩書當是同一機構所刻，在日本的收藏情況亦相同。董康認為兩書同時刊刻，《書舶庸譚》云：「《子略》三卷，與前（指《史略》）同一行款，蓋同時梓行。前有序目，序未署名。」〔註32〕在避諱上，「恒」「貞」「匡」有缺筆，《子略目》所錄《通志・藝文略》中《桓子新論》作《元子新論》，「桓譚」作「元譚」（避宋欽宗趙桓諱）。此本國內各書目均未見著錄，為海外孤本，其版本價值值得重視。

（二）南宋左圭《百川學海》本及翻刻本

南宋咸淳年間，左圭刻《百川學海》叢書，收錄有《子略》一書。此本為國內最早的刻本，今藏國家圖書館，自序頁缺，卷一為《子略目》，卷二至卷四為正文。鈐印有「季振宜藏書」「劉占洪少山氏珍藏」「東萊劉占洪字少山藏書之印」。目錄每半頁十二行，行十六字。正文每半頁十二行，行二十字。注文雙行，細黑口，左右雙邊，雙魚尾，版心內有子書名、頁碼。今國圖《中華再造善本叢書》第 36～37 冊收錄此本《子略》，自序缺頁據明弘治華氏翻宋本補。對於《百川學海》本，顧頡剛並不滿意：「《百川》本時代雖早，可是刻得太壞，誤字滿紙。」〔註33〕這一評價未免有些誇張。

由於《百川學海》叢書流傳較廣，明華燧會通館活字本、明弘治十四（1501）年華珵刻本、明嘉靖十五（1536）年福建建陽鄭氏宗文堂刻本、民國十六年

〔註32〕（清）董康著，朱慧整理：《書舶庸譚》卷八，《書目題跋叢書》，北京：中華書局，2013 年，頁 262。

〔註33〕顧頡剛主編：《古籍考辨叢刊》第 1 集，北京：社會科學文獻出版社，2010 年，頁 608。

（1927 年）武進陶湘涉園刻本均據《百川學海》本翻刻。

（三）清嘉慶十年（1805）照曠閣《學津討原》本及影印本

此本每半頁九行，行二十一字，黑口，左右雙邊。前有《四庫全書提要・子略》《子略序》，卷一至四為正文，後附張海鵬跋，末附《子略目》，更改了《百川學海》本的編次。張海鵬跋曰：「宋槧久廢，茲從《百川學海》中錄出，為校正脫訛四百餘處，復取《隋》《唐》諸志及馬、鄭兩家之書，覈其篇目，悉為釐正，稍還高氏之面目云。」

《四明叢書》本、《叢書集成初編》本、《四部備要》本均據《學津討原》本影印。

（四）四庫全書本

此本係取《百川學海》與《學津討原》本《子略》重新核訂而成，竄改處較多，如《子略》「曾子」條「予續先太史《史記注・七十二弟子傳》」，「續」字改為「讀」；「莊子」條「長江長河」改為「長江大河」；「鬻子」條「非二公之言殊相經緯」改為「蓋二公之言實相經緯」；「戰國策」條引柳宗元《非國語》序「余懼世之學者惑其文采而淪其是非」，四庫本將「淪其是非」改為「不論其是非」。顧頡剛稱四庫本「為求文從字順，時時憑意竄改」〔註34〕。

此外，明吳琇所輯類書《三才廣志》（明抄本，今存天一閣文物保管所）卷 675 至 680 全文抄錄了《子略》（缺《子略序》）。《子略》的整理本有顧頡剛校點本（北平樸社 1928 年版）、張豔雲和楊朝霞校點本《史略・子略》（新世紀萬有文庫，遼寧教育出版社 1998 年版）、王群栗校點本《高似孫集・子略》（浙江文叢，浙江古籍出版社 2015 年版）和司馬朝軍《子略校釋》（子海精華編，山東人民出版社 2018 年版）。

二、《子略》的內容

此書卷一為《子略目》，依次節抄《漢書・藝文志》、《隋書・經籍志》、《唐書・藝文志》、庾仲容《子鈔》、馬總《意林》和鄭樵《通志・藝文略》的子部，只著錄書名、撰人、卷數，諸家注本則用小字注於該書之下。此目摘抄舊志，雖然其學術價值並不高，但可根據高似孫選擇子書的標準以及他對舊志的評價，

〔註34〕顧頡剛主編：《古籍考辨叢刊》第 1 集，北京：社會科學文獻出版社，2010年，頁 608。

瞭解他的目錄思想與分類理念。《子略》卷二至卷四著錄諸子共三十八家，包括《陰符經》《風后握奇經》《八陣圖》《鬻子》《六韜》《孔叢子》《曾子》《魯仲連子》《晏子》《老子》《莊子》《列子》《文子》《戰國策》《管子》《尹文子》《韓非子》《墨子》《鄧析子》《亢桑子》《鶡冠子》《孫子》《吳子》《范子》《鬼谷子》《呂氏春秋》《黃石公素書》《淮南子》《新書》《鹽鐵論》《論衡》《太玄經》《新序》《說苑》《抱朴子》《文中子》《元子》《皮子隱書》，每家分別撰有提要。從《子略》的分卷編排來看，卷二至卷三收錄的都是先秦子書，而卷四《黃石公素書》《淮南子》《新書》《鹽鐵論》《論衡》《太玄經》《新序》《說苑》《抱朴子》《文中子》《元子》《皮子隱書》（《呂氏春秋》除外），均為漢代至唐代的子書。

高似孫在《子略》自序中對該書宗旨以及諸子的功用進行闡述：

> 六經後，士以才藝自聲於戰國、秦、漢間，往往騁辭立言，成一家法。觀其跌宕古今之變，發揮事物之機，智力足以盡其神，思致足以殫其用。其指心運志，故不能盡宗於經，而經緯表裏，亦有不能盡忘乎經者。使之純乎道，昌乎世，豈不可馳騁規畫，鉤鏴事功，而與典謨、風雅並傳乎。所逢如此，所施又如此，終亦六六與群言如一，百氏同流，可不嗟且惜哉！嗚呼！仲尼皇皇，孟子切切，猶不克如象、夔，如伊、呂、周、召，況他乎？至若荀況、揚雄氏、王通、韓愈氏，是學孔孟者也，又不可與諸子同日語。或知此意，則一言可以明道藝，究訏謨；可以立身養性，致廣大，盡高明；可以著書立言，丹青金石，垂訓乎後世。顧所擇如何耳，審哉！審哉！乃系以諸子之學，必有因其學而決其傳，存其流而辨其術者，斯可以通名家，究指歸矣。作《子略》。〔註35〕

漢代以降，諸子被視為「六經之支與流裔」（《漢書・藝文志》），以至於淪為經學附庸，諸子之學久不為學者所重，而高似孫治學以博雅為宗，對諸子頗為重視，他對經子關係提出了新的認識，認為諸子「不能盡宗於經」「不能盡忘乎經」，經與子是「經緯表裏」的關係。在宋儒普遍尊崇儒道、闢諸子為離經畔道的時代背景下，高似孫的這一見解尤為可貴，堪稱卓識。宋衛湜《禮記集說》卷一一七引嚴陵方氏曰：「經者，緯之對。經有一定之體，故為常。緯則錯綜往來，故為變。聖人之言，道之常也。諸子百家之言，道之變也。故聖

〔註35〕（宋）高似孫撰，司馬朝軍校釋：《子略校釋》，《子略序》，濟南：山東人民出版社，2018 年，頁 1。

人之言特謂之經焉。」正與高氏之說相發明。清儒對經子之間的密切關係多有論述，如朱一清《無邪堂答問》卷二稱「周秦諸子，文字訓詁又多與經相出入」，張之洞《輶軒語·語學》指出「子有益於經者三：一證佐事實，一證補諸經訛文、佚文，一兼通古訓、古韻」。考其本源，則高氏《子略》已先言之。

高氏還認為子與經可以並傳後世，同時總結了諸子之學的作用在於「跌宕古今之變，發揮事物之機」，「純乎道，昌乎世」，「明道藝，究訏謨」，「立身養性，致廣大，盡高明」，「著書立言，丹青金石，垂訓乎後世」，「通名家，究指歸」。該序指明《子略》的編纂宗旨在於「因其學而決其傳，存其流而辨其術」，即辨別諸子之學術源流。

高氏在《子略》一書中對經子「經緯表裏」的觀點有進一步的發明。高氏對《易》相當重視，稱《易》為解「道」之要，高氏自述他治《易》的心得體會：「予自少惑於方外之說，凡丹經卦義、秘笈幽篇，以至吐納之香、餐煉之粹，沉潛啟策，幾數百家，靡不竭其精而頤其隱，破其鋌而造乎中，猶未以為得也。於是棄去，日攻《易》，日讀《繫辭》，所謂天地之幾、陰陽之妙，相與橐籥之、甄治之，而吾之道盡在是矣。」〔註36〕可見高氏對《易》下過不少工夫。《子略》對諸子與《易》的淵源關係提出了自己的看法。如《子略》卷二《老子》提要云：

> 卦始於犧，重於文王，成於孔子，天人之道極矣。究人事之始終，合天地之運動，吉凶悔吝，禍福興衰，與陰陽之妙，迭為銷復，有無相乘，盈虛相蕩，此天地之用，聖人之功也。《易》有憂患，此之云乎？《書》紀事，《詩》考俗，《春秋》以明道，《禮》《樂》以稽政，往往因其行事，書以記之者也。《易》之作，極聖人之蘊奧，而天下無遺思矣。《老子》之學，於道深矣。反覆其辭，鉤研其旨，其造辭立用，特欲出於天地範圍之表，而道前古聖人之所未道者，然而不出於有無相乘、盈虛相蕩之中。所謂道者，蓋犧皇之所鑿，周、孔之所貫，豈復有所增損哉？六經之學，立經垂訓，綱紀萬世。老氏用心，又將有得於六經之外，非不欲返世真淳、挈民清淨。〔註37〕

〔註36〕（宋）高似孫撰，司馬朝軍校釋：《子略校釋》，濟南：山東人民出版社，2018年，頁359。

〔註37〕（宋）高似孫撰，司馬朝軍校釋：《子略校釋》，濟南：山東人民出版社，2018年，頁265。

高氏對《老子》與六經的關係進行討論，認為《老子》與《易》淵源頗深，《易》之「道」在於探究人事始終、天地運動、吉凶悔吝、禍福興衰與陰陽之妙，《老子》之「道」源自於《易》，其「返世真淳、挈民清淨」的作用與六經「立經垂訓，綱紀萬世」的功用相通。高氏將《老子》與六經相提並論，強調《老子》的重要價值。《子略》卷二《莊子》提要也說明《老子》與《周易》的聯繫：「《道德》三千言，辭絜旨謐，澹然六經之外，其用則《易》也。」〔註38〕

高似孫將《陰符經》列為《子略》之首，對該書極為推重，稱《陰符經》「雖與八卦相表裏，而其辭其旨，涉乎幾、入乎深」〔註39〕。高氏指出《陰符經》與《周易》的八卦相表裏，與《周易》存在密切聯繫，這也是他不認同唐李荃偽撰說的一個理由。高似孫的見解與現代學者的研究頗有相合之處。〔註40〕

高氏在論述《風后握奇經》與《周易》的淵源關係時說：「《風后握奇經》三百八十四字，其妙本乎奇正相生，變化不測，蓋潛乎伏羲氏之畫，所謂天、地、風、雲、龍、鳥、蛇、虎，則其為八卦之象明矣。蓋注『奇』讀如『奇耦』之『奇』，則尤可與《易》準……所謂八陣者，特八卦之統爾。」〔註41〕高氏認為《風后握奇經》中的天、地、風、雲、龍、鳥、蛇、虎八陣與八卦之象相合，八陣實際上源於《周易》。

揚雄《太玄經》為擬《周易》而作，高似孫對揚雄《太玄經》闡發《周易》之功予以極高評價：「《易》經三聖以經天、地、人之道。是道也，吉凶悔吝、消息盈虛，雖天地鬼神無所藏其蘊，而匹夫匹婦可與知者也。楊雄氏欲以一人之力而規三聖所成之功，是為難乎？子雲豈不知此者？然則子雲亦有得於《易》之學而欲自神其用，其曰：『天以不見為玄，地以不形為玄，人以腹心為玄。』此子雲之所以神者也。」〔註42〕高氏認為楊雄深得《易》學，

〔註38〕（宋）高似孫撰，司馬朝軍校釋：《子略校釋》，濟南：山東人民出版社，2018年，頁280～281。

〔註39〕（宋）高似孫撰，司馬朝軍校釋：《子略校釋》，濟南：山東人民出版社，2018年，頁208～209。

〔註40〕關於《陰符經》與《周易》的關係問題，參見梁琦：《〈陰符經〉對〈周易〉的繼承與發展》，《周易研究》2019年第1期。

〔註41〕（宋）高似孫撰，司馬朝軍校釋：《子略校釋》，濟南：山東人民出版社，2018年，頁227～228。

〔註42〕（宋）高似孫撰，司馬朝軍校釋：《子略校釋》，濟南：山東人民出版社，2018年，頁351。

指出楊雄作《太玄經》的本意就在於發明《周易》之功用。

此外，《子略》對諸子與《詩》《書》《禮》等其他經書的關係也有所論及，如《子略》卷三《墨子》提要說：「《墨子》稱堯曰：『采椽不斫，茅茨不剪。』稱周曰：『嚴父配天，宗祀文王。』又引『若保赤子』『發罪惟均』，出於《康誥》《泰誓》篇，固若依於經、據於禮者。」〔註43〕高氏指出《墨子》一書中有源於《孝經》《尚書》的內容。《子略》卷一《曾子》提要論《曾子》與《禮記》的淵源：「自《修身》至於《天圓》，已見於《大戴禮》，篇為四十九、為五十八。它又雜見於《小戴禮》。」〔註44〕又如，《子略》卷一《太公金匱六韜》提要論此書與六經的關係：

> 武王之問太公曰：「何以知人心？」王時寢疾，太公負而起之曰：「行迫矣，勉之。」武王乃駕鷙冥之車，周旦為之御，至於孟津。大黃參連弩、大才扶骨車、電影……吹鳴菰。審此，則康成所曰「兵甲之強，師率之武」為可考歟？亦《詩》所謂「檀車煌煌，駟騵彭彭」者也。又考諸武王曰：「殷可伐乎？」太公曰：「天與不取，反受其咎。」武王又曰：「諸侯已至，士民何如？」太公曰：「大道無親，何急於元士。」武王又曰：「民吏未安，賢者未親，何如？」太公曰：「無故無新，如天如地。」其言若有合於《書》者。《詩》之上章曰「保右命爾，燮伐大商」「上帝臨汝，無貳爾心」。此之謂歟？〔註45〕

高氏指出《太公金匱六韜》一書中的內容既與《詩經·大雅·大明》及鄭玄箋相印證，又與《尚書》的記載相合。

三、《子略》與《意林》的關係

高似孫對庾仲容《子鈔》和《意林》極為推重，他在《子略目》中對《意林》的重要價值有這樣的論述：

> 《子鈔》百十有七家，仲容所取，或數句，或一二百言，是有以契其意、入其用而他人不可共享者也。馬總《意林》，一遵庾目，多者十餘句，少者一二言，比《子鈔》更為取之嚴、錄之精且約也。

〔註43〕（宋）高似孫撰，司馬朝軍校釋：《子略校釋》，濟南：山東人民出版社，2018年，頁304。

〔註44〕（宋）高似孫撰，司馬朝軍校釋：《子略校釋》，濟南：山東人民出版社，2018年，頁251。

〔註45〕（宋）高似孫撰，司馬朝軍校釋：《子略校釋》，濟南：山東人民出版社，2018年，頁242～243。

戴叔倫序其書曰：「上以防守教之失，中以補比事之闕，下以佐屬文之緒，有疏通、廣博、潔淨、符信之要，無僻放、拘刻、譏蔽、邪蕩之患。」亦足以發其機、寫其志矣。孔子曰：「雖小道，亦有可觀。」是於諸子未嘗廢也。聖人既遠，承學易殊，義向之少純，言議之多詭，則百氏之為家，不能盡叶乎一，亦理之所必然也。當篇籍散闕、人所未見之時，而乃先識其名，又得其語，斯足以廣聞見、助發揮，何止嘗鼎臠、啖雞跖也。〔註46〕

在高氏看來，諸子在流傳的過程中散佚嚴重，《意林》很大程度上保存了子書的舊貌，可以增廣見聞，對於研讀諸子有重要作用，《意林》採錄之精嚴勝於《子鈔》。高似孫撰寫《子略》時往往根據《意林》採錄的文本加以立論。清藏書家周廣業（1730～1798）校勘《意林》時已經注意到這個現象，周氏《意林例言》云：「《易林》為學家壯觀，而其名在五季，尚未甚著，故劉昫但雲《子鈔》，《藝文》亦不著錄，宋葉少蘊、王伯厚、洪景盧諸公始盛稱之，《埤雅》《路史》等書並見採錄，而高氏《子略》往往全用其語，蓋雖帳中之秘，不是過矣。」〔註47〕那麼，在《子略》的引文中，究竟有多少內容引自《意林》？這一問題有必要加以探究。以下按《子略》原文順序進行考論：

1. 《子略》「鬻子」條：「發政施仁謂之道，上下相親謂之和，不求而得謂之信，除天下之害謂之仁。」

   今按，此句《鬻子》原文作：「發教施令為天下福者謂之道，上下相親謂之和，民不求而得所欲謂之信，除去天下之害謂之仁。」《意林》「鬻子」條引作：「發政施令天下福謂之道，上下相親謂之和，不求而得謂之信，除天下之害謂之仁。」因此，《子略》此段實引自《意林》。「發政施令天下福」，《子略》引作「發政施仁」，疑誤引。

2. 《子略》「鬻子」條：「君有六守：仁、義、忠、信、勇、謀。」

   今按，此句《鬻子》原文作：「君有六守、三寶。文王曰：『六守者，何也？』太公曰：『一曰仁，二曰義，三曰忠，四曰信，五曰勇，六曰謀，是謂六守。』」《意林》「鬻子」條引作：「君有六守、三寶。六守者，仁、義、忠、信、勇、謀。三寶者，農、工、商。」

〔註46〕（宋）高似孫撰，司馬朝軍校釋：《子略校釋》，濟南：山東人民出版社，2018年，頁166。

〔註47〕（清）周廣業：《蓬廬文鈔》卷八，周氏種松書塾刻本。

3. 《子略》「鬻子」條:「《藝文志》敘鬻子名熊,著書二十二篇。今一卷,六篇。」

今按,高氏所謂「今一卷,六篇」的本子並非宋時傳本,因為宋代流傳的有三種本子:一是《郡齋讀書志》著錄的十四篇本,二是高似孫的家傳十二篇本,三是《直齋書錄解題》著錄的陸佃校十五篇本。檢《意林》「鬻子」條,首曰:「《藝文志》云名熊,著子二十二篇。今一卷,六篇。」所以,此句抄自《意林》無疑。

4. 《子略》「曾子」條:「君子愛日,及時而成,難者不避,易者不從。且就業,夕自省,可謂守業。年三十、四十無藝,則無藝矣。五十不以善聞,則無聞矣。」

今按,《意林》「曾子」條作:「君子愛日以學,及時而成,難者不避,易者不從。且就業,夕自省,可謂守業。年三十、四十無藝,則無藝矣。至五十不以善聞,則無聞矣。」《子略》引《意林》時,略有脫誤,「君子愛日」下脫「以學」二字,「且」當作「旦」,「五十不以善聞」上脫「至」字。

5. 《子略》「文子」條:「神者智之淵,神清則智明;智者心之府,智公則心平」「上學以神聽之,中學以心聽之,下學以耳聽之」「貴則觀其所舉,富則觀其所欲,貧則觀其所愛」「人性慾平,嗜欲害之」。

今按,此三則文字,《文子》原文分別引作「神者智之淵也,神清則智明;智者心之府也,智公則心平」「上學以神聽,中學以心聽,下學以耳聽」「貴即觀其所舉,富即觀其所施,貧即觀其所受」「人性慾平,嗜欲害之」。《意林》分別引作:「神者智之淵,神清則智明;智者心之府,智公則心平」「上學以神聽之,學在骨髓矣;中學以心聽之,學在肌肉矣;下學以耳聽之,學在皮膚矣」「貴則觀其所舉,富則觀其所欲,貧則觀其所愛」「人性慾平,嗜欲害之」。根據文本比對,《子略》將《意林》的「學在骨髓矣」「學在肌肉矣」「學在皮膚矣」三句刪去,其他完全相同。因此《子略》所引顯然抄自《意林》,而非《文子》。

6. 《子略》「尹文子」條:「又有不變之法、齊等之法、理眾之法、平準之法。」

今按,此句《尹文子》原作:「名有三科,法有四呈……一曰不變之法,君臣上下是也;二曰齊俗之法,能鄙同異是也;三曰治眾之法,慶賞

刑法是也；四曰平準之法，律度權量是也。」《意林》「尹文子」條引
作：「法有四呈：一曰不變之法，君臣上下是也；二曰齊等之法，能鄙
同異是也；三曰理眾之法，慶賞刑罰是也；四曰平準之法，律度權量
是也。」《尹文子》「齊俗之法」「治眾之法」，《意林》作「齊等之法」
「理眾之法」，因此，《子略》所引當本自《意林》。

7. 《子略》「范子」條：「聖人之變，如水隨形。」

今按，《范子》一書今佚，此句出《意林》「范子」條。

8. 《子略》「鬼谷子」條：「世無常責，事無常師」「人動我靜，人言我聽」
「知性則寡累，知命則不憂」。

今按，《子略》所引以上三條均見於《意林》「鬼谷子」條，為《鬼谷
子》佚文。

9. 《子略》「鹽鐵論」條：「行遠者因於車，濟海者因於舟，成名者因於資」
「九層之臺傾，公輸子不能正；大朝一邪，伊望不能復」。

今按，《鹽鐵論》原文分別作：「行遠者假於車，濟江海者因於舟」「九
層之臺一傾，公輸子不能正；本朝一邪，伊望不能復」。《意林》「鹽鐵
論」條分別引作：「行遠者假於車，濟海者因於舟，成名者因於資」「九
層之臺傾，公輸子不能正；大朝一邪，伊望不能復」。「假於車」，《子
略》引作「因於車」，其餘文字均同。因此，《子略》所引的這二條文
字顯係抄自《意林》。

據以上分析，《子略》所引出自《意林》者合計 15 條。《意林》一書選取
子書謹嚴，收錄語句精當，多載子書佚文，因而高似孫對《意林》頗為青睞，
在撰寫《子略》時，將《意林》作為重要參考書。

四、《子略》的學術價值

第一，《子略》在目錄體例上多有創新，是一部學術價值頗高的子部專
科目錄。《子略》對著錄的子書都撰寫提要，分析其產生的背景，辨其真偽，
評其得失，並融入了作者對諸子的獨特見解，因而《子略》對於諸子研究具
有較高的參考價值。高氏在《子略》的個別解題中也運用了輯錄體，例如
《子略》卷一《陰符經》條首錄《陰符經》原文，次列相關注釋與研究著作
37 種，次錄《陸龜蒙讀陰符經詩》《皮日休詩陰符經詩》，最後是高氏對《陰
符經》的評論。《子略》卷二《老子》條首列《老子》注解著作 60 種，次列

《何晏道德二論》和《裴徽論老子》，最後是高氏所撰的《老子》提要。《子略》卷二《莊子》條首列《莊子》注解著作 27 種，次列《向秀莊子解義》《支道林莊子逍遙義》《晉人好言老莊》，最後是高氏所撰的《莊子》提要。司馬朝軍教授對此書的學術價值有精到的總結：「《子略目》一卷大體摘錄前志，價值不大。不過高氏對於每篇志前分別撰有按語，其中所蘊含的高氏本人對待官方史志目錄與私家目錄的不同態度，直接體現了他的目錄學思想。《子略》正文四卷，共三十六篇題識，雖然彙集了別家言論，但大多為高氏本人撰寫的評論和心得體會，包含了高氏對諸子各家獨到的理解和看法。其中有不少考訂和辨偽的內容……高氏於諸子中選取三十八家，逐一解題，採納眾言，分析入理，考證大體精詳。就《子略》全書的組織形式而言，高氏對書目體式的探索和嘗試，體現了他在書目體例建構方面勇於創新的一面。」〔註48〕

　　第二，《子略》重視辨別諸子的學術源流。《子略》在子書的解題中對各家的學術源流多有闡發，如《韓非子》解題云：「今觀其書，往往尚法以神其用，薄仁義，屬刑名，背《詩》《書》，課名實，心術辭旨，皆商鞅、李斯治秦之法，而非又欲凌跨之。」〔註49〕總結了《韓非子》的思想特點以及韓非與商鞅、李斯思想的異同。又如《淮南子》解題云：「《淮南》之奇，出於《離騷》；《淮南》之放，得於莊、列；《淮南》之議論，錯於不韋之流。」〔註50〕精到地概括了《淮南子》的特點，分析了《淮南子》的學術傳承情況。《墨子》解題云：「墨之為書，一切如莊周，如申、商，如韓非、惠施之徒，雖不關可也。惟其言近乎訕，行近乎誣，使天下後世人盡信其說，其害有不可勝言者，是以不可不加關也。」〔註51〕則對《墨子》提出了自己的看法。

　　第三，《子略》體現了高似孫對諸子分類的獨特認識。高氏編纂《子略目》，雖然刪減標準不一，以致多有疏失，但他對舊志並未完全信從，能夠提出自

〔註48〕司馬朝軍：《〈子略校釋〉解題》，《漢籍與漢學》2018 年第 2 期，頁 147。

〔註49〕（宋）高似孫撰，司馬朝軍校釋：《子略校釋》，濟南：山東人民出版社，2018年，頁 301～302。

〔註50〕（宋）高似孫撰，司馬朝軍校釋：《子略校釋》，濟南：山東人民出版社，2018年，頁 337。

〔註51〕（宋）高似孫撰，司馬朝軍校釋：《子略校釋》，濟南：山東人民出版社，2018年，頁 304～305。

己的見解。他認為《隋志》「志甚淆雜，乏詮匯之工」，《唐志》「殊虧詮敘，書之涉於瑣瑣，有不可以入子類者，合分別錄，若不可淆錯如此也」，《通志‧藝文略》「秩翦繁歸匯，亦欠理擇，是又失於患多者也」。

關於子書的分類，高氏能夠不拘成說，抒發己見。如《子略》卷三《尹文子》解題云：「班固《藝文志》名家者流錄《尹文子》。其書言大道，又言名分，又言仁義、禮樂，又言法術、權勢，大略則學老氏，而雜申、韓也……然則其學雜矣，其學淆矣，非純乎道者也。」〔註 52〕高氏不贊同班固《漢志》將《尹文子》歸入名家的做法，提出《尹文子》兼有道家和法家的思想，歸入雜家更為合理。又如，《子略》卷三《鄧析子》解題云：「觀其立言，其曰『天於人無厚，君於民無厚』，又曰『勢者君之輿，威者君之策』，其意義蓋有出於申、韓之學者矣。班固《藝文志》乃列之名家。列子固嘗言其操兩奇之說，設無窮之辭，數難子產之治，而子產誅之，蓋則與左氏異矣。荀子又言其不法先王，不是禮義，察而不惠，辯而無用，則亦流於申、韓矣。」〔註 53〕對於班固《漢志》將《鄧析子》列入名家的觀點，高氏提出不同意見，他根據書中思想內容以及列子、荀子的觀點，提出《鄧析子》應當歸入申、韓之流。

對於後世將《陰符經》視為兵書的看法，高似孫並不認同，他說：「此黃帝心法，而後世以為兵法者，是以此書見之兵家者流，殆未曾讀《陰符》矣。嗚呼，若符之學一乎兵，則黃帝之所以神其兵者，豈必皆出於此哉。古之聰明睿知神武而不殺，故通其變，使民不倦。神而化之，使民宜之。此為《陰符》之機矣。」〔註 54〕高氏將《陰符經》視為黃帝之書的說法顯然不可信，但他對《陰符經》分類的看法則有可取之處，他認為《陰符經》並不僅僅是一部兵法書，而且是一部關乎社會治理、倫理教化的政治教科書。

第四，《子略》在諸子真偽的考辨方面取得了較高成就。《子略》對《鬻子》《六韜》《孔叢子》《曾子》《列子》《文子》《戰國策》《尹文子》《鬼谷子》《亢桑子》《鶡冠子》等十五種圖書的真偽進行考辨。高似孫對柳宗元極為推

〔註 52〕（宋）高似孫撰，司馬朝軍校釋：《子略校釋》，濟南：山東人民出版社，2018年，頁 298～299。

〔註 53〕（宋）高似孫撰，司馬朝軍校釋：《子略校釋》，濟南：山東人民出版社，2018年，頁 308。

〔註 54〕（宋）高似孫撰，司馬朝軍校釋：《子略校釋》，濟南：山東人民出版社，2018年，頁 208～209。

崇，他對子書的辨偽顯然受到了柳宗元的影響，同時《子略》的辨偽成就也為黃震、宋濂、胡應麟等後來學者所吸收。因此，在諸子辨偽方面，高似孫是承上啟下的重要人物。關於高似孫的辨偽成就，詳見本書第四章。

第五，《子略》體現出高似孫對先秦以來諸子典籍的獨特看法。高氏尊儒家學說為正統，對儒家代表人物大力表彰。高氏對孟子推崇倍至，稱「其能屹立中流，一掃群異，學必孔氏、言必六經者，孟子一人而已」〔註55〕，「《孟子》之學，一於羽翼群經、推尊聖人者歟」〔註56〕，「養氣之學，孟子一人而已」〔註57〕。《子略》推尊孟子，對孔子的另一重要傳人——荀子卻幾乎不贊一詞，未收《荀子》一書，這可能與宋儒極力表彰孟子、尊之為經而對荀子則加以痛斥有密切關係。春秋時期的儒者晏子在齊國「禮亡義墜」之時仍然諫齊景公堅持禮儀，對此，高似孫感歎說「戰國之污，有臣如此，亦庶幾焉」。戰國儒者魯仲連是齊國的另一位高士，高似孫表彰他「辭旨激亮，隱然出乎戰國之表，其義高矣……戰國以來，一人而已」。西漢河間獻王劉德好儒術，修禮樂，有傳經之功，高似孫對他評價極高，稱「三代以下，一人而已……磐石之宗，莫可及之者」。高氏將劉向與河間獻王相提並論，稱「向以區區老臣，老於文學，窮經之苦，崛出諸儒，炯炯丹心，在漢社稷，奏篇每上，無言不危」，又稱《說苑》《新序》之旨在於「正紀綱、迪教化、辨邪正、黜異端」。高氏對王通頗為推重，稱：「若通拳拳於六經，自孟子而下未有也……蓋自孟子歷兩漢數百年而僅稱楊雄，歷六朝數百年而僅稱王通，歷唐三百年而唯一韓愈。」〔註58〕

對於道家人物與著述，高氏評價頗高，這跟高氏個人偏愛仙術、喜結交道士有很大關係。關於《老子》一書，高氏認為它繼承並發展了《周易》的思想，甚至將老子與聖人相提並論，稱「《老子》之學，於道深矣」，「其造辭立用，特欲出於天地範圍之表，而道前古聖人之所未道者」，「老氏用心又將有

〔註55〕（宋）高似孫撰，司馬朝軍校釋：《子略校釋》，濟南：山東人民出版社，2018年，頁299。

〔註56〕（宋）高似孫撰，司馬朝軍校釋：《子略校釋》，濟南：山東人民出版社，2018年，頁305。

〔註57〕（宋）高似孫撰，司馬朝軍校釋：《子略校釋》，濟南：山東人民出版社，2018年，頁341。

〔註58〕（宋）高似孫撰，司馬朝軍校釋：《子略校釋》，濟南：山東人民出版社，2018年，頁361。

得於六經之外」，「辭絜旨謐，澹然六經之外，其用則《易》也」。對當時尊孔抑老的流俗，高氏引柳宗元和楊雄的話加以批評，這說明他認為老子的地位不亞於孔子，不能忽視老子的思想。高氏還認為，用《老子》的思想治國，其成敗的關鍵在於當政者是否善用之。這些見解不失為通達之論。關於《莊子》一書，高氏認為：「其說意空一塵，倜儻峻拔，無一毫蹈襲沿仍之陋，極天之荒，窮人之偽。放肆迤演，如長江長河，袞袞灌注，泛濫乎天下，又如萬籟怒號，澎湃洶湧，聲沉影滅，不可控搏。率以荒怪詭誕，狂肆虛眇，不近人情之說，瞀亂而自呼。至於法度森嚴，文辭雋健，自作瑰新，亦一代之奇才乎！」〔註59〕高度讚揚《莊子》的獨特魅力。

對於雜家的代表性典籍《淮南子》，高氏視其為奇書，高度肯定其文學成就：「少愛讀《楚辭》淮南小山篇，聲峻環磊，他人製作不可企攀者。又慕其《離騷》有傳，窈窕多思致……與《莊》《列》《呂氏春秋》《韓非子》諸篇相經緯表裏，何其意之雜出，文之沕複也……《淮南》之奇，出於《離騷》。《淮南》之放，得於《莊》《列》。《淮南》之議論，錯於不韋之流。其精好者，又如《玉杯》《繁露》之書，是又非獨出於淮南。」又稱「其文字殊多新特」，「其推測物理、探索陰陽，大有卓然出人意表者」。〔註60〕

對於法家，高氏持批評的態度。他攻擊管仲說：「嗚呼，仲其不仁者哉！而況井田既壞，概量既立，而商鞅之毒益滋矣。封建既隳，詩書既燎，而李斯之禍益慘矣……蓋三代之法其壞而掃地久矣，壞三代之法其一出於管仲乎？」〔註61〕對於《鄧析子》一書，高氏不同意《漢書・藝文志》將其歸入名家的做法，而認為鄧析出於申韓之學，又借用《荀子》「不法先王，不是禮義，察而不惠，辯而無用」的話來評價鄧析，認為「析之見殺，雖歂之過，亦鄭之福也」，可見高氏對鄧析主張法治的思想是不贊成的。對於春秋、戰國時列國推行刑名、不施仁義之舉，高氏站在儒家的立場加以批評：「嗚呼，春秋以來，列國棋錯，不以利騰，則以威行，與其民揉輴於爭抗侵凌之域，豈復知所謂仁漸義摩者？其民苦矣。固有惠而不知為政者，豈不賢於以薄為度、以威為

〔註59〕　（宋）高似孫撰，司馬朝軍校釋：《子略校釋》，濟南：山東人民出版社，2018年，頁281。

〔註60〕　（宋）高似孫撰，司馬朝軍校釋：《子略校釋》，濟南：山東人民出版社，2018年，頁337～338。

〔註61〕　（宋）高似孫撰，司馬朝軍校釋：《子略校釋》，濟南：山東人民出版社，2018年，頁294。

神乎」〔註62〕又說:「世日益亂,分日益陵,三綱五常,斫喪乖紊,天地之變,有不可勝言者。」〔註63〕

關於縱橫家,高似孫批評縱橫家以追逐名利作為人生目標的做法:「當是時,士掉三寸舌,得意天下,一言捭闔,取富貴如拾芥,往往挾詐尚謀,揉輯於名利之場,如恐不及。」〔註64〕又說:「士之生於春秋、戰國之間,其所以薰灸染習、變幻擺闔、求騁於一時而圖其所大欲者,往往一律而同歸。」〔註65〕不過,高似孫對縱橫家也沒有完全否定,他對縱橫家在文辭上的成就有高度的評價:「士有挾雋異豪偉之氣,求騁乎用,其應對酬酢、變詐激昂,以自放於文章,見於頓挾險怪離合揣摩者,其辭又極矣。」〔註66〕

關於墨家,高氏稱「其為說異矣」,又認為:「其言近乎訛,行近乎誣,使天下後世人盡信其說,其害有不可騰言者,是不可不加闢也。」〔註67〕

關於兵家,高氏從儒家立場批判孫武「兵者詭道」的軍事思想:「兵流於毒,始於孫武乎?武稱雄於言兵,往往捨正而鑿奇,背義而依詐。凡其言議反覆,奇變無常,智術相高,氣驅力奮,故《詩》《書》所述,《韜》《匱》所傳,至此皆索然無餘澤矣。」〔註68〕但對注重仁義的《孫臏兵法》,高氏卻非常推崇。

清代著名藏書家張海鵬(1755~1816)在《子略》跋中稱高似孫的學術思想是「俯首孟氏,折衷孔經」「卑法術、拒刑名、黜玄虛、掃捭闔」。張氏的評價基本上概括了高氏的思想主張,但是關於「黜玄虛、掃捭闔」的說法,筆者認為並不符合事實。對於玄虛一派的代表性著作《老子》《莊子》,高氏的

〔註62〕（宋）高似孫撰,司馬朝軍校釋:《子略校釋》,濟南:山東人民出版社,2018年,頁308。

〔註63〕（宋）高似孫撰,司馬朝軍校釋:《子略校釋》,濟南:山東人民出版社,2018年,頁257。

〔註64〕（宋）高似孫撰,司馬朝軍校釋:《子略校釋》,濟南:山東人民出版社,2018年,頁254~255。

〔註65〕（宋）高似孫撰,司馬朝軍校釋:《子略校釋》,濟南:山東人民出版社,2018年,頁299。

〔註66〕（宋）高似孫撰,司馬朝軍校釋:《子略校釋》,濟南:山東人民出版社,2018年,頁325~326。

〔註67〕（宋）高似孫撰,司馬朝軍校釋:《子略校釋》,濟南:山東人民出版社,2018年,頁304~305。

〔註68〕（宋）高似孫撰,司馬朝軍校釋:《子略校釋》,濟南:山東人民出版社,2018年,頁317。

評價其實是非常高的，他稱《老子》「道前古聖人之所未道」，論《莊子》「意空一塵，倜儻峻拔」，將老子與孔子並稱，贊莊子為「一代奇才」，這些都顯示高氏對老、莊的喜愛，而對戴逵、戴顒、王羲之、謝靈運等魏晉名士的推崇也說明高氏對這一派人物並沒有採取完全貶黜的態度，因此「黜玄虛」說不能成立。關於「掃捭闔」的說法，高氏實際上反對的是他們不顧仁義、追求個人名利的做法，但是對他們在文辭上的造詣則持肯定態度，對於縱橫家的鼻祖鬼谷子，高氏贊其為「一代之雄」，又說「鬼谷子書，其智謀，其數術，其變謪，其辭談，蓋出於戰國諸人之表」，這些評價可謂獨具慧眼，也是極其大敢的，遭到宋濂、胡應麟等不少學者的批評。因此，「掃捭闔」說也是不夠準確的。

當然，《子略》本身也存在一些謬誤，如清周中孚針對高氏《子略》「戰國策」條批評說：「《漢書·遷傳》贊祇云『據《左氏》《國語》，採《世本》《戰國策》，述《楚漢春秋》』，不曾數及《新語》，高氏頻言三書，其誤已甚，況《新語》一書，《漢志》著錄在儒家，繹其文，絕非《戰國策》《楚漢春秋》之類，且亦不見有為太史公所採擇者，何得相提而並論乎？予於子書考縱橫家《戰國策》下全採高氏此條，竟將兩《陸賈新語》刪去，三書俱改作二書，免滋學者之惑。」〔註 69〕王重民《讀高氏〈子略〉小識》對《子略》的訛誤有細緻的總結。

不過，從總體上來看，《子略》作為一部解題型的子部專科目錄，是南宋時期考鏡諸子學術源流的一部代表性著作，包含了高似孫研究諸子的獨到心得，體現出不同於流俗的學術創新精神。自漢代罷黜百家、獨尊儒術以來，諸子之學大受影響，魏晉南北朝時期雖有所復興但仍非學術的主流，之後子學日趨衰微，唐宋時期深入研究子學的學者也寥寥無幾，因此，從古代諸子學的發展史來看，《子略》一書對諸子學無疑具有重要的學術價值。馬端臨《文獻通考·經籍考》對《子略》頗為重視。《四庫全書總目》將《子略》列為目錄類之首，其中關於秦漢諸子的提要大量參考《子略》的成果，評價《子略》「頗有所考證發明……以其會稡諸家，且所見之本猶近古，終非焦竑《經籍志》之流輾轉販鬻、徒構虛詞者比」。《子略》的辨偽成果為宋濂《諸子辨》、姚際恒《古今偽書考》等辨偽名著所吸收。《子略》對諸子作用的認識也值得

〔註 69〕（清）周中孚：《鄭堂劄記》卷一，清光緒趙氏刻仰視千七百二十九鶴齋叢書本。

稱道。宋儒從尊崇儒家出發，將諸子視為異端，如程顥說：「楊、墨之害，甚於申、韓；佛、老之害，甚於楊、墨。」張載認為：「大《易》不言有無，言有無，諸子之陋也。」而《子略》提出經子「經緯表裏」之說，諸子「不能盡宗於經，亦有不能盡忘乎經者」，這種看法可謂正中當時學者輕視諸子的弊端。

《子略》對後人研究諸子的版本與流傳也頗有價值。如《子略》卷一《鬻子》提要載其卷數與篇數情況：「今一卷，六篇……予家所傳，乃篇十有二。」卷一《曾子》提要說：「凡十篇。自《修身》至於《天圓》，已見於《大戴禮》，篇為四十九、為五十八。它又雜見於《小戴禮》，略無少異。」卷三《范子》提要說：「此編卷十有二，往往極陰陽之變，窮曆數之微。」這些記載反映了一些子書在南宋時期的版本和篇卷情況。

五、前人對《子略》的評價

明人胡應麟批評《子略》「至《握奇》《鬼谷》，則極其尊信，以真出風后諸人，大可哂也」〔註70〕。

《四庫全書總目》卷八十五《子略》提要持論較為公允：

> 《子略》四卷，《目錄》一卷，宋高似孫撰。似孫有《剡錄》，已著錄。是書卷首冠以目錄，始《漢志》所載，次《隋志》所載，次《唐志》所載，次庾仲容《子鈔》、馬總《意林》所載，次鄭樵《通志·藝文略》所載，皆削其門類而存其書名，略注撰人卷數於下。其一書而有諸家注者，則惟列本書，而注家細字附錄焉。其有題識者，凡《陰符經》《握奇經》《八陣圖》《鬻子》《六韜》《孔叢子》《曾子》《魯仲連子》《晏子》《老子》《莊子》《列子》《文子》《戰國策》《管子》《尹文子》《韓非子》《墨子》《鄧析子》《亢桑子》《鶡冠子》《孫子》《吳子》《范子》《鬼谷子》《呂氏春秋》《素書》《淮南子》《賈誼新書》《鹽鐵論》《論衡》《太元經》《新序》《說苑》《抱朴子》《文中子》《元子》《皮子隱書》，凡三十八家。其中《說苑》《新序》合一篇，而《八陣圖》附於《握奇經》，實共三十六篇。惟《陰符經》《握奇經》錄其原書於前，餘皆不錄，似乎後人刪節之本，未必完書也。馬端臨《通考》多引之，亦頗有所考證發明。然似孫能知《亢倉子》之偽，而於《陰符經》、《握奇經》、《三略》、

諸葛亮《將苑》《十六策》之類，乃皆以為真，則鑒別亦未為甚確。其盛稱《鬼谷子》，尤為好奇。以其會稡諸家，且所見之本猶近古，終非焦竑《經籍志》之流輾轉販鬻、徒構虛詞者比。故錄而存之，備考證焉。

《學津討原》本《子略》載有清張海鵬《子略跋》：

> 續古氏取鬻熊以下三十八家，著之論說，其卑法術、拒刑名、黜玄虛、掃掉闍，可謂卓然絕識矣。唯能決洞靈之妄而樂治丹經，能戒黷武之殘而侈譚陳法，未免目淆五色，見涉兩歧。至謂殷楗既奠，子思未生，竟忘泰山未頹，伯魚蚤卒，偶疏點檢，未足訾謷。要其俯首孟氏，折衷孔經，揚子有云：「好書而不要諸仲尼，書肆也；好說而不要諸仲尼，說鈴也。」續古其免於此議歟？宋槧久廢，茲從《百川學海》中錄出，為校正脫訛四百餘處，復取漢、隋、唐諸志及馬、鄭兩家之書，覈其篇目，悉為釐正，稍還高氏之面目云。嘉慶甲子夏五張海鵬跋。〔註71〕

針對《子略》關於《孔叢子》的辨偽清初學者汪琬提出反對意見，譏高氏為「好古而失之愚」，進而否定《子略》的價值。《堯峰文鈔》卷三十九《跋高似孫〈子略〉》云：

> 高氏疑《孔叢子》偽書，歷引《孟子》及《家語後敘》證孔子、子思無問答事最悉。然予以為非是。《漢書·孔光傳》首載孔氏譜牒，孔子生伯魚鯉，鯉生子思伋，伋生子尚高，則伯魚為子思父，審矣。《孔子家語》：「孔子年二十娶亓官氏，明年生伯魚，伯魚年五十，先孔子卒。」孔子後三年始卒。使子思猶未生，則《孔氏譜》不足據邪？《史記·魯世家》：「穆公之立也，距孔子已七十年。」子思壽止六十二，使穆公時猶在，則與孔子相隔絕久矣。其去伯魚當益遠，不得為其子。然遍考諸書，又不言孔子有佗支庶，何也？予以為宜從《孔叢子》。蓋《孔叢子》與譜牒皆出孔氏子孫之手，其說必有證左，非他書臆度者比也。嗚呼！盡信書則不如無書。後

〔註71〕清孫原湘（1760～1829）《天真閣集》卷五十四有《高似孫〈子略〉跋》，其文與張海鵬跋幾乎完全相同。《學津討原》叢書書前「同校姓氏」列有孫原湘，則孫原湘幫助張海鵬校訂《學津討原》叢書，疑張海鵬跋實出孫原湘之手。

世迂儒小生讀書不知通變，往往舍其大者，旁引瑣細，以相辨難，豈非好古而失之愚者哉！〔註72〕

清紐樹玉對《子略》黜管崇晏、貶低《孫子兵法》提出批評，評此書「是非之是無定」，他在《匪石先生文集》卷下《讀高氏〈子略〉》中說：

按《漢・藝文志》所載子書，流傳於今十不存五，又多依託者。由今溯古，豈能惑哉？夫《黃帝陰符》《太公金匱》及《鬻子》之類，見稱雖遠，而太史公已言百家言黃帝，其文不雅馴，薦紳先生難言之矣。余觀《子略》所採，皆據前志，足資考覽。然論管、晏則黜管而進晏，恐非持平之論。至於《孫子兵法》，甚貶其權詐，而於《風后握奇》《黃帝陰符》又全登之。是非之是無定，見欲限服於後世，難矣。〔註73〕

民國著名學者孫德謙對《子略》評價較高，肯定高氏「諸子之無違經義」的觀點和「以究其指歸為務」的做法，認為「高氏之於子學猶有得焉」，他在《諸子通考》卷二中說：

諸子立言，無不自成一家。故治其學者，莫要於辨別家數。何者為儒，何者為道，知其家數，而立言之意，亦可由此而窺矣。宋之學者，以尊儒之故，屏諸子為離經畔道。高氏今謂不能盡宗於經，亦不能盡忘於經，猶曉然於諸子之術，不盡有悖於經教，其見超矣。吾嘗謂劉向之辨章諸子，用經為衡，而班固故曰「六經之支與流裔」。今觀高氏之說，諸子之無違經義，殆亦先得吾心之同然乎。夫諸子名為專家，其書則各有指歸。高氏云「可以通名家，究指歸」，其說是也，惟高氏能言之。而其論列諸子，則未必能得其指歸。《列子》貴虛，彼未識其指歸，疑為「鴻蒙列缺」之類。《鄧析》則以為流於申、韓，且不辨名自為名，與法家不可混，何能探其指歸乎？然遊文六經，留意仁義，為儒家之指歸；清虛自守，卑弱自恃，為道家之指歸；班氏於《諸子》一略，固皆標揭之。有好家學者，從高氏之言，以究其指歸，則誠確鑿而無可易者也。若謂荀況、揚雄，不可與諸子同語，吾不知高氏何憒憒若此。是二家者，均諸子之儒家

〔註72〕（清）汪琬：《堯峰文鈔》卷三十九，《跋高似孫〈子略〉》，四部叢刊本。
〔註73〕（清）紐樹玉：《匪石先生文集》，《清代詩文集彙編》第463冊，上海：上海古籍出版社，2010年，頁489。

流也，漢、隋、兩唐，其史志皆然，乃謂不可與諸子同語，大可異矣。將二氏非諸子乎？〔註74〕雖然，諸子亦宗於經，而以究其指歸為務，高氏之於子學猶有得焉者也。〔註75〕

王重民先生在《讀高氏〈子略〉小識》一文中指出《子略》一書中書名、人名與卷數訛誤甚多：

> 楊惺吾《日本訪書志》稱：「高似孫《史略》餖飣雜抄，詳略失當，罅漏甚多，而《子略》《緯略》則頗為精覈。」今詳按是書，其餖飣謬誤，殆有不讓《史略》者。敘《陰符》則一本《通志・藝文略》，談《老》《莊》純襲《世說新語・文學篇》，《風后握奇經》則錄其全書，《荀卿》《商鞅》竟不登於目。於《老子》注家，既有任真子，又出李榮，不知任真子即李榮也。於《莊子》注家，既據《隋志》著錄李叔之《義疏》三卷，又據兩《唐志》著錄王穆《義疏》十卷，不知「李」為誤字，本作王叔之，叔之字穆叔，兩《唐志》「穆」下脫一「夜」字，實一人耳。其他書名之誤、人名之誤與卷數之誤亦甚多。〔註76〕

日本書志學家長澤規矩也在其代表作《中國版本目錄學書籍解題》中對《子略》有所評介，他對《子略》的看法與余嘉錫相近，其《子略》解題云：

> 略說古今子書，或說其內容，或引其語句，或論其真偽，加評論，體裁不一。其排列順序，如《四庫提要》所說，由《漢志》《隋志》《唐志》《子抄》《意林》《通志・藝文略》所載之順序，削其門類而列其書名，《漢志》未載之《亢倉子》《鬼谷子》等，在所錄《呂氏春秋》《淮南子》《鹽鐵論》等之前，不得其序。《陰符經》《老子》《莊子》《太玄經》，述注釋書或其流傳……說明《亢桑子》之偽而不指出其他假託之偽，《文獻通考》多引之。作為很少有流傳下來之

〔註74〕《子略序》：「嗚呼！仲尼皇皇，孟子切切，猶不克如臯、夔，如伊、呂、周、召，況他乎？至若荀況、揚雄氏、王通、韓愈氏，是學孔孟者也，又不可與諸子同日語。」孫德謙在這裡的評論是針對《子略序》的這段文字而發。筆者認為，高氏的本意是說，孔、孟尚且不如臯、夔、伊、呂、周、召，荀況、揚雄等人就更比不上了，並非否定荀況、揚雄等人不在諸子之列。《子略》收錄揚雄《太玄經》就是明證。

〔註75〕孫德謙：《諸子通考》，長沙：嶽麓書社，2013 年，頁 78～79。

〔註76〕王重民：《冷廬文藪》，上海：上海古籍出版社，1992 年，頁 388～389。原載於《圖書館學季刊》第三卷第三期（1929 年 9 月）。

宋代書目，雖甚珍貴，但率而成書，或襲他說，或偏於主觀，失考難免。〔註77〕

第三節　雜考性學術筆記──《緯略》

一、《緯略》的版本

宋本《緯略》不見於官私目錄，國內久佚，直到清末光緒年間，楊守敬在日本訪得影宋抄本，錄之於《日本訪書志》，其中附有《守山閣叢書》本所脫的高氏自序一篇及七條內容。〔註78〕清宣統三年（1911）四月，葉德輝在上海獲見宋本，然疑其為明仿宋本，抄錄高似孫自序以及卷十二末原闕的六條內容。日本內閣文庫藏有江戶初寫本，基本上保存了宋本的舊式。《緯略》刻本以明萬曆間沈士龍刻本為最早，清代的張海鵬《墨海金壺》本和白鹿山房活字本皆以沈刻本為祖本。《緯略》抄本眾多，明抄本有柳大中舊藏本、唐詩抄本、王氏鬱岡齋抄本和漢陽葉氏舊藏本等，清抄本有《四庫全書》本等。

（一）日本內閣文庫江戶初寫本

一冊，五卷，為殘本，今藏於日本國立公文書館內閣文庫。《內閣文庫漢籍分類目錄》著錄為江戶初寫本，為野間三竹〔註79〕舊藏。半頁十二行，行二十二字，無界欄，卷中及天頭有朱墨筆批點和校語。卷首有嘉定乙亥高似孫自序，遇「先公」「尊訓」另行頂格，「似孫」二字作小字。每卷之首題「緯略」卷幾，次行「高似孫續古集」，每卷前均有目錄。鈐有「白雲書庫」「昌平阪學問所」「文化壬申」「淺草文庫」「內閣文庫」等印。可知此本由野間三竹、昌平阪學問所、淺草文庫、內閣文庫遞相收藏。嚴紹璗《日藏漢籍善本書錄》未著錄此本。此抄本很大程度上保存了宋本舊貌，雖為殘本，但其版本價值極為重要。

〔註77〕（日）長澤規矩也：《中國版本目錄學書籍解題》，北京：書目文獻出版社，1990年，頁189～190。

〔註78〕所附七條為：金剛石經贊、漢令甲、竹宮、甲觀畫堂、八陣圖、風馬牛、筆彙。按，楊守敬所據的《守山閣叢書》本缺「筆彙」條，但明沈士龍刻本不缺此條，楊氏未依據沈刻本，因此致誤。

〔註79〕野間三竹（1608～1676），字子苞，號柳谷散人，日本江戶早期的著名儒者、醫生。白雲書庫為其藏書齋。

（二）楊守敬舊藏日本抄本

此本為楊氏在日本訪得之本，今藏於臺灣「故宮博物院」。據臺灣「故宮博物院」善本古籍數據庫，此本一函六冊，十二卷，為日本江戶末明治初間抄本。框高 26.5 釐米，寬 17 釐米，無界欄行格，包角線裝。頁十二行，行二十二字。前有高似孫自序，序中「先公」「尊訓」另行頂格。由此可見，其行款特徵與日本江戶初寫本相同。自序末有傅增湘題字「丙辰六月用舊寫本傳校畢江安傅增湘」。文中及天頭有朱筆校正，如自序頁「墮」旁有朱筆「隨」字。明清本所闕的「金剛石經贊」「漢令甲」「竹宮」「甲觀畫堂」「八陣圖」「風馬牛」諸條俱在。扉頁有楊守敬七十歲小像。鈐有「朱師轍觀」「宜都楊氏藏書記」「飛青閣藏書印」「星吾七十歲小像」「楊守敬印」等印。《國立故宮博物院善本舊籍總目》著錄此本。〔註80〕楊守敬《留真譜》卷六有此本書影。楊氏《日本訪書志》著錄此本為「影宋本」。清江標《宋元本行格表》據《留真譜》書影著錄為「宋本《緯略》，行二十二字」〔註81〕。江標稱「宋本」並不準確，但此本確係據宋本抄寫，極為珍稀。1916 年，傅增湘曾利用此本校勘舊寫本《緯略》。

（三）明柳大中舊藏明抄本

《緯略》十二卷，為明柳大中舊藏，後歸黃丕烈、陸心源，今藏於日本靜嘉堂文庫。鈐有「寧山記」「寧山翁書畫印」等印。陸心源《儀顧堂題跋》卷八《明抄緯略跋》云：

> 《緯略》十卷〔註82〕，題曰「高似孫續古集」，明抄本。每卷有目，連屬篇目，尚存宋本舊式。有「寧山記」三字白文長印、「寧山翁書畫印」朱文長印，其人無考。卷中有墨筆批校，黃蕘圃辨為柳大中筆。每卷之首，板心朱筆題曰卷幾，則何義門筆也。校以守山閣刊本，每卷之目全缺，凡刻本雙行注，此本單行，低一格。卷十「漢甘露鼎」「調滋味」下，守山本脫七十六字；「筆彙」條二百九

〔註80〕國立故宮博物院編：《國立故宮博物院善本舊籍總目》下冊，1983 年，頁845。

〔註81〕（清）江標《宋元本行格表》卷一，清光緒二十三年刻本。

〔註82〕「十卷」為「十二卷」之誤。陸心源《皕宋樓藏書志》卷五六亦著錄為「《緯略》十卷，明抄本，柳大中舊藏」。《靜嘉堂秘籍志》卷二十七《緯略》抄錄《皕宋樓藏書志》，並出校語「十，當作十二」。黃丕烈題跋、《靜嘉堂文庫漢籍分類目錄》已糾正為十二卷。

十五字，守山本全缺。此本則完具也。其他字句參差，更不勝枚舉耳。〔註83〕

黃丕烈跋云：

> 高似孫續古集。諸《略》今惟《子略》刻入《百川學海》中，余不多見。《緯略》但見鈔本，然亦希有。向曾見明人唐詩手鈔本在用直嚴二酉家，又見一鈔本出柱國坊王氏，後為郡人吳有堂所收。聞禾中一殘鈔本亦歸吳處。去春有京師謝姓託友購此書，余轉商諸吳，索八金並欲鈔還所缺者，未諧而止。今茲余欲購之，屬坊友之與吳稔者詢之，必如數而始付閱，屢議不果。頃忽有高姓書賈持此示余，其居奇之心遜於吳多矣，索直十二番，無可減者。余嘉其留心代購，並見書付銀，意差雅，猶市道之近情理者，遂如數與之。此書舊藏不知誰氏，鈔手半為柳大中筆，校勘評閱，朱筆審是何義門。此又賈人所不及知而余所知者，此余雖善價而猶以為可喜者也。
>
> 甲戌秋白露後一日，復翁。〔註84〕

據以上二跋可知，此本「每卷有目，連屬篇目，尚存宋本舊式」，缺宋本的高似孫自序及卷十二末六條內容，「漢甘露鼎」條「調滋味」後的文字以及『筆蠱』條皆不缺。卷中有墨筆批校為明藏書家柳大中筆，卷首版心朱筆所題卷幾皆出自清初著名學者何焯之手。嘉慶甲戌（1814）秋，由黃丕烈購得。

（四）明嘉靖二十一年（1524）唐詩〔註85〕抄本

此本一冊，四卷（卷一至四），今藏於國家圖書館。每半葉十行，行十八字。卷一題識中「似孫」二字作小字。鈐有「唐子言印」「孫慶增藏本」「遵王」「錢曾」「嚴蔚豹人」「二酉堂藏書」「嚴蔚和印」「宜爾子孫」「士禮居」「彩衣堂」「周暹」印，可知為孫慶增、錢曾、嚴蔚、黃丕烈和周叔弢等所收藏。卷四末頁有唐詩識語：「嘉靖壬寅歲臘月十九日錄完，共八十五葉，原本為姚潛坤手錄家藏。石東居士唐詩摹書。」卷後有黃丕烈跋四則及周叔弢跋一則。

〔註83〕（清）陸心源著，馮惠民整理：《儀顧堂書目題跋彙編・儀顧堂題跋》，北京：中華書局，2009年，頁119。

〔註84〕（清）黃丕烈：《蕘圃藏書題識》卷五，《清人書目題跋叢刊》，北京：中華書局，1990年，頁104～105。

〔註85〕唐詩，字子言，號石東居士，明代無錫人。善詩，喜抄書，著有《石東山房稿》。

（五）明王氏鬱岡齋抄本（傅增湘跋）

　　明王肯堂（1514～1613）鬱岡齋抄本，四冊，十二卷，今藏於國家圖書館。國家圖書館「中華古籍資源庫」有此本的全文影像。鈐有「明善堂覽書畫印記」「安樂堂藏書記」「海鹽張元濟經收」「涵芬樓」「涵芬樓藏」等印，可證為清怡親王弘曉（1722～1778）的舊藏，後為張元濟所收藏。每半葉十一行，行二十二字。單魚尾，白口，四周單邊。版心上記「緯略」「卷之幾」，下記頁數及「鬱岡齋藏書」五字。書首無高似孫自序。每卷有目錄，尚存宋版舊式。前十卷首題「緯略卷之幾」、最後二卷題「緯略卷十一」與「緯略卷第十二」，次行「高似孫續古集」，次為本卷各條的目錄。正文中不同的引文以○進行區別。卷六「吞理」條「濕而惡雨」至「懷果」條「秋來懷橘情」的一段文字與卷中其他文字顯然不同，當為另一人所抄。「漢甘露鼎」條「調滋味」後的文字以及「筆蠹」條都不缺。卷末止於「如意輪畫贊」條「州西南面」，其後有脫文，「金則石經贊」和「漢令甲」的條目均無。

　　書前有傅增湘識語：「甲寅五月寓京師如園，以守山閣刊本校勘，多『筆蠹』全條及『甘露鼎』後數行，其餘零璣斷璧亦往往而有。是可寶也。傅增湘沅叔記。」卷中天頭有零星校語，如卷二「代將」條「秦師代趙，王使廉頗大敗」句文意不通，此行天頭有「原脫」二字校語。〔註86〕

　　張元濟《涵芬樓燼餘書錄》錄有此本，其題跋云：「《緯略》十二卷，宋高似孫撰，明鈔本，四冊，鬱岡齋怡府舊藏……是本為鬱岡齋鈔藏，原有闕文。沈本頗有增補，然亦有沈本闕而此不闕者，如卷十二『漢甘露鼎』條『調滋味』下多七十六字，『筆蠹』全條凡一百九十三字，皆諸家所未見者。惟皕宋樓有明鈔本，與此相同，今亦流出海外矣。按鬱岡齋主人為王肯堂，字宇泰，金壇人，明萬曆十七年進士，著有《鬱岡齋筆塵》行於世。」〔註87〕

（六）漢陽葉氏舊藏明抄本

　　三冊，十二卷，今藏於國家圖書館。國家圖書館「中華古籍資源庫」有此本的全文影像。每半葉九行，行十八字，無格。第一冊書首有「緯略目錄」，錄本冊「漢唐詔」至「壓角」各篇名，末有「目錄終」三字（第二、三冊均有「緯略目錄」）。首題「緯略卷幾」，次行「高似孫續古集」，尾題「緯略卷幾

〔註86〕按，「廉頗」二字下脫「御之，頗固壁不戰，趙王惑秦之間，以趙奢之子代頗，趙師」。
〔註87〕張元濟：《涵芬樓燼餘書錄》，北京：商務印書館，2018年，頁799～800。

終」（卷十一無「終」字）。鈐有「澹園居士〔註88〕」「伯寅所得」「名灃」「志詵」「葉繼雯印」「葉氏珍藏秘籍」「漢陽葉名灃潤臣甫印」諸印。可見此本由漢陽葉繼雯、葉志詵、葉名灃三世遞相收藏，後歸潘祖蔭〔註89〕。卷中有大量的校正文字。天頭也有少量的校記，如卷一「漢唐詔」條「申飭訓戒」行上有「訓作勸」校語，卷二「真真」條天頭有「簡齋一作山谷」校語，卷四「茶」條「周公云：『檟苦茶，蜀西南謂茶曰蔎，郭弘農云：早取為茶，晚收為茗，一曰荈蔎』（原文為小字）上有『廿九字正文大寫』校語。『漢甘露鼎』條『調滋味』後的文字及『筆蠹』條都不缺。」

（七）明萬曆間沈士龍刻本

《美國哈佛燕京圖書館藏中文善本書志》著錄此本：「《緯略》十二卷，宋高似孫撰，明萬曆間沈士龍刻本。六冊。半葉九行十八字，左右雙邊，白口，單魚尾，書口下間刻字數。匡高 19.5 釐米，寬 13.8 釐米。題『宋會稽高似孫輯；明繡水沈士龍校』。後有萬曆三十四年（1606）曹學佺序、沈士龍跋（皆係配抄）。」〔註90〕美國哈佛燕京圖書館網站有此本的全文影像。此本原無曹學佺序、沈士龍跋。版心上有「緯略卷幾」，下有頁數及字數。書首有目錄，題「緯略卷幾目錄」，依次列各卷條目。卷中有朱筆注語，如卷一第 2頁「暍」條下有「暍遏二音」四字，卷三第 6 頁「月窆」條下有「毳串二音」四字。卷六末頁抄有文字：「出處雖殊途，居然有輕易。山林有悔吝，人間實多累。鶴雛翔穹冥，蒲且不能視。鸛鷺遵皋渚，數為繒所繫。隱顯雖在心，彼我共一地。不見巫山火，芝艾豈相離。去來捐時俗，超然辭世偽。得意在丘中，安事愚與智。」這段文字出自西晉文學家張載所作的《招隱詩》。鈐「莫友芝圖書印」「莫彝孫印」「莫繩孫字仲武」「柳蓉春經眼」諸印，可知為莫氏舊藏。

曹學佺序云：

> 夫均之一書耳，十人誦讀之……雜錄諸書，宋時為盛，有會稽

〔註88〕陳曉蘭《〈緯略〉版本源流考》認為澹園居士為明萬曆年間嘉興學者陸基恕（《儒家典籍與思想研究》第 10 輯，北京：北京大學出版社，2018 年，頁140）。

〔註89〕潘祖蔭（1830～1890），字伯寅，號鄭庵，江蘇吳縣（今江蘇蘇州）人。官至工部尚書、軍機大臣。家富藏書，甲於吳下。藏書室名滂喜齋、八求精舍。

〔註90〕沈津主編：《美國哈佛大學哈佛燕京圖書館藏中文善本書志》第 3 冊，廣西：廣西師範大學出版社，2011 年，頁 1104。

高續古似孫所著曰《經》《史》《子略》，已行之世，曰《緯略》，未有刻本，以「緯」言者似欲待其續有所得，匯之而成篇也，或以補乎《經》《史》《子》之所未備也。但《經》《史》《子略》，予亦未之見，及查《緯略》，《通考》多引用之，而不傳何邪？金陵焦弱侯太史素愛此書，予從張以恒借其抄本，以恒另寫一帙，兼有補遺，如「《世說》引用書目」及「李唐開科」之類甚詳。且原本多訛，太史復從續古所採諸書校之無害。予舟泊檇李，姚叔祥見過，問得異書不。予出《緯略》示之，授之梓而屬予為序。噫！是安得《經》《史》《子略》而並刻之？萬曆丙午春三月，閩中曹學佺撰。

曹學佺《石倉文稿》卷一《刻緯略序》與此序文字微異，「示之」下多「因語諸沈汝納，有同好焉」十字。此序作於萬年三十四年（1606）三月，曹學佺從張以恒處得焦竑校本，並交給姚士粦，後由沈士龍刊刻。

沈士龍跋云：

往余從胡元瑞得高氏《緯略》，將謀梓而不勝魚虎也，遂不果謀。丙午春，友人姚叔祥得善本於曹能始戶曹，視胡本最為佳勝。及能始敘來，云是弱侯先生校本，更知讎對之勤，非復一腕也。顧讀之尚有疑礙，因覓得同郡項稺玉家藏本，則益「女史」條四十三字、「水麝」條五字、「漢官」條三字。又得江陰李貫之本，則益「屬車」條五十七字、「璜」條四字。而胡本亦增「五夜」條十字。其他偏旁舛誤，則三本互為參定，復百許字。信夫他山之為玉攻也……繡水沈士龍題。

據此跋，沈士龍以友人姚士粦所得的焦竑校本為底本，又據胡應麟藏本、項稺玉家藏本和李貫之本參校，增補了底本所脫的「女史」條、「水麝」條、「漢官」條、「屬車」條、「璜」條、「五夜」條，並校正文字舛誤。

陳曉蘭指出，哈佛燕京圖書館所藏沈士龍刻本的脫文特徵，與沈氏所述焦竑校本完全相符，是沈士龍得到焦竑校本後未及參校眾本即行刊刻的本子。〔註91〕筆者認為，不能排除姚士粦得焦竑校本後刊刻的可能，因為序中明言：「姚叔祥見過，問得異書不。予出《緯略》示之，授之梓，而屬予為序。」並未提及沈士龍。

〔註91〕陳曉蘭：《〈緯略〉版本源流考》，載《儒家典籍與思想研究》第10輯，北京：北京大學出版社，2018年，頁142。

　　國家圖書館藏有另外一種明沈士龍刻本，此為《四庫全書》本《緯略》的底本。卷中有校籤，記載四庫館臣的校改情況。已知部分校籤出朱炘、張虎拜之手，此本之珍貴不言而喻。鈐有「翰林院印」「聖清宗室盛昱伯羲之印」「大雲燼餘」「繼祖所藏善本」印，可知由盛昱〔註92〕、羅振玉、羅繼祖遞相收藏。此本無曹學佺序，書末有沈士龍跋。

　　檢《日本所藏中文古籍數據庫》，日本國立公文書館內閣文庫也藏有明沈士龍刻本，十二卷，四冊，原為紅葉山文庫本。復旦大學圖書館、大連圖書館、西安文物管理委員會亦收藏明沈士龍刻本。

（八）四庫全書本

　　四庫本可分為文淵閣本、文津閣本、文溯閣本和文瀾閣本。其中文淵閣本流傳最廣，所據底本即國圖藏明沈士龍刻本。書前有校官姓名，次為提要，無目錄，撰者題「宋高似孫撰」，卷末有沈士龍跋。卷十二『漢甘露鼎』條『調滋味』後有闕文，「如意輪畫贊」條的標目闕如。

（九）清初抄本（葉德輝抄補並跋）

　　此本今藏於國家圖書館。半頁九行，行十八字，無格。首有葉德輝抄補的高似孫自序，有「郋園手鈔」印。次題「緯略卷幾目錄」，依次錄卷一至卷十二的目錄。鈐有「山甹書屋」〔註93〕「葉氏麗廔藏書」「玉函山房藏書」「葉德輝印」「煥份」〔註94〕「東官莫伯驥所藏經籍印」「東莞莫伯驥號天一藏」「東官莫氏五十萬卷樓劫後珠還之」等印。馬國翰《玉函山房藏書簿錄》卷十三稱此本原為「林汲山房藏書」，林汲山房為四庫館臣周永年的藏書處。可知此本先後為田雯、周永年、馬國翰、葉德輝、莫伯驥所收藏。

（十）傅增湘校本

　　此本今藏於國家圖書館。四冊，十二卷。鈐有「沅叔手校」「書潛」「傅增湘印」「雙鑒樓藏書記」印。卷末傅增湘跋云：

　　　　《緯略》，余曾得鬱岡齋鈔本，校於守山閣上。原本十一行二
　　　　十字，每卷皆目錄接連本文。十二卷多「筆彙」全條及「甘露鼎」

〔註92〕盛昱（1850～1899），字伯羲，一作伯希、伯熙、伯兮，號韻蔚，清宗室。光緒二年（1876）進士。性喜典籍，重才好學，精於考訂，著有《意園文略》《鬱華閣遺集》《雪屐尋碑錄》等。
〔註93〕即山甹書屋，為清藏書家田雯（1635～1704）的藏書處。
〔註94〕葉德輝字奐彬，又作煥彬、煥份。

後數行，以為世間最善本。嗣見楊惺老《日本訪書志》載影宋本，
不獨「筆彙」等條不闕，又多「竹宮」等四條，為目所不載。其後
惺老以參政來都，屢從之為一瓻之請，獨此未及也。甲寅，惺老歿
於京，余告於項城公以五萬三千金收其書。檢書之暇，因取此書
歸，置案頭已半載，苦無底本可錄。嗣檢得文友所存鈔本，又袛得
六卷，因命館僮石升書鈔補成帙，乃得著手校勘。又月餘而始畢，
其佳勝之處不可勝計。倘得有力者刊而行之，不獨俾還似孫之舊，
庶不負鄰蘇搜訪之勤及余校讎之力也。丙辰六月初六日盛暑揮汗
記，增湘。

據此跋，傅增湘所據底本原為抄本六卷，以別本配抄其餘六卷，並以楊守敬
藏日本抄本參校。卷十二「漢甘露鼎」條「調滋味」後闕文、「筆彙」「金剛石
經贊」「漢令甲」「竹宮」「甲觀畫堂」「八陣圖」「風馬牛」六條內容均已補抄，
並抄有高似孫自序。

（十一）清白鹿山房活字印本

半葉十行，行二十字，小字雙行同，黑口，四周單邊，對黑魚尾。書口印
有「白鹿山房校印」。國圖藏本有葉德輝光緒二十七年（1901）跋，次為曹學
佺序、沈士龍跋。撰者題「高似孫續古集」。每卷卷前有目錄。

（十二）清《墨海金壺》本、《守山閣叢書》本、《叢書集成初編》本

嘉慶十五年（1810）海虞張海鵬《墨海金壺》叢書收有《緯略》。此本三
冊，十二卷，半葉十一行，行二十三字，大黑口，左右雙邊。版心題「緯略卷
幾」和頁數。卷首為「欽定四庫全書提要」。卷末有沈士龍跋。書末有題記「皇
清嘉慶十有五年歲在上章敦牂相月昭文張海鵬較梓」。民國十年（1921），上
海博古齋據此本影印。

清道光二十四年（1844），金山錢熙祚據《墨海金壺》本重刻，是為《守
山閣叢書》本。此後又有清光緒十五年（1889）上海鴻文書局本、民國十一年
（1922）上海博古齋《守山閣叢書》縮印本。《叢書集成初編》本據《守山閣
叢書》本排印。

此外，《緯略》版本還有上海圖書館藏清木活字本（二冊六卷）、哈爾濱
師範大學圖書館藏清朱彝尊《小長蘆叢錄》叢書本、上海圖書館藏清《惜寸
陰齋叢鈔》清抄本（清管庭芬校）、上海圖書館藏清木活字本（六卷）、臺北

「國家圖書館」藏清乾隆間抄本〔註95〕、北京師範大學圖書館藏清沈氏抱經樓抄本〔註96〕、中國科學院圖書館藏清抄本（清孔繼涵校並題識）等。元陶宗儀編《說郛》叢書收有《緯略》一卷。明代藏書家祁承爜曾摘抄《緯略》，編為《緯略摘抄》二卷（已佚），收入《澹生堂餘苑》叢書，《澹生堂藏書目·子部·叢書類》有著錄。〔註97〕

目前整理本有兩種：一為左洪濤的《高似孫〈緯略〉校注》（浙江大學出版社 2012 年版），以《叢書集成初編》本為底本，以影印文淵閣《四庫全書》本參校；二為王群栗點校的《高似孫集·緯略》（浙江古籍出版社 2015 年版），以影印文淵閣本為底本，以《守山閣叢書》本及《墨海金壺》本參校。

二、《緯略》的內容

高似孫《緯略》自序云：

> 嘉定壬申春，程氏準新刊尚書公《演繁露》成，以寄先公。先公得書，晝夜看不休，雖行篋中必與俱，對賓客飯亦不捨。似孫從旁問曰：「書何為奇古，而耽視若此？」先公曰：「是皆吾所欲志者，筆不及耳。」似孫盡一夜之力，省侍旁見聞者，鈔作二卷，急課筆史仍裝褾成冊，曉以呈先公。先公翻閱再三，且曰：「此書好於《演繁露》，何人所作？」對曰：「似孫嘗聞尊訓有所欲志而筆不及，是乃夜來旋加輯錄者。」先公喜曰：「吾志也，宜增廣卷帙，庶幾成書。」一月後甫得卷十二，而先公已捐館，展卷輒墮淚。然不可因此而失傳，略識其事，以為之序。嗚呼！後

〔註95〕此本為胡爾榮舊藏，鈐有「胡氏豫波家藏圖書」、「豫波」、「胡爾榮印」、「文成十二世孫」、「藥盦卅年精力所聚」、「吳興藥盦」、「吳興抱經樓藏」、「澤存書庫」印。沈德壽《抱經樓藏書志》卷四十二著錄此本為「舊抄本，明胡爾榮舊藏」，稱鈐有「胡爾榮印」白文方印、「禹汲」朱文方印、「胡氏禹汲家藏圖書」朱文方印、「文成十二世孫」朱文長印。見（清）沈德壽：《抱經樓藏書志》卷四十二，《清人書目題跋叢刊》第 5 冊，北京：中華書局，1990 年，頁 469。按，「禹汲」為「豫波」之訛，沈德壽字豫波。

〔註96〕（清）沈德壽《抱經樓藏書志》有《緯略》「抄本」十二卷，題「宋高似孫續古集」，錄有卷一題識及沈士龍跋，見（清）沈德壽：《抱經樓藏書志》卷四十二，《清人書目題跋叢刊》第 5 冊，頁 469。可能就是此本。

〔註97〕（明）祁承爜撰，鄭誠整理、吳格審定：《澹生堂讀書記·澹生堂藏書目》，《中國歷代書目題跋叢書》第 4 輯，上海：上海古籍出版社，2015 年，頁 595。

四年乙亥正月十日，似孫書。〔註98〕

據此序，嘉定壬申（1212）春，其父高文虎得程準所刻的程大昌《演繁露》，似孫仿其書，一夜間輯錄平日見聞，鈔作二卷，一月後又增至十二卷。高氏自序作於嘉定乙亥（1215）正月十日。

《緯略》卷一題識云：「似孫既輯《經略》《史略》《子略》《集略》，又輯《詩略》。事有逸者、瑣者，為《緯略》，蓋與諸略相為經緯。不以匯分者，可續也。」可知《緯略》一書與緯書並無關係，而是「與高氏諸略相為經緯」。此題識是否為高似孫本人所作？學界對此尚存爭議。黃慧鳴認為，據此題識，《緯略》成書在諸略之後，「與高氏諸略相為經緯」之說不成立，因此懷疑此為刻書人所加。筆者認為此說欠妥。據此題識，可以確定的是《經略》《史略》《子略》《集略》的成書時間在《詩略》之前，但是並不能必然得出《緯略》在諸《略》之後的結論。高氏諸《略》以輯錄體為基本編纂方式，將平時抄錄的讀書筆記加以整理，並融入自己的見解體會，因此成書很快，《史略》《緯略》都只用了一個月左右。此題識的時間當在《經略》《史略》《子略》《集略》《詩略》與《緯略》成書之後。從題識中「可續」二字來看，《緯略》在1212年撰成之後，高氏有所增補，題識可能是高氏在增補的過程中所加。高似孫著作中多有自稱「似孫」之例，如《緯略》卷四「甘脆」條：「似孫昔奉祝攢陵，得牙盤食。」《剡錄》卷一《淵源堂孔門像》：「似孫曰：『家有塾，黨有庠，古人之教也。』」《史略》《緯略》《剡錄》等自序中均稱「似孫」，《子略》卷一也有此例。從版本來看，日本內閣文庫江戶初寫本、楊守敬舊藏日本抄本均有此題識，可見宋本《緯略》已載之。因此，筆者認為，《緯略》卷一題識為高氏自作的可能性更大。

《齊東野語》卷十九「著書之難」條指責高氏剽竊程大昌《演繁露》而成《繁露詰》。檢核《緯略》全書，卷五「黃銀」條、「瑟瑟」條、「養和」條及卷八「十種琉璃」條徵引了程氏《演繁露》，並對程氏的錯誤進行糾正。例如，「黃銀」條辨程大昌「黃銀殆鍮石也」為非，以《禮斗威儀》《北史》《夫子廟堂碑》《唐書》《證類本草》《子論》《本草》《唐本草》《泊宅編》等文獻為據指出「黃銀為瑞物」。「瑟瑟」條對程氏的說法也有所辯證，程氏《演繁露》認為「今世所傳瑟瑟，或皆煉石為之也」，高氏據《明皇雜錄》《物類相感志》

〔註98〕高似孫：《緯略》序，見楊守敬：《日本訪書志》，《海王邨古籍書目題跋叢刊》第8冊，北京：中國書店出版社，2008年，頁291～293。

《博雅》等文獻記載加以考證，指出瑟瑟為珠類，並非石類。

　　《緯略》內容博雜，所輯條目主要涉及名物、典故、典章制度、地理、詩賦等內容。有些條目為高氏讀書時的感想，如他在讀到《權紓茗贊》「窮《春秋》，演《河圖》，不如載茗一車」的時候，感歎「此言漢儒圖緯之書，讀之令人憒憒」。〔註99〕亦有記錄讀《左傳》的體會：「讀《左氏傳》，甚愛鄭楚文章，自典謨誓命以下無有，而《戰國策》《楚漢春秋》，太史公取以約史者，未可及也。因悟『為命，裨諶草創之，世叔討論之，行人子羽修飾之，東里子產潤色之』，其重複精詳，至再至三，如此文章，安得不好？」〔註100〕高氏對引用的文獻材料，多有考證、評論或解釋，這些內容反映了高氏的治學心得，也提高了《緯略》的學術價值。

三、《緯略》與諸《略》的關係

　　據《緯略》卷一題識，《緯略》與諸《略》相經緯。《緯略》中的不少條目與《史略》《子略》《騷略》有密切的關聯，現略舉數例加以說明：

（一）《緯略》與《史略》

《緯略》卷十二「歐宋《唐書》」條：

> 仁宗詔重修《唐書》，十年而歐陽公至，分撰帝紀、表、志，七年書成。韓魏公素不悅宋景文公，以所上列傳文采太過，又一書出兩手，詔歐陽公看詳改歸一體，公受命，歎曰：「宋公於我前輩，人所見不同，詎能盡如己意？」竟不易一字。又故事修書進御，唯書署官崇者。是時宋公守鄭州，歐公位在上，公曰：「宋公於此日久功深，我可掩其長哉！」宋公聞之曰：「自昔文人相凌掩，斯事古未有也。」然宋公卻曾自撰紀、表、志，今其家亦有此本，世人未嘗見之耳。

《史略》卷二「皇宋修《唐書》」條對宋祁、歐陽修纂修《新唐書》的過程寫得很簡略，而《緯略》對此記載頗詳。據史書記載，宋祁分修《新唐書》列傳一百五十卷，而高似孫《緯略》說宋祁「曾自撰紀、表、志，今其家亦有此

〔註99〕　（宋）高似孫著，王群栗點校：《緯略》卷七，《高似孫集》，杭州：浙江古籍出版社，2015年，頁636。

〔註100〕（宋）高似孫著，王群栗點校：《緯略》卷八，《高似孫集》，杭州：浙江古籍出版社，2015年，頁665。

本」,《史略》亦稱宋祁「亦曾自作紀、志」,這一記載頗有史料價值。

《緯略》卷十二「《通鑑》」條引《與宋次道書》以說明司馬光編撰《通鑑》所下的功力。這些記載與《史略》中關於《通鑑》的評述相合。

《緯略》卷八「葛洪論《史記》」條與《史略》卷一「諸儒史議」中葛洪對《史記》的評論相應。茲抄錄兩則文字加以對比。《緯略》卷八「葛洪論《史記》」條云:

> 《西京雜記》曰:「司馬遷發憤作《史記》一百三十篇,先達稱為良史之才。其以伯夷居列傳之首,以為善而無報也。次為《項羽本紀》,以據高位者,非關有德也。及其敘屈原、賈誼,辭旨抑揚,悲而不傷,亦一代之偉才。」然觀太史公之言曰:「夫詩書隱約者,欲遂其志之思,故述往事、思來者。」嗟乎,知遷之志,洪其庶幾乎?

《史略》卷一《諸儒史議·葛洪》云:

> 遷發憤作《史記》,其以伯夷居列傳之首,以其善而無報也。為《項羽本紀》,以據高位者,非關有德也。及其敘屈原、賈誼,辭旨抑揚,惡事不避,亦一代之偉才。作《景帝本紀》,極言其短及武帝之過,帝怒而削去。坐舉李陵降匈奴,下遷蠶室,有怨言,下獄死。宣帝以其官為太史令,行太史公而已。《魏志》載明帝問王肅:「司馬遷以受刑之故,內懷隱切,著《史記》,非貶孝武,令人切齒。」故永平十七年詔曰:「司馬遷著書,成一家言,揚名後世,至以身陷刑之故,微文諷刺,貶損當代。」蓋為此也。

兩段文字均引自《西京雜記》一書。《緯略》所載出《西京雜記》卷四,而《史略》所引「遷發憤……行太史公而已」的這段文字,分別見於《西京雜記》卷四與卷六,但與《西京雜記》原文稍有不同,「惡事不避」四字《西京雜記》作「悲而不傷」。筆者翻檢《太平御覽》,發現《史略》此段所抄實出自《太平御覽》卷六百四《文部二十·史傳下》,只是將《魏志》所載明帝問王肅之事與「永平十七年詔」的先後順序進行了調換。

(二)《緯略》與《子略》

《緯略》卷十二「柳書《陰符經》」條:「蔡端明曰:『柳書《陰符經》,書之最精者,善藏筆鋒。』余觀此書,非唯柳氏筆法遒結,全不類他書,而此序乃鄭瀚之作,尤為奇絕。其曰:『雷雨在上,與彝旁達。濬其粹精,流為聰明。』

此四句精絕，不似唐人辭章。至曰『磻溪之遇合，金匱之秘奧，留侯武侯，思索其極』，尤足以發《陰符》之用也。」〔註101〕此說與《子略》卷一《陰符經》提要頗有相通之處。

《緯略》卷八「《太玄》《法言》」條輯錄桓譚《新論》、王充《論衡》、葛洪《抱朴子》、《春秋例》諸書對楊雄《太玄》《法言》的評價，可與《子略》卷四《太玄經》提要對讀。

（三）《緯略》與《騷略》

《緯略》卷一「欸乃」條，輯錄柳宗元《漁翁詩》、劉言史《瀟湘遊》、元結《欸乃曲》《欸乃歌》，指出「欸乃」有兩種用法：一為泣舜之餘聲，二為漁父棹船相應之聲。《騷略》卷一收有高氏所作《欸乃辭》及《後欸乃辭》。高氏對柳宗元《漁翁詩》頗為推崇，《後欸乃辭》小引稱：「柳子厚《漁翁》詩，蕭蕭《湘君》《湘夫人》清風，不可以筆墨機緘索也……因掇杜公句，伴《漁翁》詩，為《後欸乃辭》。」《四庫全書總目》稱：「其《後欸乃詞》一篇，集杜甫詩八句、柳宗元詩四句為之，殊譎詭也。」

《緯略》卷十二「秋蘭」條稱：「秋蘭，古人所種愛，一經靈均，風騷之士競知慕焉。」之後抄錄屈原《九歌》、張衡《思玄賦》《東京賦》、魏武帝《陌上桑》、曹植《迷迷香賦》、傅玄《秋蘭篇》《鼓吹曲》、陸機《贈馮文羆遷斥丘令》、和潘尼《贈河陽詩》等詩賦中與秋蘭有關的詩句，最後說「詞人眷眷如此，是亦懷貞挺秀，可以比德歟」。《騷略》卷二載有高似孫所作《秋蘭辭》，其小引稱：「《秋蘭歌》，三閭大會以奉司命者，至漢張衡兩言之，而酈炎、曹植、潘尼、傅玄、江淹諸人，疑於蘭眷眷者，而《九歌》遺情，輒鬱弗彰，悲夫。乃抒蘭辭，酹大夫。」從這兩段文字來看，高氏對歷代文人的秋蘭詩賦是非常熟悉的，詩賦創作本身也離不開詩人對前人作品的研讀。

四、《緯略》的編纂特色

《緯略》一書為高似孫所編的雜考筆記，內容博雜，包羅萬象，徵引極為廣博，受到後世學者重視，為歷來考據者所必資之書。

從《緯略》一書的成書過程來看，此書最初本於程大昌《演繁露》。因受到《演繁露》的啟發，《緯略》在體例上與《演繁露》非常相似，「黃銀」條、

〔註101〕（宋）高似孫著，王群栗點校：《緯略》卷十二，《高似孫集》，杭州：浙江古籍出版社，2015年，頁769。

「瑟瑟」條、「養和」條和「十種琉璃」條均本自《演繁露》諸條，並對其有所駁斥，「太牢」條也改自《演繁露》。《緯略》卷七「入閣」條按語大體本自程大昌《雍錄》卷三「古入閣說」條。《緯略》中的一些條目抄自吳曾《能改齋漫錄》，胡玉縉發現九條，除此之外，筆者發現「乾鵲」條、「裲襠」條、「鹽豉」條也源自《能改齋漫錄》。

《緯略》所引多未注所出，為我們利用此書造成了障礙，因此弄清《緯略》的編纂來源頗為必要。明沈士龍《緯略》跋謂：「援證極博，間質己意……自『愍騷』『招隱』『八風』『圍棋』以及『甗甈』『禰牙』之類，大都全錄《藝文》《初學》《北堂》《御覽》諸書，無少增損。」晚清學者胡玉縉指出：「『洗玉池』『湘君』『燒香』『劉伯芻水品』『黃銀』『雲夢』『艾納』『錮餅』『潑生面』各條，大體本於吳曾《能改齋漫錄》。」〔註102〕謝璐雪對《緯略》卷一至六的引文有較為詳細的考校，然後得出結論：「從所引條目行文相似度和條目在《太平御覽》上的分布程度來看，可以確定引自《太平御覽》的內容至少有近兩百條，可占所引內容的四分之一篇幅。」〔註103〕不過，謝璐雪對《緯略》引文的研究僅限於前六卷，剩餘六卷則付之闕如，因此這一研究還有待完善。

通過分析《緯略》引文的史源，我們可以發現此書中的大量引文並非引自原書，而是採自類書，高似孫徵引最多的就是《太平御覽》。這一點，以往的研究者已經有所發現，但具體有哪些條目引自類書，還沒有完全研究清楚。宋代是類書發展的繁榮時期，宋初四大類書影響極大，這些類書包羅宏富，引書繁富，成為學者通向博學的不二法門。《太平御覽》就是其中的佼佼者，李延允跋稱：「《太平御覽》一書，皆纂輯百氏要言，凡可帙名者一千六百有九十，而一篇一章，間見特出者弗與，皆承平縑素之盛，多人間未見之書。盼自寶儲，出繇中秘，書成，始得流佈世間，爰自南渡以來，延閣竹帛，已費網羅搜采矣，是故君子以為捨是書亦無以窺梗概而識彷彿。」蒲叔獻在蜀本《太平御覽》序中稱其「備天地萬物之理，政教法度之原，理亂興廢之由，道學性命之奧」，可見此書搜採之廣，質量之精。在類書的研究和利用上，高似孫是南宋時期比較突出的一位學者。他在編纂《史略》《緯略》《剡錄》時，相當廣泛地利用了類書中的材料，他的輯佚也主要從類書中進行發掘。高似孫的博

〔註102〕胡玉縉撰，王欣夫輯：《許廎學林》，北京：中華書局，1958年，頁439。
〔註103〕謝璐雪：《高似孫〈緯略〉引文考校》，中南民族大學碩士論文，2015年，頁7～8。

學與他對類書的重視是密切相關的。由於類書引用材料繁多，高氏在利用這些材料的時候有所取捨，間有評論或考證，並不是完全照抄。試舉《緯略》卷六「女史」條為例：

> 《詩》曰：「靜女其孌，貽我彤管。」《毛詩義疏》曰：「女史彤管，法如國史，主記後夫人之事。」《周禮》曰：「女史八人，掌內治之貳以詔後，治內政，書內令。」漢班婕妤《自傷賦》曰：「陳女圖以鏡鑒，顧女史而問詩。」范曄《後漢書》曰：「頒官分務，各有典司，女史、彤管，記功書過。」《晉記》曰「元康中，司空張華懼後族之盛，作《女史箴》。」《華箴》曰：「歡不可瀆，寵不可專，專實生慢，愛極則遷，致盈必損，理有固然。」其義精好。裴頠亦有《女史箴》曰：「膏不厭鮮，水不厭清，玉不厭潔，蘭不厭馨。」尤妙。後漢皇甫規《女師箴》曰：「奉上惟敬，撫下惟慈，怨豈在明，患生不思。」更佳。沈約《宋書》曰：「女史執策，記言是司，專貞內表，妖蠱外息。」又曰：「太宗留心後房，置內職，紫極房、光興房各女史一人。」〔註104〕

按：此條所引《詩經》、《毛詩義疏》、《周禮》、班婕妤《自傷賦》、范曄《後漢書》、《晉記》、沈約《宋書》均本自《太平御覽》卷一百四十五「女史」條，但抄錄過程中有訛、脫以及更改原文等情況：「主記後夫人之事」，「事」字涵芬樓本《太平御覽》作「過」，此為《緯略》誤抄；「司空張華懼後族之盛，作《女史箴》」，「作」上脫「乃」字；「紫極房、光興房各女史一人」，涵芬樓本《太平御覽》作「置後宮校事女史一人，又紫極中監女史一人，又光興中監女史一人，又贊樂女史一人，又中訓女史一人，官品皆第四」。段中所引張華《女史箴》、裴頠《女史箴》和皇甫規《女師箴》之文，則抄自《藝文類聚》卷十五「后妃」條，「其義精好」、「尤妙」、「更佳」是高似孫所加的評語。此例說明，高氏的編纂方法是從兩部類書中抄錄材料，重加編排，間附評論。

高似孫在抄錄類書時也有誤抄的情況，如《緯略》卷八「煉石補天」條：「崔桐詩：『補天留粉石，縮地入青山。』」檢《全唐詩》，則作「補天留彩石，縮地入青山」，為李秘《禁中送任山人》中的詩句。高似孫卻說作者是崔桐，顯係誤題。筆者發現，《緯略》此處的詩句實際上本自《文苑英華》。《文苑英

〔註104〕 （宋）高似孫著，王群栗點校：《緯略》卷六，《高似孫集》，杭州：浙江古籍出版社，2015年，頁627。

華》對《禁中送任山人》一詩作者的記載不誤，而上一首詩為崔峒《送侯山人赴會稽》，高似孫涉上而誤。因此，「崔桐」當作「李秘」，「粉」字當作「彩」。現有的《緯略》整理本均未注意這一問題。《緯略》中的詩賦多抄自《文苑英華》，這則材料是有力的證明。下表以《緯略》卷六、卷七為例，分析其條目的具體來源。

《緯略》卷六、卷七條目來源分析表

	《緯略》條目	來　源
卷六	和香方	《太平御覽》卷九百八十一「香」條
	竊香	《太平御覽》卷九百八十一「香」條
	香物	《太平御覽》卷九百八十一「香」條
	好香	《太平御覽》卷九百八十一「香」條
	石流丹	《太平御覽》卷九百八十七「石流赤」條
	八蠶	《文選》李善注、《演繁露》
	萬年觴	《太平御覽》卷五百三十九「上壽」條
	方響	《太平御覽》卷五百八十四「方響」條、《太平廣記》卷二百五「皇甫真」條
	琛版	《太平御覽》卷六百九十二「笏」條
	青陸	《易通統圖》、《續漢書·律曆志》《夢溪筆談》
	冰魚	《世說新語·德行篇》、《十六國春秋》
	坤王兌相	《太平御覽》卷二十五「立秋」條
	琛版	《太平御覽》卷六百九十二「笏」條
	冬至	《太平御覽》卷二十八「冬至」條
	豹尾	《太平御覽》卷六百八十「豹尾」條
	日觀	《太平御覽》卷四「日下」條、《太平御覽》卷一百七十九「觀」條、《文苑英華》卷二十九《日觀賦》條
	漢九州島	《太平御覽》卷一百五十七「敘郡」條
	女史	《太平御覽》卷一百四十五「女史」條《藝文類聚》卷十五「后妃」條
	蔡子池石硯	《藝文類聚》卷五十二「石下」條
	丙冗	《太平御覽》卷五十四「穴」條、《太平御覽》卷九百三十七「嘉魚」條

	襪懺	《文苑英華》卷一百五十七「伏日」條
	探策十八	《太平御覽》卷三十九「泰山」條
	舜祠絃歌聲	《太平御覽》卷三十九「衡山」條、《太平御覽》卷四十一「九疑山」條
卷七	茗一車	《海錄碎事》卷四「茗一車」條
	礠磚	《海錄碎事》卷一「礠磚」條
	納音	《海錄碎事》卷一「納音」條
	鹽生	《太平御覽》卷八百六十五「鹽」條
	沉香山火	《海錄碎事》卷二「沉香火山」條
	三儺	《海錄碎事》卷二「三儺」條
	小雨由山	《海錄碎事》卷二「小雨由山」條
	沃焦山	《太平御覽》卷五十二「石下」條
	數行俱下	《太平御覽》卷三百八十四「幼智上」、《文苑英華》七百四十二《雕蟲論・並序》
	相經	《太平御覽》卷三百六十五至三百七十一、《藝文類聚》卷七十五「相術」條
	玉蟾蜍	《太平御覽》卷九百四十九「蟾蜍」條
	蘭賦	《文苑英華》卷一百四十七仲子陵《幽蘭賦》、《文苑英華》卷一百四十六吳筠《竹賦》
	煉石補天	《太平御覽》卷五十二「石下」條、《藝文類聚》卷四「三月三日」條、《文苑英華》卷二百三十二李泌《禁中送任山人》

五、《緯略》的學術價值

　　第一，《緯略》引據博雜，保存了一些的稀見佚籍，可供輯佚之資。如《緯略》卷六「懷果」條載：「孟宗，江夏人，遷吳會。時制不得將家行，每得時味，必以寄母（干寶《晉紀》）。」干寶《晉紀》黃奭輯本「孟宗」條即輯自此條。又如《緯略》卷七「煉石補天」條：「蒼天西北小闕，庖犧見之惡，不悅，冶鑄五色石，合為一，乃以補之（出《異苑》）。」《異苑》是南朝宋劉敬叔所編的一部志怪小說集。中華書局標點本《異苑》未載此文，應當補入此條佚文。《緯略》卷十二：「曾南豐《謝實錄院賜研紙筆墨表》曰：『陰山堅石之璞，（闕二字）芳松之煙。妍妙暉光，水苔之質。圓和正直，秋兔之毫。』」曾鞏此文僅見於《緯略》，何焯《義門讀書記》疑此文為《元豐類稿》之續集，《四庫全書總目》亦持此說。

第二，《緯略》抄錄了大量詩文，可用於校勘異文。抄書是《緯略》的一大特點，其中多數內容轉引自《太平御覽》《文苑英華》《海錄碎事》等類書，對原文改動較少，因而可以為所引類書原文提供參校作用。如《藝文類聚》《太平御覽》《太平廣記》均載有晉人程曉（字季明）的《嘲熱客詩》，但互有異文，《緯略》也抄有此詩，通過文本比對可以發現，《緯略》所抄與諸本均有異，但與《太平御覽》本最為接近，可作為校勘此詩的參校本。

第三，《緯略》記錄了不少宋代掌故，具有一定的史料價值。如《緯略》卷六「輞川圖」條：「今所見者摹本，不足道也。余與徐淵子同點檢南宮，出右丞《捕魚圖》一卷，如無咎公所題者，余曰：『此善摹者為之。』徐不以為然。一日得一卷，僅存三分之一，徐圖葭葦之外，意其為水耳，此特波濤浩瀰，水痕浪跡，一一畢具，人物尤精絕。淵子必欲易之，余有難色。已而又有一卷，題曰《摩詰寒江釣雪》，上施秘閣之印，此乃淳化以前，未更秘書省印篆也。畫筆奇古，全不類世間所見山水圖也。」〔註105〕據此記載，我們可以瞭解王維《捕魚圖》《摩詰寒江釣雪》在南宋秘閣中的收藏情況。

第四，《緯略》對輯錄的材料多有考證、評論，補前人之不足，融入了高氏自己的心得與見解。《緯略》卷六「萬年觴」條所引《漢書・兒寬傳》《後漢書・班超傳》和《舊唐書》，實際上本自《太平御覽》卷五百三十九「上壽」條，但高氏最後給出「此漢、唐奉觴所自也」的判斷，這就是《緯略》與類書的不同之處。又如，《緯略》卷四「漢官」條云：「《隨筆》載漢有行寃獄使者、美俗使者、河堤使者、直指使者，皆不書於《百官表》，因事乃見者。按《漢史》又有監北軍使者、都水使者、稻田使者、勸田使者、護羌使者，並錄之。」〔註106〕此條就是對《容齋隨筆》卷九「漢官名」條作進一步補充。《緯略》對《世說新語》的評價頗受後人所重，以至於明嘉靖年間袁褧在刊刻《世說新語》時，就將《緯略》的評價文字作為識語附在《世說新語》卷末。

六、前人對《緯略》的評價

明沈士龍《緯略》跋云：

梓竟，復檢是書，則援證極博，間質己意。至於聯類集錄、點摘新麗，往

〔註105〕（宋）高似孫著，王群栗點校：《緯略》卷六，《高似孫集》，杭州：浙江古籍出版社，2015 年，頁 616～617。

〔註106〕（宋）高似孫著，王群栗點校：《緯略》卷六，《高似孫集》，杭州：浙江古籍出版社，2015 年，頁 589～590。

往多醒豁人目。第自「愍騷」「招隱」「八風」「圍棋」以及「氍毹」「褦牙」之類，大都全錄《藝文》《初學》《北堂》《御覽》諸書，無少增損，則知宋世篇集不復具存，適取類書，誇示宏肆耳。善乎陳仲醇〔註107〕之言曰「採拾多而評議寡」，真足為此書照膽。〔註108〕

晚清版本學家葉德輝稱「似孫原書，引據雖博，而記憶多疏」，但對《緯略》的價值也多有肯定：「第南宋人說部書，似此見聞淹洽者，本不多見，故一部、兩部，不惜重疊購之，豈惟資乎談助，亦有待於折衷，一二微疵，固不能掩其大體矣。」〔註109〕

《四庫全書總目》對《緯略》的評價不失為持平之論：

> 似孫嘗輯《經略》《史略》《子略》《集略》《騷略》及此書，今惟《子略》《騷略》與此書存。陳振孫《書錄解題》論其「讀書以隱僻為博，其作文以怪澀為奇」。然考證之學正不嫌其博。是編所引亦皆《四庫》所著錄，非馮贄之流詭詞炫俗者比，固不得以「隱僻」譏也。明沈士龍跋又稱其「愍騷」「招隱」「八風」「圍棋」「氍毹」「褦牙」之類，全錄《藝文》《初學》《北堂》《御覽》諸書，無所增輯，知宋世編集不復具存，摘用類書，誇示宏肆。是誠在所不免。周嬰《卮林》譏其誤引《金樓子》，以劉休元《水仙賦》為唐劉子元，疏舛亦不能無。然其言篤實，無所雁託，終出楊慎《丹鉛》諸錄之上，亦考古者所必資矣。〔註110〕

清周中孚《鄭堂讀書記》對《緯略》的看法與《四書全書總目》基本類似：

> 其書皆考證舊文，疏通疑滯，援據極博，間質己意，至於聯類集錄，點摘新麗，往往多醒豁人目。其有原書已亡，僅散見於類書者，亦多所徵引，而仍標本書，未免有意於矜奇炫博，然絕無偽託古書之習，究非楊升庵所能望其項背也。此書世無善本，明沈士龍合姚叔祥、焦澹園、項穉玉三校本，參互校定而付之梓，並為之跋。

〔註107〕陳仲醇即陳繼儒（1558～1639），華亭人。諸生，博學多通，工詩文書畫，著有《眉公全集》《寶顏堂秘笈》等。
〔註108〕見高似孫《緯略》卷末，明萬曆沈士龍刻本。
〔註109〕葉德輝：《郋園讀書志》卷五，《湖湘文庫·湖南近現代藏書家題跋選》第1冊，長沙：嶽麓書社，2011年，頁268。
〔註110〕（清）紀昀等：《欽定四庫全書總目》，北京：中華書局，1997年，頁1538。

張若雲即據沈本重梓，冠以《提要》一篇。《百川學海》所收作三卷，《說郛》僅節錄一卷云。〔註111〕

晚清藏書家朱緒曾（1805～1860）在《開有益齋讀書志》中指出《緯略》不但沒有抄襲《演繁露》，而且是程文簡之功臣，同時肯定了《緯略》的考證成就：

> 《齊東野語》：「程文簡著《演繁露》初成，高文虎炳如嘗假觀，稱其博贍，其子似孫續古時年尚少，因竊窺之。越日，程索回元書。續古因出一帙，曰《繁露詰》，其間多文簡所未載。」今《繁露詰》不可見，惟《緯略》「瑟瑟」條云，程氏《繁露》援《唐語林》盧昂瑟瑟枕……世所傳瑟瑟，或皆煉石為之。續古引《明皇雜錄》，當是珠類。又引虢國夫人事、《物類相感志》、《博雅》、《杜陽雜編》、陳陶詩、王翰林詩、宋景文公詩言以證之。又引「養和」條，程氏《繁露》載李泌事，續古引皮日休送魏不琢烏龍養和，皮、陸皆有詩以證之。洵足為文簡之助。《緯略》排比事類，多半取相同者廣徵博引，而罕有詰難，故其舛誤亦稀。然如《水仙賦》，引《金樓子》云：「劉子玄為《水仙花賦》，時人以為不減《洛神賦》。余不敢望知幾萬分之一。」按《金樓子》乃梁元帝所作，劉子玄與唐人劉知幾作《史通》者姓名偶同，續古牽合為一人，非也。《吹劍錄》譏其《蟹略》以林和靖「草泥行郭索」作杜詩，錢辛楣譏其《剡錄》「謝幼度初為征西將軍桓豁司馬」脫下四字。甚哉，博洽之難言也。〔註112〕

近代著名學者胡玉縉在《許廎學林》卷十八《緯略跋》中對《緯略》的得失有所評價：

> 明沈士龍跋謂：「自『愍騷』『招隱』『八風』『圍棋』以及『甈甒』『禍牙』之類，大都全錄《藝文》《初學》《北堂》《御覽》諸書，無少增損。」其說良是。今考「洗玉池」「湘君」「燒香」「劉伯芻水品」「黃銀」「雲夢」「艾納」「鋼餅」「潑生面」各條，大率本於吳曾《能改齋漫錄》，或有所增損，或易其後先，已開明人剽竊之風，殊

〔註111〕　（清）周中孚：《鄭堂讀書記》卷五十四，上海：上海書店出版社，2009年，頁886。

〔註112〕　（清）朱緒曾：《開有益齋讀書志》，上海：上海古籍出版社，2015年，頁86。

為可議。倘謂考證之學，徵引不嫌其同，則「湘君」「黃銀」二條，何以斷語亦無少異。倘謂吳曾黨附秦檜，恥舉其姓名，則不廢其言，自不應並沒其書，且己又何以詔諛韓侂胄也？「茶」條稱：「《爾雅》曰『早採者為茶，晚採者為茗』。」「雅」下當脫「注」字。「辟雍」條稱：「成均惟《周禮》有之，他書不載。」則遠之於成均，亦見《文王世子》。凡此疏舛，《四庫提要》亦未之糾正。要之，「其言篤實，無所贗託，終出楊慎《丹鉛錄》之上」，實為是書定評也。〔註113〕

第四節　宋代方志名作——《剡錄》

一、《剡錄》的版本

《剡錄》為宋代方志名作，但該書流傳不廣，在宋元諸家書目中未見著錄，明楊士奇等編《文淵閣書目》、晁瑮編《晁氏寶文堂書目》等僅著錄書名，於其版本、卷數均未記載。在明朝時期，由於《剡錄》宋、元刊本佚失，此書以抄本形式流傳，有明沈與文影宋抄本、明吳岫抄本、清黃丕烈抄本、張宗祥抄本、舊山樓抄本、味經書屋抄本、恬裕齋抄本、李盛鐸藏清抄本、劉承幹嘉業堂藏清抄本等眾多抄本。清乾隆時《剡錄》刻入四庫全書，始有刻本傳世，後又有清道光八年（1828）刻本及清同治九年（1870）重刻本。總體而言，清道光八年（1828）刻本、清同治九年（1870）重刻本、明沈與文影宋抄本、明吳岫藏影寫元刊本、四庫全書本、沈維鐈舊藏清抄本和《剡南高氏宗譜》附刊木活字本等較為重要。

（一）清道光八年（1828）刻本、清同治九年（1870）重刻本、《邵武徐氏叢書》本

清道光八年（1828），嵊縣知縣李式圃刊刻《剡錄》。此本十卷，半頁九行，行二十一字（書前二序行二十二字），黑口，左右雙邊，單黑魚尾。版心上鐫有書名、卷次、頁數。書首有高似孫自序、史安之序。次為「剡錄目錄」，分為十卷，卷六為詩（上下），卷九為草木禽魚詁上，卷九為草木禽魚詁下。撰者題「宋高似孫著」。書末有李式圃跋和朱淥跋，據此二跋，此本以山陰杜氏為底本，又據禾中沈氏、剡中喻氏鈔本參校，校勘由李式圃和朱淥共同完

〔註113〕胡玉縉撰，王欣夫輯：《許廎學林》，北京：中華書局，1958 年，頁 439。

成。鈐有「朱淶之印」「己未翰林」「果亭」「李式圃」印。中華書局《宋元方志叢刊》據此本影印。

清同治九年（1870），嵊縣知縣嚴思忠據道光八年本重刻，行款與道光本完全相同。封面題「同治九年重刊／剡錄／縣署藏版」。書首有高似孫自序、史安之序。卷一第 1 頁天頭有「據睢園王氏本、珊亭喻氏校本、高氏藏譜校正」十八字，可知同治本以此三本參校。天頭出校記，其文獻價值頗高。校記的內容主要是：（1）據他本校正底本的錯誤，記錄他本的異文；（3）對原文進行注釋，如卷一王銍「修學碑」條天頭注「性之，王恮字」；（4）核對引文，指出原文的錯誤，如卷二第 8 頁天頭注「《水經注》原文『東南二渡通臨海』，此但云『南渡』，誤」，指出原文「南渡通臨海」的引文錯誤。卷三第 2 頁天頭注「謝奕、李宏度一傳已見上『古今長』，此疑重出」。書後有李式圃跋、朱淶跋和嚴思忠跋。

清光緒十四年（1888），邵武徐幹據同治本重刻，收入《邵武徐氏叢書》，但刪去原本校記。

（二）明沈與文影宋抄本、黃丕烈抄本、張宗祥抄本、清舊山樓抄本

明沈與文本抄於嘉靖年間，僅存前六卷。沈與文，字辨之，號姑余山人，又號野竹居士，吳縣（今江蘇蘇州）人，明嘉靖年間藏書家，其藏書樓名「野竹齋」。後經周錫瓚、楊以增、李盛鐸李滂父子收藏，今藏於北京大學圖書館。鈐有「沈與文印」「姑余山人」「吳門世儒家」「野竹齋」「李盛鐸印」「北京大學藏」「喜寅」「木齋審定善本」「李滂」「念微」「德化李氏凡將閣珍藏」「東郡楊氏鑒藏金石書畫印」「枚庵漫士」「國立北平圖書館收藏」等藏書印。卷六末有黃丕烈跋和周錫瓚跋。周錫瓚跋云：「此係黃主政蕘圃跋於錄臨沈本之後者，其時又借錢詹事藏本抄完，有前後二跋志其緣起，寶愛是書可謂至矣。余因得見完本，借來倩王士安錄之，並錄黃跋於後，以記所得之自云。嘉慶甲子暮春雨窗周錫瓚識。」

黃丕烈抄本源自明沈與文本。黃丕烈曾向藏書家周錫瓚借抄，周氏又據黃丕烈抄本錄卷八至卷十二，並錄卷六末黃丕烈跋。此本分為十二卷，實十一卷，缺第七卷。卷首有「清黃丕烈家抄本」字樣，鈐「關西節度係關西」「楊已增字益之晚號冬樵行式」「汪士鐘藏」「東郡楊二」「紹和筠岩」「宋存書室」「彥合珍存」「李滂」「朮微」「德化李氏凡將閣珍藏」「北京大學藏」等藏書印，則此本經黃丕烈、汪士鐘、楊以增、李盛鐸李滂父子遞相收藏，今藏於國家圖書館。

黃丕烈抄本載黃丕烈跋四則，書前黃跋云：

> 始余從少詹借此書時，云別有一本前有序文者，頃從少詹婿瞿
> 安槎處寄到，復影寫高、史二序，以弁諸首云。己未中秋後四日，
> 蕘圃丕烈。

卷六末黃跋云：

> 此高似孫《剡錄》殘本，從周丈香嚴藏本影寫者。周本為姑餘
> 山人沈与文所藏，卷中有「吳門世儒家」「埜竹齋」兩長方印，又有
> 「沈与文印」「姑餘山人」兩方印，其為明嘉靖時抄無疑。遇「完」
> 作「与」、「朗」作「朗」，當是影宋抄者。宋人地志最重取足，世有
> 梓本，如范成大之志吳郡、梁克家之志三山、施武子之志會稽等書，
> 已不能盡得宋本面目，況宋本外絕無流傳者乎？此本流傳甚少，得
> 此已足珍祕。聞嘉定錢少詹家有全本，久假之而無以應我，蓋竹汀
> 先生於此書非常所寓目者，一時尋覓未得，遂不能借抄，殊為悵然。
> 識之，以見古書難得全璧，所遇每如是。是冊誤字不少，暇日當細
> 為手校一過。嘉慶戊午秋八月二十八日，燈下取周本對勘，竣事，
> 聊記於此，棘人黃丕烈。

卷八目錄下黃跋云：

> 錢少詹舊抄本傳錄，行款與影宋殘本同。此八卷至十二卷余從
> 錢少詹藏本補錄者也。少詹本與周香嚴所藏影宋殘本行款悉同，而
> 筆墨差少古致，大約國初人抄本。前有「語古」小長方印，又一小
> 方印，其文曰「髯」，皆何義門先生之章也。中多紅筆添改字，余傳
> 錄時悉以墨筆臨之，間注其上方，唯兩處屬潤黌以紅筆影摹之，重
> 其為義門所校也。前卷一至卷六上下，遇異同或校正處皆覆勘之，
> 間注曰「錢本」，明兩本之異也。較周所藏，差為增益，然兩本比較，
> 終少七卷，未知何故，俟更討之。蕘圃識。

書末黃跋云：

> 余於地志之書，素所寶愛，不獨吾郡之舊志為留心蒐訪也。此
> 《剡錄》一書，始從周香嚴借抄殘本，又從錢少詹借抄完本，似可
> 為愜心矣。然此書舊時書目及各家藏書著錄多不載其名，即有名存
> 而卷數未詳，無從考核。伏讀國朝《欽定四庫全書總目》，定為十卷，
> 云是江蘇巡撫採進本，前有嘉定甲戌似孫自序及嘉定乙亥嵊縣史安

之序。而兩本皆無序，是年遠失之耳。所敘原書序次，自《縣紀年》
以迄《草木禽魚詁》，一一與今本都合，而所載之十卷與所抄之十二
卷脫七卷之故，似不解其故。古書難信有如此者。黃丕烈又記。

據以上黃丕烈跋可知，周錫瓚所藏的沈與文抄本係影宋抄本，止六卷，
原本無高、史二序，黃丕烈據錢大昕之婿瞿安槎所藏的《剡錄》補錄二序，又
據錢大昕所藏《剡錄》清初抄本補錄卷八至卷十二。

張宗祥抄本抄自黃丕烈抄本。書前張宗祥序批評四庫本將十二卷改為十
卷，稱「四庫本擅改古書卷數，此亦一證」，卷中有張宗祥校語，卷末附張宗
祥跋。卷六末載黃丕烈跋兩則：一跋與黃氏抄本同；另一跋黃氏抄本失載，
此跋云：

> 丙子秋七月十日，借得西昀草堂僧陳氏藏本手抄一過，亦此六
> 卷，與余所藏影周本合。蓋周本出沈與文，此陳本出吳方山也。卷
> 首無序，卷一標題下有「方山」「吳岫」〔註114〕小方印二印，其文
> 上一印陽文「方山」二字，並列；下一印陰文「吳岫」二字，直下。
> 卷六下結尾末有「姑蘇吳岫家藏」小方印一，其文六字作三行陽文。
> 吳、沈蓋同時，則其書之同出一源可知，故字形多相似者，余校時
> 遇誤字一一證之，見古本面目，非盡出傳錄之誤，或刻本已如是耳。
> 七夕後四日復翁識。黃字。

據此跋，黃丕烈又借陳氏《剡錄》抄本對校，陳本出於姑蘇吳岫，與周錫瓚所
藏沈與文抄本相合，黃氏認為吳本與沈本源於同一版本系統。

國家圖書館藏有清舊山樓抄本，其版式與黃抄本同，但分卷不同。朱義
群認為「舊山樓抄本的分卷情況保留了其據抄底本的原貌」〔註115〕。

（三）明吳岫舊藏影寫元刊本

此本六卷，二冊，即黃丕烈所云吳方山本。為陸心源舊藏，今藏於日本
靜嘉堂文庫。陸心源《皕宋樓藏書志》著錄為「《剡錄》六卷，影寫元刊本，
明吳方山舊藏」。《靜嘉堂文庫漢籍分類目錄》著錄為《剡錄》六卷，寫本（影
元），並注明為陸心源十萬卷樓舊藏。〔註116〕鈐「方山吳岫」、「方山」、「吳

〔註114〕吳岫，字方山，號濠南居士，吳縣（今江蘇蘇州）人，明嘉靖年間藏書家，
　　　　聚書逾萬卷。
〔註115〕朱義群：《高似孫〈剡錄〉的卷次問題》，《文獻》2019 年第 2 期。
〔註116〕（日）《靜嘉堂文庫漢籍分類目錄》，東京：靜嘉堂文庫，1930 年，頁 297。

岫」、「姑蘇吳岫家藏」等印。此本流傳甚稀，頗存元刊本之舊貌，有重要的版本價值，但由於獲取困難，國內研究者關注不多。鄭麗佳《剡錄研究》論及此本，但未作探討。王群栗整理《剡錄》整理說明中則未提及此本。

（四）四庫全書本

此本十卷，《四庫全書總目》稱其底本為「浙江巡撫採進本」，有高、史二序。鄭麗佳認為四庫本與沈抄本為同一系統。王群栗認為「四庫本雖然最早、與諸本差異最大，但誤抄不少」〔註117〕。與黃抄本相比，四庫本取消了黃抄本卷七的缺卷，將卷八、九、十、十一改為卷七、八、九、十，將卷十一《草木禽魚詀中》和卷十二《草木禽魚詀下》合併為卷十《草木禽魚下》。黃丕烈、吳翌鳳均注意到四庫本的改卷問題，張宗祥、崔富章、李裕民均認為四庫館臣擅改卷數。朱義群另提新說，認為四庫本的改卷出自四庫本底本抄寫者之手，非館臣所為。〔註118〕四庫本改卷之後雖與史安之序所稱之十卷相合，然非失原本之舊。筆者認為，四庫本經館臣校改、刪節之後，實際上自成一種版本系統。

（五）沈維鐈舊藏清抄本、味經書屋抄本、恬裕齋抄本

浙江圖書館有吳縣劉承幹嘉業堂藏清抄本，十卷。除卷六下以外，每卷卷首於卷次下皆鈐有「烏程沈氏補讀書齋藏書」章。「補讀書齋」為清人沈維鐈的齋號。沈維鐈（1778～1849），字子彝，一字鼎南，號夢酴，又號小湖，浙江嘉興人，為沈曾植曾祖，嘉慶七年（1802）進士，官至工部侍郎，通經學、小學，性喜藏書，著有《補讀書齋遺稿》等。禾中為嘉興的故稱，清道光八年李式圃刻本所參校的禾中沈氏抄本有可能就是這個本子。

國家圖書館所藏的清東武劉氏味經書屋抄本與此本的版式行款相同，為清代藏書家劉喜海舊藏。國家圖書館所藏的另一抄本——清海虞瞿氏恬裕齋抄本亦與此本同源。

（六）《剡南高氏宗譜》附刊木活字本

鄭麗佳《剡錄研究》稱此本為嵊州市三江街道花田村高氏後裔高德虎所藏。首頁書名題「似孫公剡錄」，次頁有「民國辛未重修」「永思堂珍藏」字

〔註117〕（宋）高似孫著，王群栗點校：《高似孫集》，《〈剡錄〉整理說明》，杭州：浙江古籍出版社，2015年，頁3。
〔註118〕朱義群：《高似孫〈剡錄〉的卷次問題》，《文獻》2019年第2期。

樣，有高、史二序。書末有裔孫高振芳跋、二十三世孫高一飛跋和裔孫高□
辰跋。高振芳跋云：

> 乾隆甲辰重修譜牒，芳曾祖考允材公以《剡錄》遺有鈔本，恐
> 湮佚失傳，如唐《平剡錄》、宋《剡東錄》，因偕族中賢達者鑿訂一
> 編，附載家乘，閱今已五十五寒暑。及道光八年邑侯果亭李公纂輯
> 邑乘，亦恐此書失傳，於《嵊志》竣後，鑿訂一編，其鈔本云得之
> 禾中沈氏、山陰杜氏、剡中喻氏，曾不訪及余族，蓋高氏之無聞孫
> 也久矣。今年冬，修家乘，鑱及《剡錄》，其殘缺失次，悉遵山陰朱
> 意園先生校正，間有義同而字異，仍依舊本……時道光十九年季冬
> 上浣，裔孫振芳謹跋。

據此跋，此本於乾隆甲辰（1784）由高似孫後裔高允材據高氏家傳鈔本首修，
附於《剡南高氏宗譜》之後，此後又經數次修訂，今傳本為民國辛未（1931）
重修本。

二、《剡錄》的內容

《剡錄》為現存最早的嵊縣方志。據高似孫自序，此書修於嘉定七年
（1214），史安之序於次年。今所通行者有十卷、十二卷之本，其別在於分卷
有所不同。現參以舊山樓鈔本，分別說明《剡錄》各分卷之內容。

卷一為縣紀年（敍剡縣自越時建縣以來的沿革）、城境圖（分城、門、坊、
鎮、寨、境、鄉七目）、官治志（敍剡縣歷代各級官員的簡要情況，含古今長、
丞治、簿治、尉治、榷官治）、社志（僅一條）、學誌（敍歷代縣學創立重修及
進士情況，含修學碑三篇、新學記一篇、淵源堂孔門像、進士登科題名）、廩、
驛、版圖（記地畝、賦稅、戶口）、兵籍（凡三條）。

卷二為山水志。仿酈道元《水經注》之例，敍剡縣之山川、溪水、湖泊。

卷三為先賢傳（分人士、孝行、列女、仙道、高僧五目）。仿謝承《會稽
先賢傳》、鍾離岫《會稽後賢傳》之例為會稽先賢作傳。會稽先賢包括剡縣籍
的人物（朱士明、僧佑等），寄居剡縣的人物（戴逵、王羲之、孔淳之等），遊
歷剡縣的人物（李紳、王蒙等），曾任職於剡縣的官員（謝奕、李充等），與剡
有關的人物（賀知章等）。

卷四為古奇蹟（剡縣境內的舜井、禹嶺、亞父石跡等古蹟三十處）、古阡
（剡縣境內的漢晉名人之墓五條）。

　　卷五為書、文。「書」收錄戴逵、戴顒、王羲之、謝玄、孫綽、許詢、支遁、秦系、吳筠、靈澈、鄭言、謝靈運、顧歡、葛仙翁十四人的著作及戴、阮、王氏的譜牒傳記四十二種，具體包括寓居、遊歷剡地人士的著作，如戴逵《五經大義》、謝靈運《連珠集》等；與寓居或遊歷剡地人士有關的著作，如《阮裕別傳》、《王羲之別傳》《王氏家譜》《謝氏家譜》等；與剡有關的著作，如鄭言《平剡錄》。「文」收錄寓居、遊歷剡地人士的文章十五篇，如戴逵《申三復贊》，或與剡縣人物、名勝相關的文章，如沈約《金庭館碑》、白居易《沃洲山禪院記》、舒元輿《弔剡溪古藤文》等。

　　卷六為詩（此卷分上下，晉唐為上，宋為下），「詩中有及剡者採焉」，收錄詩一百零九首，詩句八。

　　卷七缺。

　　卷八為畫（收錄寄居或遊歷剡縣人士所作的畫、與剡有關的畫、與剡中人物有關的畫）、紙（剡所產剡藤、玉葉紙、玉版紙等紙）、古物（鐘、琴、硯、洗等十一事）。

　　卷九為物外記（分道館、僧廬，詩附其後）。

　　卷十為草木禽魚詁（上中下），載剡縣的木、花、果、草、茶品、泉品、禽、獸、鱗介。

三、《剡錄》的編纂特色

　　第一，《剡錄》的一大特色在於重視人文。高似孫在《剡錄》自序中提出：「山陰蘭亭禊、剡雪舟，一時清風，萬古冰雪。王、謝抱經濟具，二戴深經學，奈何純曰高逸也？嗚呼！山川顯晦，人也；人隱顯，天也。天下多奇山川，而一禊一雪，致有爽氣，可謂人矣。江左人物如此，然二戴剡，王、謝亦剡，孫、阮輩又剡，非天乎？」在開篇就定下了重視人文的基調，突出人物在方志編纂中的重要地位，打破了當時方志編纂的通行慣例，這對於推動南宋方志的體例變革具有積極意義。從《剡錄》這部方志的各卷編排上來看，先賢傳、書、文、詩、畫均為剡縣相關人物的各類資料，這些內容所佔篇幅最大，可見此志的重點在於突顯剡縣的人文特色。《剡錄·書》著錄了剡縣文獻的書目，為方志著錄書目之始，這種做法受到後來方志的普遍模仿。《剡錄》卷二《山水志》敘山水與人文相結合，其中「有謝遺塵居」「晉右軍羲之居焉」「趙廣信所仙也」「宋褚伯玉嘗隱茲峰」「高僧竺法崇居焉」「康樂所遊也」諸

語也體現出《剡錄》重視人文的特點。

第二，從《剡錄》的材料來源來看，該志徵引廣博，廣泛採摭書目、經注、史傳、諸子、雜著、類書、方志、文集等材料。周日蓉指出：「《剡錄·書》收書雖僅四十二種，但其依據材料涉及前人書目如《隋志》、兩《唐志》、正史傳記如《新唐書·隱逸傳·秦系》，雜著如《世說新語》劉孝標注，類書如《太平御覽》等等。高似孫的這種編目取材，與清人補史藝文志以及後世地方經籍志廣採史傳雜著、類書文集等文獻的做法不謀而合。因此，《剡錄·書》的目錄學價值不僅僅在於『開後世方志著錄書目之風氣』，其採摭書目、史傳雜著、類書等材料的做法，對我們考察目錄編纂方法的發展具有不可忽視的作用。」〔註119〕

第三，《剡錄》大量採摭詩賦，也是該志的一大特色。高氏的這種編纂方法可以反映詩賦對剡中名物的記載情況，如《剡錄》「剡藤」條收錄了吳淑《紙賦》、劉禹錫詩、顧逋翁《剡紙歌》、丁晉公紙詩、歐陽修詩、熊岑《送程公闢》、黃太史詩、韓持國詩、李商老詩、僧巽中《謝吳令惠越紙》，共計十首之多，反映詩人對剡藤紙的各種看法。另一方面，高氏善於從詩賦中輯錄有用的資料，如該志「草木禽魚詁」中的㮆、鵠、鴇、鷊、猿、羆、豺、鱧、鮒、鱒等均出自謝靈運《山居賦》。《剡錄》對引用的各類文獻多注明出處，以注釋附在正文中，體例謹嚴有法，這也是該志的一個優點。

四、《剡錄》的學術價值

第一，《剡錄》序例詳明，條理井然，文字簡潔古雅，引據賅博精覈，對方志體例多有開創之功。北宋時，方志編纂以官修為主導，以圖經為主要形式，主要是總志。到了南宋，私撰則大量增加，縣志得到較大的發展，數量大幅增加，超過以往任何一個時期。近人張國淦在《中國古方志考·敘例》中說：「方志之書，至趙宋而體例始備。」《剡錄》為宋代縣志中的名作，對後世方志的編纂體例產生了深遠的影響，如卷一「縣紀年」載嵊縣建置沿革的大事，吸收了紀傳體史書「本紀」的特點，以年繫事，開方志設大事記的先河。卷二「山水志」仿酈道元《水經注》之法，脈絡井然，簡潔有法，開方志敘山水的先例。卷五「書」收錄寓居、遊歷剡地人士及與之有關的著作，以及與剡

〔註119〕週日蓉：《高似孫〈剡錄·書〉考論——兼及〈剡錄〉所引唐前佚籍的史料來源》，《書目季刊》2018 年第 1 期。

地有關的著作四十二種，開後世方志著錄地方書目的風氣。比《剡錄》晚五十年的《建康志》進一步設「文籍志」，分設子目志序、書籍、書版、石刻、諸論、奏議、露布、表狀、詩賦、樂府等。後世方志普遍設有藝文志或經籍志就是受到《剡錄》的影響。

第二，《剡錄》所引唐前佚籍十分豐富，可為輯佚之資。古今不少學者對此有充分的肯定，如《四庫全書總目》卷六十八《剡錄》提要稱其「徵引極為該洽，唐以前佚事遺文頗賴以存」〔註120〕。李式圃、朱潨、繆荃孫、周中孚、瞿鏞等清代學者對該書資料之豐富均有高度評價。張秀民《剡錄跋》云：「《剡錄》所收唐前資料豐富，屢引舊經……又引《晉中興書》《晉陽秋》《支遁別傳》《元嘉起居注》《宋明帝文章志》《阮氏譜》等，均為唐以前古籍，今皆亡佚，或為其父藏書寮中舊物，可供輯佚者之資。」〔註121〕

五、前人對《剡錄》的評價

元許汝霖譏《剡錄》去取失宜，多浮詞清談而不重政治教化，他在《嵊縣志序》中指出：

> 嘉定間，剡令史安之俾鄞人高似孫氏復本《會稽志》作《剡錄》，而剡始為有史。距今又百五十餘年，而其沿革廢置蓋有不得仍其舊者。況高氏之書擇焉不精，語焉不詳，紀山川則附以幽怪之說，論人物則偏於清放之流，版圖所以觀政理而僅舉其略，詩話所以資清談乃屢書不厭，他如草木禽魚之話、道館僧廬之疏，率皆附以浮詞而過其實。將何以垂則後世，啟覽者之心，使知古今得失之歸乎？〔註122〕

清王國蕃《嵊縣志序》對《剡錄》的看法與許汝霖相反：

> 宋邑令史安之訪鄞人高通議似孫作《剡錄》十卷，本嘉泰初郡守《會稽志》而增之。許東岡譏其擇不精、語不詳。周司空曰：「以余觀之，洵乏體要。」然其文成一家，而創始之難，蓋不可泯。

《四庫全書總目》卷六十八《剡錄》提要充分肯定此書的價值：

〔註120〕（清）紀昀等：《欽定四庫全書總目》，北京：中華書局，1997年，頁930
〔註121〕張秀民：《剡錄跋》，《文獻》1986年第3期。
〔註122〕（元）許汝霖《嵊縣志序》，見（清）嚴思忠修，蔡以瑺纂：《（同治）嵊縣志》卷末，《舊序》，《中國方志叢書》華中地方第188號，臺北：成文出版社，1974年，頁2593～2594。

徵引極為該洽，唐以前佚事遺文頗賴以存。其《先賢傳》每事必注其所據之書，可為地志紀人物之法。其《山水紀》仿酈道元《水經注》例，脈絡井然，而風景如睹，亦可為地志紀山水之法。統核全書，皆序述有法，簡潔古雅，迴在後來《武功》諸志之上，殊不見其怪澀可笑。陳振孫云云，殆不可解。豈其他文奇僻，又異於此書歟？〔註123〕

清道光八年李式圃刻本載李式圃和朱滌跋語各一則。李式圃跋云：

《剡錄》為邑令史安之作，自唐鄭言《平剡錄》、宋俞瑞《剡東錄》湮佚失傳，而嵊之有志自《剡錄》始。凡唐以前遺文軼事，多所考證。其敘先賢則注所據之書，敘山水則仿《水經》之例，實為後來康對山《武功志》、韓五泉《朝邑志》藍本……道光八年，知嵊縣事合肥李式圃跋。

朱滌跋云：

丁亥夏，嵊邑李果亭明府屬余修輯縣志……余所裒輯一以高通議《剡錄》為據。其書敘例詳明，高簡有法。顧宋鋟不可得，遍日流傳，僅禾中沈氏、山陰杜氏、剡中喻氏鈔本。果亭明府慮其久而失傳，於《嵊志》竣後，鳌訂一編，屬余校其訛舛，並付剞劂，計是本留貽可支百餘年……道光戊子嘉平望日，山陰朱滌跋於鹿胎之聽雪山房。

清考據大家錢大昕《潛研堂文集》卷二十九《跋剡錄》對《剡錄·先賢傳》提出批評，譏高氏「未通前代官制」：

此錄述《先賢傳》而不及宋代人物，其所錄王、謝諸公，遊跡雖嘗至剡，亦非剡產，金庭丹水間人物，可傳者蓋寥寥矣。疏寮未通前代官制，援引史傳，偶有刊落，便成疵病。如謝幼度初為征西將軍、桓豁司馬，以叔父安舉徵，遷拜建武將軍、兗州刺史，領廣陵相，監江北諸軍事，此《晉書》所載也。幼度本為征西府司馬，其時任征西將軍者為桓豁，幼度特豁之幕僚爾。今刪去桓豁司馬四字，則似幼度先已為征西將軍矣，豈非大誤乎？幼度以太傅特薦，始得專閫，所加建武軍號，班次尚在征西之下，豈容初年便承重任？

〔註123〕　（清）紀昀等：《欽定四庫全書總目》，北京：中華書局，1997年，頁930。

此事之顯然者。若依史家省文，但可云征西司馬而已。〔註124〕

錢大昕《潛研堂金石文跋尾》卷八《龍宮寺碑》又指出《剡錄》所載唐李紳官職之誤，譏高氏「於史學甚疏」：

> 高似孫《剡錄》既載此碑，又云「紳自宣武節度歷左散騎、越州刺史」，似未達碑文之旨矣。紳之帥宣武，乃在浙東召還再領分司之後，《唐史》所載甚明。疏寮於史學甚疏，道聽途說，故多舛誤。〔註125〕

清目錄學家周中孚在《鄭堂讀書記》中引錢大昕之說，進一步評論說：「竹汀所訂誠皆是書之瑕疵，然其徵引賅洽，序述亦簡古有法，全書體例實非後世蕪雜者可比也。」〔註126〕

晚清學者李慈銘在《越縵堂讀書記》中指謫《剡錄》之疏謬，云：

> 蕭梁時封侯者甚少，士明何功得之，不容不見於書。且《剡錄》言天監初授儒林博士，除吏部尚書，封漢昌侯，此尤不可信。博士何遽得除吏部尚書？尚書何遽得封侯（六朝時封侯非三公令僕不可）。《剡錄》疏謬，亦不止此一端也。〔註127〕

清代著名藏書家瞿鏞在《鐵琴銅劍樓藏書目錄》卷十一《剡錄》提要中說：

> 此書敘述簡雅，世推重之。其《先賢傳》多取晉雜史及王、謝氏家譜，一一注其所出，為自來志乘所未有。《古今長》已載謝奕，而《先賢傳》又列之，亦創例也。〔註128〕

〔註124〕（清）錢大昕：《潛研堂文集》卷二十九，見《續修四庫全書》第1439冊，上海：上海古籍出版社，2002年，頁32。

〔註125〕（清）錢大昕：《潛研堂金石文跋尾》卷八，見《嘉定錢大昕全集》第6冊，南京：江蘇古籍出版社，1997年，頁218。

〔註126〕（清）周中孚著，黃曙輝、印曉峰標校：《鄭堂讀書記》卷五十四，上海：上海書店出版社，2009年，頁1450。

〔註127〕（清）李慈銘著，由雲龍輯：《越縵堂讀書記》，北京：中華書局，2012年，頁464。

〔註128〕（清）瞿鏞編纂，瞿果行標點：《鐵琴銅劍樓藏書目錄》卷十一，上海：上海古籍出版社，2000年，頁282。

第三章　高似孫之目錄版本學

　　高似孫家富藏書，又曾任秘書省校書郎、著作佐郎，從事校書工作，能夠閱覽豐富的館閣藏書，貫通四部，這為他瞭解圖書版本、編寫專科目錄提供了得天獨厚的條件。高似孫對目錄之學頗感興趣，並依經、史、子、集分別進行研究，其目錄學成就集中體現於高氏諸《略》——《經略》《史略》《子略》《集略》《詩略》《緯略》之中。《經略》《集略》《詩略》已佚，現在僅能從《史略》《子略》《緯略》等書考察其目錄學思想。高似孫以一己之力建立了一整套專科目錄體系，且多有發明，體現出鎔鑄古今存佚、考察學術流變的意識，反映了南宋以來目錄學發展的新理念、新趨勢，王應麟《玉海·藝文》、馬端臨《文獻通考·經籍考》與高氏這一目錄理念可謂一脈相承。日本漢學家內藤湖南敏銳地指出：「無論如何，值此時代，為考鏡書籍源流而醞釀產生目錄學者，人物即使再不足道，高似孫仍為重要一員，由其著述即可知曉。」〔註1〕又說：「高似孫創造了鄭樵之後目錄學的一個新紀元。」〔註2〕遺憾地是，高似孫作為反道學派成員，其著作頗遭非議，他在目錄學上取得的成就長期以來沒有受到應有的重視。

　　高似孫對圖書版本也頗為精通。多年的校書經歷使他積累了較多的版本經驗。《史略》已經注意到史書的版本問題。《史略》專門討論版本的條目有

〔註1〕（日）石田肇著，孔繁錫、張新民譯校：《高似孫史略研究》，《貴州師範大學學報（社會科學版）》1993年第4期，頁40。

〔註2〕（日）內藤湖南：《支那目錄學·高似孫的學風》，《內藤湖南全集》卷十二，東京：築摩書房，1976年。

「江南古本史記傳考」「《漢書》諸家本」，前者觀點新穎，後者搜羅完備，是宋代版本學上的重要研究成果。

第一節　高似孫之目錄學實踐

　　高似孫目錄學實踐的顯著特點就是順應時代發展，勇於創新。他關注引書目錄這一新穎的目錄形式，體現出史源研究的意識。他將輯錄體這種新穎的組織形式應用於書目編寫之中，使目錄承載知識的功能大為增強，提高了書目的學術價值。他受鄭樵影響，對佚書也予以關注，注意利用類書等文獻對佚書加以介紹。另外，高似孫對專科目錄學的貢獻同樣值得我們注意。

一、目錄方法的運用

　　高似孫的《史略》《子略》主要採用了以下五種目錄方法：

（一）注釋法

　　《漢書·藝文志》第一次將注釋方法引入書目編製，成為我國第一部注釋性書目。高似孫的《史略》和《子略》也較多地運用了注釋法，其作用體現在以下幾個方面：

1. 介紹作者。《史略》卷二「漢書考」條有「《前漢書考異》一卷」，注云「失姓氏」。《史略》卷二「《後漢書》」條有「華嶠《後漢書》」，注云：「九十卷。唐德三十一卷。晉少卿，字叔駿，才學學博，博聞多識，屬書典實，有良史之志。」

2. 注明卷數。《史略》卷二「漢書雜傳」條有「姚察《漢書訓纂》」，注云「三十卷」。《史略》卷二「《宋書》」條有「沈約《宋書》」，注云「一百卷」。《子略》卷一「《陰符經注》」條有「李筌注」，注云「一卷」。

3. 說明殘缺情況。《史略》卷一「史記注」條有「陳伯宣《史記注》」，注云「一百三十卷，今存八十七卷」。卷二「吳別史」條有「韋昭《吳書》」，注云「五十五卷，殘缺」。《史略》卷二「《晉書》」條有「蕭子雲《晉書》」，注云「一百二卷，殘缺」。

4. 介紹書籍內容。《史略》卷二「齊別史」條有「王劭《齊志》」，注云「齊後事」。卷三「歷代《春秋》」條有「司馬彪《九州春秋》」，注云「十

卷，記漢末事」。卷四「史表」條有「《宰輔年表》」，注云「載熙豐間事」。

5. 敘述成書經過。《史略》卷三「歷代紀」類有「徐廣《晉紀》」，注云：「四十五卷。宋中散大夫。待中邈之弟。世好學，至廣尤精純，百家數術無不研究。尚書奏：『有造《中興記》者，煥乎史策，宜敕著作郎徐廣撰成國史。』於是廣勒成《晉紀》，凡四十六卷，表上之。」這一注語說明了徐廣奉敕撰《晉紀》的大致經過。

6. 品評優劣得失。《史略》卷三「歷代紀」類有「陸機《晉紀》」，注云：「四卷。字士衡，晉平原內史。天才秀逸，辭藻宏麗。葛洪稱其文宏麗妍贍，英銳漂逸，亦一代之絕乎！」這一注語表達了高氏對陸機《晉紀》的推崇。

7. 注明校語。《子略》卷一「《風后握奇經》」條「天或圓而不動」句末，注云「一作『天或圓而不布』」；「天地前沖居其右，後沖居其左」句末，注云「一無二句，一無『天地』字，一無『居其右後沖』五字」。

（二）小序

小序是目錄學的優良傳統。高氏《史略》注重考鏡學術源流，多有考證發明。小序的運用是高似孫探討學術源流的一種重要途徑。正如《史略·序》所云「仍依劉向《七錄》法，各匯其書，而品其指意」。小序在《史略》中發揮了重要作用，具體可分為以下幾個方面：

1. 評論得失

高似孫繼承歷來重視史評的史學傳統，對史書得失頗為關注，如他在《史略》卷二「歷代春秋」小序中說：

太史公作《史記》，最采《楚漢春秋》，意其論著瓌傑弘演，必有以合乎軌轍者。今得《楚漢春秋》，讀之不見其奇，試以一二言之：其一曰：「沛公閉函谷關，無內項王。項王大將亞父至關，不得入，怒曰：『沛公欲反！』即令家發薪策，欲燒關，關門乃開。」其一曰：「項王在鴻門，亞父諫曰：『吾使人望沛公，其氣衝天，五色相糾，或似雲，或似龍，或似人，此非人臣之象也，不若殺之』。」其一曰：「上過陳留，酈生求見。使者入通，方洗足，問如何人，曰狀類大儒。上曰：『吾方以天下為事，未暇見大儒也。』使者出告，酈生瞋

目按劍，『入言高陽酒徒，非大儒也』。」《楚漢春秋》所載僅如此，

太史公所采，亦以漢初之事未有記載，故有取於此乎？〔註3〕

《楚漢春秋》是記錄楚漢相爭時期的史書，書中所載雖多有不實之處，劉知幾說它是「史之尤劣者」，但《楚漢春秋》保存了楚漢時期的諸多史料，《史記》引用頗多。高似孫對《楚漢春秋》的評價也不高，他以該書中的三段文字為例，認為該書並沒有什麼特別突出的地方。高氏認為《史記》採《楚漢春秋》的原因在於只有《楚漢春秋》載有漢初史實，又對此書的史料價值加以肯定。又如《史略》卷二「歷代紀」條云：「皇甫湜謂：『荀氏《漢紀》，強欲復古，以為編年，然其善語嘉話，細事詳政，多所遺矣。』予以為不然。此書專為正史繁博而作，辭約則事必有，事省則史必精，編年之體，難乎其詳且細矣。王通氏曰：『荀悅史乎！』是蓋知悅者矣。」高似孫不同意皇甫湜的觀點，認為《東觀漢紀》「辭約事詳」，對該書大為讚賞。

2. 比較優劣

高似孫善於對同類史書進行比較，以評判其優劣高下。如《史略》卷二《宋書》小序云：「上宋代史所傳者，沈約為最。姚察（陳吏部尚書）稱其『高才博洽，名亞遷、董』，蓋一代之英偉焉。按齊永明中，沈約奉詔撰，為紀十，志九，傳六十，合百卷。本何承天舊書，採山謙、徐爰、蘇寶生諸說，號為博洽，而志及兼述魏晉，論者以為失於限斷。」〔註4〕高似孫在比較之後認為三家《宋書》以沈約《宋書》為最佳。

3. 闡釋類目

高似孫在《史略》卷四的類目中較多地運用了這種方法，如《史略》卷四「史典」小序云：「按何之元《梁典・高帝革命論》曰：『官自有梁，備觀成敗。昔因出軸，流寓齊都，窮愁著書，竊慕虞子，簡牘多闕，略不盡舉。』觀此則典之為書，亦幾於紀，事省而辭約者也。」〔註5〕用「幾於紀，事省而辭約」來概括「史典」的特點。「史鈔」小序云：「上唐仲彥有《子鈔》，虞世南

〔註3〕（宋）高似孫：《史略》，叢書集成初編本，上海：商務印書館，1939年，頁55。

〔註4〕（宋）高似孫：《史略》，叢書集成初編本，上海：商務印書館，1939年，頁41。

〔註5〕（宋）高似孫：《史略》，叢書集成初編本，上海：商務印書館，1939年，頁72。

有《北堂書鈔》，皮日休有《鹿門書鈔》，唐人有《碎金鈔》，張九齡有《珠玉鈔》，蘇易簡有《文選鈔》。凡言鈔者，皆擷其英，獵其奇也，可為觀書之法也。」〔註6〕以「擷其英，獵其奇」來說明「史鈔」的特徵。

4. 敘述源流

高似孫在小序中對某些類目的歷史沿革情況進行闡述。如《史略》卷二「起居注」小序云：

> 漢武帝有《禁中起居注》，明德馬后自撰《顯宗起居注》（後削去兄防參醫藥事。章帝請曰：「黃門舅日夕供養且一年，既無褒異，又不錄勳勞，無乃過乎？」太后曰：「吾不欲後代聞先帝數親後宮之家，故不錄也。」）漢有起居注久矣，不止獻帝也（漢時起居注似在宮中，為女史之職。蓋周內史所記，王命之副也。）梁吳均欲撰《齊書》，求借《齊起居注》及群臣行狀，武帝弗許，遂私撰奏之。是知記注之作，有補於史。太宗謂褚遂良曰：「卿知起居注可得見否？」遂良以為不聞帝王躬自觀史。正元中，上問趙憬起居注所記何事，憬言：「國朝自永徽以後，起居唯得對仗承旨，仗下後謀議，皆不得聞。其日注記，但出於己，行制敕內操錄，更無他事。」長壽中，姚璹知政事，以為親承謨訓，若不宣宰相，史官無由得知。遂請仗下後所言軍國政要，宰相專知撰錄，號「時政記」。〔註7〕

這一段敘述了起居注從漢代至唐代的變化情況。起居注早在漢代已經出現，為女史之職，到唐朝出現了時政記，由宰相專門撰錄，同時對起居注的作用也有所說明。

5. 說明類目作用

古代史學家普遍重視正史，但對雜史多有輕視，高似孫對這種偏頗的風氣表示不滿，他在《史略》卷五「雜史」小序中說：「《太史公書》所以為助者，《左氏》、《國語》、《世本》、《戰國策》、陸賈《新語》、《楚漢春秋》而已。至班固因太史公，范曄依謝承、司馬彪諸史，豈不易哉其為功也！靈、獻以來，天下大亂，史官失守，天下之士，老於筆削，雋於辭翰，往往各因聞見，見諸纂

〔註6〕（宋）高似孫：《史略》，叢書集成初編本，上海：商務印書館，1939年，頁88。

〔註7〕（宋）高似孫：《史略》，叢書集成初編本，上海：商務印書館，1939年，頁65。

修，代不乏才，爭自聘騖，作者之眾蓋如此歟！司馬公《資治通鑒》，凡雜史入於整匯裁正者，凡二百二十餘家，其亦有補於史氏明矣。」〔註8〕高似孫先援《史記》引雜史之例，再舉《資治通鑒》博引雜史之例，說明雜史有補於史。

（三）輯錄體

提要可分為敘錄體、傳錄體和輯錄體。劉向在校書之時，「每一書已，向輒條其篇目，撮其旨意，錄而奏之」，詳考撰者生平、著作得失以及校書經過，最後匯為《別錄》，遂開解題一派，對後世影響深遠。《別錄》今不存，反有《孫卿子書》《晏子春秋》等敘錄數則傳世，可見其梗概。《七略》則在《別錄》的基礎上刪繁就簡，加以小序、分類，呈現出另外一番氣象。晁公武《郡齋讀書志》、陳振孫《直齋書錄解題》繼承並發展了劉向的目錄學傳統，成為目錄學史上的名作。傳錄體起源很早，西晉荀勗《文章敘錄》及摯虞《文章志》已採用了傳錄體的方法，南朝齊王儉《七志》「但於書名之下，每立一傳；至於作者之意，無所論辯」〔註9〕，成為最早的傳錄體綜合目錄。由於《七志》於學術無所發明，為《隋志》所不滿。《古今書錄》《開元釋教錄》《紅雨樓書目》《千頃堂書目》均沿用了這一體例。

輯錄體與敘錄體、傳錄體不同，這種體例抄錄相關的序跋、史傳、文集、筆記和目錄等資料，或間附案語略述己意而成。關於輯錄體的起源，學界尚存爭議，過去學者普遍認為輯錄體肇始於馬端臨《文獻通考·經籍考》，後來又有人分別提出源於僧祐《出三藏記集·總經序》、高似孫《史略》或王應麟《玉海·藝文》等新說。筆者認為，輯錄體發軔於僧祐《出三藏記集·總經序》，但該目影響不大，而到南宋高似孫《史略》、王應麟《玉海·藝文》的問世，輯錄體才逐漸完備，成為目錄編纂的一種重要形式。馬端臨《文獻通考·經籍考》輯錄資料頗為廣泛，「先以四代史志列其目，其存於近世而可考者，則採諸家書目所評，並旁搜文傳、文集、雜說、詩話，凡議論所及，可以紀其著作之本末，考其流傳之真偽，訂其文理之純駁者，則具載焉」（《文獻通考·自序》）。輯錄體的優點在於輯錄群籍，網羅諸說，廣徵博引，內容豐富。如《經義考》採錄資料達9174條，上及先秦典籍，下至清代，時間跨度極大，

〔註8〕（宋）高似孫：《史略》，叢書集成初編本，上海：商務印書館，1939年，頁100。

〔註9〕（唐）魏徵等：《隋書》卷三十二，《經籍志》，北京：中華書局，1973年，頁907。

引用文獻題材亦豐富多樣，書目、史傳、方志、文集等皆能搜集。〔註10〕輯錄體要表現編者之意見，其方法有二端，一則在採摘數據時，或有不採，以忽略某筆數據方式，來表達態度；一則用按語抒發己見。〔註11〕

　　高似孫的兩部專科目錄《史略》和《子略》均使用輯錄體這一組織形式。《子略》一書在《陰符經》《老子》《莊子》個別條目採用了輯錄體，全書沒有貫徹這一體例。高氏在所輯資料的取捨上頗為用心，如高氏在《陰符經》提要之前輯錄了陸龜蒙《讀陰符經詩》和皮日休《讀陰符經詩》，這兩首詩的作者陸龜蒙和皮日休都是信仰道教的詩人，他們對《陰符經》的高度評價深得高氏的認同。又如《莊子》提要輯錄了向秀《莊子解義》、支道林《莊子逍遙義》和《晉人好言老莊》三則材料，其內容幾乎全部來自《世說新語》的《文學篇》《賞譽篇》，都是魏晉學者關於《莊子》的研究與評論，這些內容也符合高氏的評價標準。

　　與《子略》相比，《史略》應用輯錄體的範圍比《子略》更加普遍，輯錄的材料更為豐富。高氏《史略》在馬氏《文獻通考·經籍考》之前已經使用了輯錄體，為最早使用輯錄體的專科目錄。有人認為《史略》的輯錄體主要集中在《史記》《五代史》等少數幾部著作之下，在整部書中比重很輕，而且該書的提要以敘錄體為主，體制很不成熟，往往是寥寥數語，缺少章法，與馬《考》不可同日而語，因此難以視為輯錄體目錄的開端。〔註12〕相較於《文獻通考·經籍考》，《史略》確實存在不成熟的一面，但由此否定《史略》採用輯錄體，難以令人信服，周天游《史略校箋》、喬好勤《中國目錄學史》、曹之《中國古書編例史》、傅榮賢《中國古代圖書館學思想史》等均認為《史略》使用了輯錄體。事實上，《史略》對輯錄體的應用頗為廣泛，對《史記》、《漢書》、《三國志》、《晉書》、《唐書》、《五代史》、《東觀漢記》、歷代《春秋》、歷代《紀》、實錄、通史、《資治通鑒》等類目均採用了輯錄體的方式，因而「在整部書中比重很輕」的說法是不夠客觀的。《史略》在輯錄時有一定的體例，具體而言，就是首先輯錄相關資料以介紹史書，或抄史傳以介紹作者，或錄

〔註10〕張宗友：《經義考研究》，北京：中華書局，2009 年，頁 152。

〔註11〕陳仕華《諸家兼陳與自抒己見——輯錄體解題之法》，見程煥文等主編：《2014年中文古籍整理與版本目錄學國際學術研討會論文集》，桂林：廣西師範大學出版社，2015 年，頁 312。

〔註12〕曹金發：《輯錄體目錄何時出現？——對幾種說法的辨析》，《山東圖書館學刊》2012 年第 6 期。

諸儒之評論，或採目錄資料，或摘原書精語；然後臚列史書的相關研究專著，如該書的注釋、考證、音注。高似孫對《史記》極為推重，《史略》卷一對《史記》的著錄可以說是典型的輯錄體，所輯研究資料包括以下條目：《史記》一百三十卷、太史公自敘、諸儒史議、續《史記》、《史記》注、先公《史記》注、《史記》雜傳、《史記》考、江南古本《史記》傳考、《史記》音。「《史記》一百三十卷」條介紹了《史記》的篇目亡佚情況；「太史公自敘」條錄自《史記》及《漢書》，不加評論；「諸儒史議」條輯錄了班彪、班固、范曄、劉昭、張輔、葛洪、裴駰、王通、司馬貞、劉伯莊、韓愈、柳宗元、劉知幾、白居易、皇甫提、鄭覃、殷侑、高佑、崔鴻對《史記》及司馬遷的評價；「續《史記》」條介紹馮商續《太史公》七篇的情況；「《史記》注」條著錄了裴駰《史記注》、許子孺《史記注》、王元感《史記注》、陳伯宣《史記注》、徐堅《史記注》和李鎮《史記注》共六家，並對各家的存佚及作者情況作簡要說明；「先公《史記》注」條說明其父高文虎《史記注》一百三十卷的情況；「《史記》雜傳」條著錄了十部注解《史記》的專門著作：司馬貞《史記索隱》、張守節《史記正義》、劉伯莊《史記地名》、竇群《史記名臣疏》、裴安時《史記纂訓》、李鎮《史記義林》、葛洪《史記鈔》、衛颯《史要》、張瑩《史記正傳》、韓琬《續史記》；「《史記》考」條對考證《史記》的著作加以說明和評價；「江南古本《史記》傳考」條介紹江南古本《史記》的版本特徵和校勘價值；「《史記》音」條著錄了四部注解《史記》音義的著作，即徐廣《史記音義》、許子孺《史記音》、鄒誕生《史記音》、劉伯莊《史記音》。從輯錄的這些內容來看，《史略》將《史記》單獨設為一個類目，以輯錄體的形式基本上囊括關於《史記》及司馬遷的重要研究資料，並按一定的次序進行排列。這種方法比以往書目對《史記》的泛泛著錄更能反映歷代《史記》研究的具體情況。總而言之，《史略》在輯錄時有一定的章法，「缺少章法」之說失之武斷。

1.《史略》輯錄體的史源分析

關於《史略》所輯資料之來源，周天游有過總結：「高似孫的《史略》，正是順應了史學發展的新趨勢、新要求，參考了《史記》、《漢書》、《通志》、《隋志》、新舊《唐志》、《崇文總目》、《史通》、《世說新語》、《文選》、《法言》、《書鈔》、《御覽》、《唐六典》、《容齋隨筆》、《陶淵明集》等 44 部文史典籍，著錄了宋以前各類史書六百餘種。」總的來看，其來源主要包括史傳、序跋、書志、筆記、文集、政書、類書等。具體來說，各卷來源情況大致如下：

　　卷一，「史記」「太史公自序」兩目引用《漢書‧藝文志》《漢書‧司馬遷傳》。「諸儒史議」條來源不一：（1）源自正史，如《後漢書‧班彪傳》《晉書‧張輔傳》、裴駰《史記集解》序、劉昭《補漢書志序》、司馬貞《史記索引》序等；（2）源自雜著，如王通《中說》、揚雄《法言》、姚鉉《唐文粹》等；（3）源自史評著述，如劉知幾《史通》。「史記注」條錄自《通志‧藝文略》。「史記雜傳」條錄自《通志‧藝文略》《新唐書‧藝文志》。「史記考」條輯自《晉書‧司馬彪傳》《漢書‧藝文志》《隋書‧經籍志》。「史記音」條本自《新唐書‧藝文志》《通志‧藝文略》。

　　卷二，「漢書」目主要源自《後漢書‧班固傳》、《世說新語‧文學篇》劉孝標注等。「顏師古漢書注例」「顏師古漢書注所引書」「顏氏所注重複」諸條抄自《漢書敘例》。「顏氏所注重複」條據《容齋續筆‧漢書注冗》。「漢書注」「漢書考」「漢書雜傳」「漢書音義」諸條輯自《隋書‧經籍志》《舊唐書‧經籍志》及《新唐書‧藝文志》。《後漢書》部分輯自《宋書‧范曄傳》中的《獄中與諸甥侄書》。《三國志》到《新五代史》，多本自史書傳記或書志。

　　卷三，「東觀漢紀」目輯自《後漢書‧文苑傳》。「歷代春秋」與「歷代紀」兩目據《隋志》、兩《唐志》、《通志‧藝文略》等加以著錄。「實錄」本自《唐六典》《舊唐書》、《隋志》、兩《唐志》等。「起居注」本自《隋志》及兩《唐志》。「唐左右螭坳書事」「延英殿時政」分別錄自程大昌《雍錄》卷三「左右史立螭頭」條及卷四「延英殿」條。「時政記」「唐曆」「會要」「玉牒」錄自《通志‧藝文略》、兩《唐志》、《唐會要》等。

　　卷四，「史典」至「《通鑒》參據書」所著錄的史籍本自《隋志》、兩《唐志》、《通志‧藝文略》等。

　　卷五，「霸史」目抄自《通志‧藝文略》。「雜史」目源自《通志‧藝文略》《崇文總目》。「東漢以來書考」本自《容齋續筆‧書籍之厄》。「歷代史官目」本自唐劉軻《與馬植書》一文。「劉勰論史」抄自《文心雕龍‧史傳篇》。

　　卷六，「世本」條本自《漢志》、《隋志》、兩《唐志》、《通志‧藝文略》。「三蒼」條本自《漢志》。「漢官」錄自《後漢書‧漢官志》。「竹書」條取材於《晉書‧束皙傳》《隋書‧經籍志》《郡齋讀書志》等。

　　《史略》所輯資料的史源可以歸納為以下類型：

（1）摘抄列傳

　　史書列傳包含了作者生平事蹟、著述、思想等大量信息，是瞭解作者的

可靠材料。《史略》注意通過摘抄列傳的方式來介紹作者，如摘抄了《漢書·司馬遷傳》《後漢書·班彪傳》《後漢書·荀悅傳》《晉書·張輔傳》《南史·吳均傳》《舊唐書·令狐德棻傳》《晉書·孫盛傳》《晉書·習鑿齒傳》等史傳，以反映這些作者的生平履歷及其修撰史書的經過。

（2）摘抄序文

史書的序文往往重在說明史書的撰寫緣起、編纂宗旨、主要特點、成敗得失等，是瞭解史書的必讀資料。高似孫對這些序文頗為重視，多有輯錄。如《史略》卷一「諸儒史議」劉昭條說：「司馬遷作《史記》，爰建八書。班固因廣，是曰十志。天人經緯，帝政絃維，區分原奧，開廣著述，創藏山之秘書，肇刊日之邅貫，誠有繁於《春秋》，亦自敏於改作。又曰：『遷有承考之言，固深資父之力。』又曰：『昔褚先生補子長之削少，馬氏接孟堅之不畢，相成之義，古有之矣（《補後漢書志序》）。』」〔註13〕這裡分別摘抄了劉昭《補後漢書志序》中三段有關司馬遷《史記》的議論，沒有全篇抄錄，顯得十分簡約精當。又如《史略》卷四「通史」條說：「太史公易編年之法，為本紀、世家、列傳，記五帝三王以來，後世莫能易之……因遷之舊，上觀《詩》《書》，下考《春秋》，及秦漢雜錄，記伏犧、神農，訖秦始皇帝，為七本紀，十六世家，三十七列傳，謂之《古史》。追錄聖賢之遺意，以明示來世。至於得失成敗之際，亦備論其故。嗚呼！由數千歲之後，言數千歲之前，其詳不可得矣。幸其猶有存也，而或又失之，此《古史》之所為作。」〔註14〕這一段抄自蘇轍《古史序》，用以說明《古史》的撰述方法和宗旨。

（3）摘抄史志

《史略》著錄的史書基本上錄自史志，包括《隋志》《舊唐書·經籍志》《新唐書·藝文志》《通志·藝文略》等。如《史略》卷二「吳別史」條載：「韋昭《吳書》（五十五卷，殘缺），《吳書實錄》（三卷），環濟《吳紀》（十卷，晉太學博士），胡沖《吳曆》（六卷），張勃《吳錄》（三十卷）。」〔註15〕這裡著錄的史書均源自史志，其中韋昭《吳書》見《隋志》《新唐書·藝文志》，

〔註13〕（宋）高似孫：《史略》，叢書集成初編本，上海：商務印書館，1939 年，頁7。

〔註14〕（宋）高似孫：《史略》，叢書集成初編本，上海：商務印書館，1939 年，頁80～81。

〔註15〕（宋）高似孫：《史略》，叢書集成初編本，上海：商務印書館，1939 年，頁36。

《吳書實錄》見《通志‧藝文略》，環濟《吳紀》見《隋志》、兩《唐志》，胡沖《吳曆》見兩《唐志》、《通志‧藝文略》，張勃《吳錄》見《隋志》、兩《唐志》、《通志‧藝文略》。又如《史略》卷二「唐修《隋書》一百十五卷」條說：「唐正觀中，詔諸臣分修五代史。顏師古、孔穎達撰次隋事，起文帝，作三紀、五十列傳，惟十志未奏。又詔于志寧、李淳風、韋安化、李延壽、令狐德棻共加裒綴，高宗時上之。志乃上，包梁、陳、齊、周，參以隋事，析為三十篇，號《五代志》，與書合八十五篇……《隋志》獨該五代，南北兩朝紛然殽亂、未易貫穿之事，讀其書則了然如在目，良由當時區處各當其才。顏、孔通古今而不明天文地理之學，故但修紀傳，而十志專之志寧、淳風，顧不當哉！」〔註16〕這一段抄自《通志‧藝文略》卷六十五。

（4）摘抄考證筆記

兩宋時期，考據學興起，筆記之作層出，其中有不少考史的內容，因而成為《史略》輯錄的材料來源。《史略》卷四「《通鑑》參據書」條說：

> 真宗初命儒臣編修君臣事蹟，後謂輔臣曰：「宴享一門所錄唐中宗宴飲韋庶人等，預會和詩，與臣僚馬上口摘含桃事，皆非禮也，已令削之。」……從之。書成，賜名《冊府元龜》。所遺既多，亦失明白。如司馬公《通鑑》則不然……皆本末粲然，則雜史瑣說家傳，豈可盡廢。〔註17〕

這一段論述基本上抄自《容齋隨筆》卷十一「《冊府元龜》」條，文字略有改動。

（5）摘抄文集

高似孫還充分利用文集中與史學有關的內容。如《史略》卷五「劉軻論太史公以來史筆姓氏」條：

> 《史記》、班《漢》已來，秉史筆者，盡知其人矣。東漢有若陳宗、尹敏、伏無忌、邊韶、崔寔、馬日磾、蔡邕、盧植、司馬彪、華嶠、范曄、袁宏。國志有若衛顗、繆襲、應璩、王沈、傅玄、韋曜、薛瑩、華核、陳壽。晉洛京史有若陸機、束皙、王詮、詮子隱。晉史有若鄧粲、孫盛、王韶之、檀道鸞、何法盛、臧榮緒。宋史有

〔註16〕（宋）高似孫：《史略》，叢書集成初編本，上海：商務印書館，1939 年，頁46。

〔註17〕（宋）高似孫：《史略》，叢書集成初編本，上海：商務印書館，1939 年，頁87～88。

若何承天、裴松之、蘇寶生、沈約、裴子野。齊史有若周興嗣、鮑行卿、何之元、劉璠。陳史有若顧野王、傅縡、陸瓊、姚察、察子思廉。十六國史有若崔鴻。魏史有若鄧淵、崔浩、浩弟覽、高允、張偉、劉模、李彪、邢巒、溫子升、魏收。北齊史有若祖孝徵、陸元規、陽休之、杜臺卿、崔子發、李德林、林子百藥。後周史有若柳虯、牛弘、令狐德棻、岑文本。《隋書》有若王邵、王冑、顏師古、孔穎達、于志寧、李延壽。《唐書》有若溫大雅、魏鄭公、房梁公、長孫趙公、許敬宗、劉胤之、楊仁卿、顧胤、牛鳳,及劉子玄、朱敬則、徐堅、吳兢。〔註18〕

這一段抄自劉珂《與馬植書》(載宋姚鉉編《唐文粹》)。

（6）摘抄舊注

高似孫在《史略》中著錄已佚史書時,往往從《文選》注、《世說新語》注等舊注中摘錄其佚文,以反映原書的文筆。《史略》卷二「臧榮緒《晉書》語」條說:「謝叔源善屬文。張孟陽有才華。王正長博學有儁才。石季倫早有智慧。左太沖博覽文史。阮嗣宗容貌瑰傑,志氣闊放。」〔註19〕這六句話均見《文選》李善注。《史略》摘抄《世說新語》注的例子更多,如《史略》卷二「司馬彪《後漢書》」條載:「班固字孟堅,右扶風人。幼有儁才,學無常師,善屬文,經傳無不究覽。」〔註20〕這段佚文抄自《世說新語‧文學篇》劉孝標注。《史略》卷二所摘王隱、謝沈、虞預、沈約、朱鳳《晉書》及《晉安帝紀》之語,均出自《世說新語》劉孝標注。又如,《史略》卷三所抄張璠《漢紀》、鄧粲《晉紀》、曹嘉之《晉紀》、劉謙之《晉紀》和徐廣《晉紀》等佚文也都引自《世說新語》劉孝標注。

2.《史略》輯錄體之影響

《出三藏記集》「總經序」雖有輯錄體目錄的雛形,但只收錄序跋,體例還很不完善,在目錄學史上的影響也比較有限,「總經序」的這種形式還沒有得到後世目錄學家的認可。與《出三藏記集》「總經序」相比,《史略》輯錄的

〔註18〕（宋）高似孫:《史略》,叢書集成初編本,上海:商務印書館,1939年,頁105。

〔註19〕（宋）高似孫:《史略》,叢書集成初編本,上海:商務印書館,1939年,頁39。

〔註20〕（宋）高似孫:《史略》,叢書集成初編本,上海:商務印書館,1939年,頁19。

內容要廣泛得多，不僅輯錄序跋，還大量利用史傳、書目、筆記、文集、舊注等各類材料，同時通過間附案語或對材料的有意取捨以發揮己意，應該說高氏已經初步掌握了輯錄體的精髓，這與《文獻通考・經籍考》的輯錄體並無本質上的區別。

　　高似孫以輯錄體來編製書目，實際上與《出三藏記集》無關，體現了時代發展的必然要求。宋代學術昌盛發達，宋儒崇尚博學多聞，雕板印刷術的逐漸普及和官私藏書風氣的盛行使學者獲取圖書更為便利，特別是宋代編成的大型類書徵引繁富，包羅萬象，堪稱文獻的淵藪，為輯錄體書目的出現了提供了豐富的知識來源，這使得學者獲取的各類知識遠超前代。兩宋戰亂造成的書厄增強了宋代文獻學者的文獻保存意識，類書和古注中所收錄的佚文為高似孫等學者所注意。

　　《史略》的輯錄體與高似孫個人的學術特點有密切關係。高似孫繼承家學，結交周必大、樓鑰、洪邁等考據學者，又受到浙東學派重實學風氣的薰陶，因而注重博覽各類典籍，勤於鈔書，撰寫讀書劄記，其中類書在他的學術生涯中起了至關重要的作用，他受類書編排形式的啟發，又受到劉孝標《世說新語注》採擷廣博、司馬光《資治通鑒》網羅群籍、洪邁《經子法語》捃摭精語、鄭樵《通志》「集天下書為一書」等影響，將這種廣輯資料的方式應用到目錄之中。

　　從輯錄體的演變歷史來看，到了高似孫這裡，輯錄體的體例才開始完備，其優點也逐漸受到目錄學家的重視。稍後於高似孫的著名學者王應麟讀過《史略》，並從《史略》那裡得到啟發，《玉海・藝文》也採用了輯錄體的方式。到了馬氏《文獻通考・經籍考》，輯錄體之例更趨完備。之後，王圻《續文獻通考・經籍考》、《欽定續文獻通考・經籍考》、《皇朝續文獻通考・經籍考》、朱睦㮮《經序錄》、朱彝尊《經義考》、章學誠《史籍考》、周中孚《子書考》、黎經誥《許學考》、張金吾《愛日精廬藏書志》、范邦甸《天一閣書目》、陸心源《皕宋樓藏書志》、孫詒讓《溫州經籍志》、姚振宗《漢書藝文志條理》《隋書經籍志考證》等書目相沿不絕，體現出輯錄體書目的強大生命力。內藤湖南對《史略》的輯錄體方式有高度評價：「《史略》的抄錄方式是足可稱道的，基本不發表自己的意見，對古書中的評語也僅僅抄錄其最恰當的部分，由此達到概括全書的效果。對於那些已經亡佚的書籍，作者就從其他書中引用的部分抄出，雖說形式簡略但是後來王應麟那種寫作方法，在他這裡已經有了一

次嘗試……就這一點而言，與王應麟同樣的方法在高似孫這裡更早就已經意識到了，所以不能不承認其偉大的意義。」〔註21〕

（四）互著法

在古代書目的編製過程中，一些書籍內容可通數類，極易混淆。鄭樵對此深有體會，他在《編次之訛論》中說：「古今編書所不能分者五：一曰傳記，二曰雜家，三曰小說，四曰雜史，五曰故事。凡此五類之書，足相紊亂。又如文史與詩話，亦能相濫。」〔註22〕前代目錄學家為了解決這些圖書的分類問題，有意識地將它們分別著錄於相應的類目，並加以注明，這就是互著法。

關於互著的內涵，明代目錄學家祁承爍在《澹生堂讀書記‧庚申整書略例四則》中最先對其進行闡發：

> 互者，互見於四部之中也。作者既非一途，立言也多旁及。有以一時之著述，而倏爾談經，倏爾談政。有以一人之成書，而或以摭古，或以徵今，將安所取衷乎？故同一書也，而於此則為本類，於彼亦為應收。同一類也，收其半於前，有不得不歸其半於後。如《皇明詔制》，制書也，國史之中固不可遺，而詔制之中亦所應入。如《五倫全書》，敕纂也，既不敢不尊王而入制書，亦不可不從類而入纂訓。又如《焦氏易林》《周易占林》，皆五行家也，而易書占筮之內，亦不可遺。又如王伯厚之《玉海》，則《玉海》耳。鄭康成之《易》《詩》地理之考、《六經》天文、《小學紺珠》，此與《玉海》何涉，而後人以便於考覽，總列一書之中，又安得不各標其目，毋使溷淆者乎？其他如《水東日記》、《雙槐歲鈔》、陸文裕公之《別集》、于文定公之《筆塵》，雖國朝載筆居其強半，而事理之銓論，亦略相當，皆不可不各存其目，以備考鏡。至若《木鐘臺集》《閒雲館別編》《歸雲別集外集》，范守己之《御龍子集》，如此之類，一部之中，名籍不可勝數，又安得概以集收，混無統類？故往往有一書而彼此互見者，有同集而名類各分者，正為此也。〔註23〕

〔註21〕（日）內藤湖南著，馬彪譯：《中國史學史》，上海：上海古籍出版社，2008年，頁192～194。

〔註22〕（宋）鄭樵：《通志二十略‧校讎略》，北京：中華書局，2000年，頁1817。

〔註23〕（明）祁承爍，鄭誠整理，吳格審定：《澹生堂讀書記‧澹生堂藏書目》，《中國歷代書目題跋叢書》第4輯，上海：上海古籍出版社，2015年，頁44～45。

　　章學誠對互著之法極為重視，其《校讎通義・互著》在祁氏的基礎上作進一步闡述：

　　　　古人著錄，不徒為甲乙部次計。如徒為甲乙部次計，則一掌故
　　　　令史足矣，何用父子世業，閱年二紀，僅乃卒業乎？蓋部次流別，
　　　　申明大道，敘列九流百氏之學，使之繩貫珠聯，無少缺逸，欲人即
　　　　類求書，因書究學。至理有互通、書有兩用者，未嘗不兼收並載，
　　　　初不以重複為嫌，其於甲乙部次之下，但加互注，以便稽檢而已。
　　　　古人最重家學，敘列一家之書，凡有涉此一家之學者，無不窮源至
　　　　委，竟其流別，所謂著作之標準，群言之折衷也。如避重複而不載，
　　　　則一書本有兩用而僅登一錄，於本書之體既有所不全；一家本有是
　　　　書而缺而不載，於一家之學亦有所不備矣。〔註24〕

　　現代學者對互著的概念多有論述。臺灣學者昌彼得先生在《互著與別裁》一文中指出：「所謂『互著』者，凡一書的內容可以通於兩類或兩類以上的學術時，則各依其可以隸入的部類分別重複著錄，一個是主類，其他處則於目下注明互見某類。」〔註25〕武秀成教授認為：「所謂『互著』，就是編目者有意識地將一種書分別著錄在兩個或兩個以上的類目中。」〔註26〕

　　關於互著法的起源，歷來聚訟不已，迄無定論。代表性的觀點主要有以下幾種：

　　第一，源於《七略》說。章學誠認為互著法是劉歆《七略》的家法，互著法源於《七略》，他在《校讎通義・互著》中說：

　　　　《七略》於兵書權謀家有伊尹、太公、管子、荀卿子、鶡冠子、
　　　　蘇子、蒯通、陸賈、淮南王九家之書；而儒家復有荀卿子、陸賈二
　　　　家之書；道家復有伊尹、太公、管子、鶡冠子四家之書；縱橫家復
　　　　有蘇子、蒯通二家之書；雜家復有淮南王一家之書；兵書技巧家有
　　　　墨子，而墨家復有墨子之書。惜此外之重複互見者不盡見於著錄，
　　　　容有散逸失傳之文。然即此十家之一書兩載，則古人之申明流別，
　　　　獨重家學，而不避重複著錄明矣。自班固並省部次，而後人不復知

────────────

〔註24〕（清）章學誠著，王重民通解：《校讎通義通解》卷一，《互著第三》，上海：
　　　　上海古籍出版社，1987年，頁15。
〔註25〕昌彼得：《版本目錄學論叢》，臺北：學海出版社，1977年，頁62。
〔註26〕武秀成：《陳振孫評傳》，南京：南京大學出版社，2006年，頁444～447。

有家法，乃始以著錄之業，專為甲乙部次之需爾。鄭樵能識班固之
胸無倫次，而不能申明劉氏之家法，以故《校讎》一略工訶古人，
而拙於自用，即矛陷盾，樵又無詞以自解也。〔註27〕

孫德謙《漢書藝文志舉例》、張舜徽《漢書藝文志釋例》引申章氏之說，認為
《漢志》亦有互著之例。對於章學誠的觀點，不斷有學者提出反對意見。清
人黃紹箕《跋古文舊書考》云：「章氏發明互著別裁兩例，其意善矣，而所以
說則非也。劉《錄》並著者，惟兵家類有十種與儒、道、墨、縱橫、雜家彼此
互見。蓋劉向校九流，任宏校兵書，同一書而有兩本，各有司存，兩著之間未
必別有深意。」〔註28〕臺灣學者胡楚生在《目錄家「互著說」平議》一文中
對上述觀點進行深入檢討，得出九條結論，認為《七略》《漢志》均無互著之
例。〔註29〕昌彼得《中國目錄學講義》認為章學誠所舉重複互著之例，實為
大謬。〔註30〕王重民認為章學誠所舉的《七略》十家之書中有九家屬於別裁，
只有一家（即《鶡冠子》）是無意識的互著，西漢末年時劉歆不可能懂得互著
法。〔註31〕楊新勳考察《七略》中的同名書問題，認為這些書或因篇數不等，
或因內容不同，不是同一本書，所以《七略》中沒有互著。〔註32〕呂紹虞《中
國目錄學史稿》也否定《七略》有互著。

第二，源於祁承㸁《澹生堂藏書目》說。姚名達《中國目錄學史》、昌彼
得《中國目錄學講義》均認為明代的祁承㸁發明了互著法。

第三，源於馬端臨《文獻通考·經籍考》說。王重民提出馬端臨《文獻通
考·經籍考》最早有意識地使用互著法。〔註33〕這一觀點在學界影響很大。

第四，源於陳振孫《直齋書錄解題》說。近年來又有學者提出了新的見
解，如武秀成教授在《陳振孫評傳》中認為陳振孫的《直齋書錄解題》發明了

〔註27〕（清）章學誠著，王重民通解：《校讎通義通解》，上海：上海古籍出版社，
　　　　2009 年，頁 16～17。
〔註28〕俞天舒輯：《黃紹箕集》，見政協瑞安市文史資料委員會編：《瑞安文史資料》
　　　　第 17 輯，1998 年，頁 95。
〔註29〕胡楚生：《中國目錄學研究》，臺北：華正書局，1980 年，頁 1～50。
〔註30〕昌彼得：《中國目錄學講義》，臺北：文史哲出版社，1973 年，頁 102～116。
〔註31〕（清）章學誠著，王重民通解：《校讎通義通解》，上海：上海古籍出版社，
　　　　2009 年，頁 17～20。
〔註32〕楊新勳：《〈七略〉「互著」「別裁」辨正》，《史學史研究》2001 年第 4 期。
〔註33〕（清）章學誠著，王重民通解：《校讎通義通解》，上海：上海古籍出版社，
　　　　2009 年，頁 17～20。其《中國目錄學史論叢》也持相同看法。

互著法。何廣棪也持這種看法。

　　互著法起源於何時，與我們對這一概念的理解有密切關係。互著與重複著錄有本質的不同，因為它是編目者有意識的著錄行為。《七略》發明互著的觀點之所以受到爭議，其主要原因在於：首先，《七略》的同名書是否為同一種書，學界還存在相當的爭議；其次，這種著錄是否為有意識的行為，還難以找到令人信服的證據。而源於《澹生堂藏書目》、《文獻通考‧經籍考》以及《直齋書錄解題》這三種觀點均有可取之處，因為這些書目中確有互著之例。因此，目前可以確定的是南宋時期互著法已經出現。那麼，《直齋書錄解題》是否最早發明互著法？周天游先生指出：「《史略》還作了互著法的嘗試，這是分類法進步的重要標誌……傳統說法認為互著法始於元馬端臨《文獻通考》。不過事實證明，高似孫的《史略》比他早行動了一百多年。」〔註34〕這一論述為我們重新認識互著法的起源問題提供了新的認識。通檢《史略》全書，筆者發現其中互著之例有四條：

　　《史略》卷二「梁別史」目著錄《梁二典》，後有注語「附史典匯」四字。《史略》卷四「史典」目著錄了劉璠《梁典》三十卷、何之元《梁典》三十卷、謝昊《梁典》三十卷，共有三種《梁典》。

　　《史略》卷二「梁別史」目著錄《梁後略》，後有注語「附史典匯」四字。考《史略》「史典」目未錄此書，而「史略」目著錄有姚最《梁後略》十卷。因此，「附史典匯」當為「附史略匯」之誤。

　　《史略》卷二「梁別史」目著錄《梁紀》，後有注語「附紀匯」三字。卷三「歷代紀」目著錄有《梁帝紀》七卷和《梁皇帝紀》七卷（兩書實為一書）。

　　《史略》卷五「霸史一」下有小字云：「《十六國春秋略》《三十國春秋》，及《春秋鈔》《戰國春秋》，附春秋匯。」《史略》卷四「歷代春秋」目著錄有《戰國春秋》二十卷、《十六國春秋略》二卷、蕭方《三十國春秋》三十卷、《三十國春秋鈔》二卷。

　　通過以上實例，可以發現高似孫將劉璠《梁典》、何之元《梁典》、謝昊《梁典》著錄於別史和史典兩類，將姚最《梁後略》著錄於別史和史略兩類，將《梁帝紀》著錄於別史和歷代紀兩類，將《十六國春秋略》《三十國春秋》《春秋鈔》《戰國春秋》著錄於霸史和歷代春秋兩類。高似孫還分別加有注語「附史典匯」「附紀匯」「附春秋匯」。這些例證有力地說明高氏《史

〔註34〕周天游：《史略校箋‧前言》，北京：書目文獻出版社，1987年。

略》是有意識地互著。

通過檢討互著法起源的各種觀點,筆者認為高似孫《史略》中已有互著之例,《史略》在陳振孫《直齋書錄解題》之前有意識地使用了互著法,因此最早發明互著法的應當是高似孫的《史略》。

(五)按語法

按語是對相關內容所作的進一步解釋、評論或考辨,多用於考據性筆記。由於按語不是書目的必備部分,歷代書目並不重視按語,採用按語法的書目並不多見。《史略》採用輯錄體的編纂方式,摘抄文獻,博採眾說,為了作進一步的說明或表達己見,高似孫經常使用按語這一形式。

例如,《漢書敘例》稱張揖「字稚讓,清河人,一云河間人,魏太和中為博士,止解《司馬相如傳》一卷」。《史略》抄錄《漢書敘例》時,在此條下附按語云:「《司馬相如》一傳最難注,予嘗注此傳,大費工夫,張揖曾作《博雅》,通於名物,所以止注此傳。」〔註35〕高氏以親身體會對張揖止解《司馬相如傳》的原因進行解釋。

又如,《史略》著錄有劉昫《唐書》,其後有高似孫的兩段按語:「按:後唐起居郎賈緯言:『唐高宗至代宗已有紀傳;德宗至濟陰廢帝凡六代,唯有《武宗實錄》,余皆闕略。今採訪遺文及耆舊傳說,編成六十五卷,目曰《唐朝補遺錄》,以備將來史官修述。』至開運二年,史館上新修前朝李氏紀、志、列傳,共五百二十卷,賜監修宰臣劉昫、史官張昭遠、直館王伸等繒綵銀器有差。又按:歐陽修《五代史·劉昫傳》只載明宗時為監修國史,殊不及唐史之續,蓋昭遠輩所成也。」〔註36〕通過按語,高似孫進一步說明劉昫《舊唐書》的編修背景、編修經過和編修人員。

二、引書書目

程千帆、徐有富先生中《校讎廣義》中這樣定義引書書目:「將某一著作或其注中所引用的書籍彙編而成的目錄,藉以考見其史源。這種目錄,有為自己的著作編的,也有為他人的著作編的。」〔註37〕宋代已出現專門的引用

〔註35〕（宋）高似孫:《史略》,叢書集成初編本,上海:商務印書館,1939年,頁23。

〔註36〕（宋）高似孫:《史略》,叢書集成初編本,上海:商務印書館,1939年,頁47。

〔註37〕程千帆,徐有富:《校讎廣義·目錄編》,濟南:齊魯書社,1988年,頁298。

書目，宋本《太平御覽》卷首已有引書書目，洪邁稱：「國初承五季亂離之後，所在書籍印版至少，宜其焚燒蕩析，了無孑遺。然太平興國中編次《御覽》，引用一千六百九十種，其綱目並載於首卷，而雜書、古詩賦又不及具錄，以今考之，無傳者十之七八矣。」〔註38〕高似孫所編的《資治通鑑》引用書目和《世說新語》引用書目屬於為他人著作所編的引書書目，體現出高似孫的史源意識和考證功力。

（一）《資治通鑑》引用書目

《史略》卷四「通鑑參據書」條臚列司馬光《資治通鑑》引書細目二百二十六家。《緯略》卷十二云：「《通鑑》採正史之外，其用雜史諸書凡二百二十二家。」兩說稍有出入。高似孫立論依據當為《通鑑考異》，他對《通鑑》引用書目的研究在南宋時期已頗為精細，受到後世的重視，後來研究無不沿用其說。《四庫全書總目》卷四十七《資治通鑑》提要云：「其採用之書中，正史之外，雜史至三百二十二種。」〔註39〕《總目》沿襲高似孫《緯略》之說，但將「二百二十二種誤」為「三百二十二」。清同治、光緒年間，胡元常依《通鑑考異》所見書目作《通鑑引用書目考》，「凡得二百七十二種，惟文集則不列其目」，所列書目，較高似孫《緯略》多31種，並注明作者、卷數。民國年間，張須「以《通鑑考異》所見書名為主」，分為正史、編年、別史、雜史、霸史、傳記、奏議、地理、小說、諸子10類，「以究溫公探索所至，兼明去取之由」，共得301種，除去正史25種，「雜史諸書」為276種，又除去諸子，得書267種。20世紀80年代，圍繞張須的統計，又有過不同的考辨。高振鐸指出，第一個對《通鑑》參考書問題進行研究的人是南宋史學家高似孫，然後列舉了解放後關於《通鑑》引用書目的三種代表性說法：「二百二十種說」、「三百二十種說」、「綜合說」。〔註40〕陳光崇《張氏〈通鑑學〉所列〈通鑑〉引用書目補正》在張須《通鑑學》的基礎上統計為三百五十九種。無論如何，高似孫作《資治通鑑》引用書目，說明他已經認識到《資治通鑑》的重大價值，體現了他敏銳的學術眼光。

〔註38〕（宋）洪邁：《容齋隨筆・容齋五筆》，《唐宋史料筆記叢刊》，北京：中華書局，2005年，頁908。

〔註39〕（清）紀昀等：《欽定四庫全書總目》，北京：中華書局，1997年，頁689。

〔註40〕高振鐸：《〈通鑑〉參據書考辨》，見劉乃和、宋衍申主編：《資治通鑑叢論》，鄭州：河南人民出版社，1985年，頁183～200。

（二）《世說新語》引用書目

高似孫《緯略》卷九「劉孝標《世說》」條云：「宋臨川王義慶採擷漢晉以來佳事佳話為《世說新語》，極為精絕，而猶未為奇也。梁劉孝標注此書，引援詳確，有不言之妙，如引漢、魏、吳諸史及子傳、地理之書，皆不必言，只如晉氏一朝史，及晉諸公列傳、語錄、文章，皆出於正史之外，紀載特詳，聞見未接，實為注書之法。」〔註41〕高似孫對劉孝標《世說新語注》廣採正史、子傳、地理、雜史、語錄、文章等各類資料的做法至為欣賞，詳細列舉了《世說新語注》所引「晉氏一朝史，及晉諸公列傳語錄文章」，總計一百六十七種，以此說明《世說新語注》引書之廣博。這是關於劉孝標《世說新語注》引用書目的最早研究。到了清代，葉德輝撰《世說新語注引用書目》，依阮孝緒《七錄》部次編排，其雜文詩賦類則依據《文選》目次，列出引書共四百九十家，搜羅較為齊備。又沈家本撰《世說注所引書目》，依經史子集四部分類法，自云引書四百一十四家，並加以考訂，更為精密。儘管高似孫的引用書目尚有疏漏，有未列者，如《晉書》、徐廣《晉紀》文穎注、《泰元起居注》、《大司馬官屬名》、庾亮《啟參佐名》、《晉博士張亮議》、《名士傳》、《王丞相德音記》、《王彪之別傳》、《王雅別傳》等；有誤者，如《劉蒙別傳》（「劉」字為「王」之誤），《顧秋別傳》（「秋」為「和」之誤），《劉剡別傳》（「剡」為「惔」之誤）；有重複著錄者，《續晉陽秋》與檀道鸞《續晉陽秋》實為一書，《羅含別傳》與《羅府君別傳》亦當為一書。但高似孫首次提出並研究《世說新語注》引書問題，篳路藍縷之功不可沒。

三、高似孫對專科目錄學的貢獻

關於專科目錄或學科目錄的定義，程千帆、徐有富先生認為：「學科目錄是將某一專門學科的書籍彙編而成的一種目錄……學科目錄的產生，適應了人們的專門需要，而且隨著科學研究的發展，學科目錄也就越來越發達。」可見專科目錄的產生與該學科的發展水平密切相關。有宋一代文化極盛，經學、史學、子學、文學、藝術、哲學均有超代前代的發展，金石學形成於這一時期。在此背景下，宋代專科目錄學有了長足的發展，在目錄種類方面有進一步的拓展，產生了新興的金石目錄和子學目錄，在目錄體例上運用了輯錄體這種新的

〔註41〕（宋）高似孫：《緯略》，叢書集成初編本，上海：商務印書館，1939年，頁133。

組織形式，使專科目錄的內容更為豐富。高似孫所編《經略》《史略》《子略》
《集略》是宋代專科目錄中的代表。其中《經略》和《集略》已佚，而《史略》
為現存最早的史部目錄，《子略》為最早的子部目錄。古代的史籍專科目錄亡佚
嚴重，只有《史略》尚存，該書保存了宋代以前史學發展的重要資料，在史部
專科目錄的體例上多有創新，是一部很有特點的專科目錄，體現了宋代史部專
科目錄的發展情況。《子略》是最早的子部專科目錄，為以後子部專科目錄的編
撰提供了範例。《子略》的產生反映了宋儒意欲復興諸子之學的努力。兩部目錄
的出現，不僅代表了高似孫在編撰專科目錄方面取得的成就，而且代表了宋代
史、子專科目錄的最高水平。來新夏先生說：「高似孫是目錄學史上對專科目錄
學有重大貢獻的人，他所撰的各種專科目錄是宋代目錄學的重要成就之一。」

　　高似孫選擇編纂專科目錄的原因可以從以下幾個方面來分析：

　　第一，與高氏的學術旨趣密切相關。高似孫幼承家學，精於史學，治學
尚博，於經史子集無所不窺，後來轉治文獻學，重視文獻的整理和考證，對
目錄學也表現出很大的興趣。高似孫在目錄學上多受鄭樵影響，重視佚書，
主張會通古今。

　　第二，因圖書散佚問題而重視輯佚和搜求文獻。他生於南宋，出身館閣，
擔任過秘書省校書郎、著作佐郎，有機會瞭解和整理國家藏書，他對於當時
的圖書散佚問題有深切的體會。北宋靖康之難對當時的圖書文獻來說是一場
空前的浩劫，不僅國家藏書損失慘重，私家藏書也受到致命打擊。搜求文獻
和輯佚是高氏編纂專科目錄的重要原因。

　　第三，與學科的發展和專門化有關。從《七略》的七分法到《隋書‧經籍
志》的四分法，學科的門類和次序逐漸變化。宋代學術空前繁榮，在經學上
由注重訓詁注疏向重於探求義理轉變；宋代史學是我國古代史學的鼎盛時期，
史家輩出，史書數量激增，據《宋史‧藝文志》所錄，宋代史書達 2147 部、
43019 卷；宋人勇於疑古，亦重視文獻整理，在辨偽學、版本學、輯佚學、考
據學、金石學上均超越前代；宋代文學是繼輝煌燦爛的唐代文學之後的又一
座高峰。追求博通是宋代多數學者的共同主張，但學科專門化的現象也愈加
明顯，宋儒將當時學問分為「義理、辭章、考據」就顯示了這一現象。《通志‧
藝文略》採用三級類目，在圖書分類上已經達到相當精細的程度，其類目設
置與《隋書‧經籍志》相比已有長足進步，分類的精細化也反映出學科專門
化的趨勢。隨著學術的深入發展和專門化，四部著作數量的激增，學科文獻

日益豐富，如果沒有專門的書目，想要弄清某一學科的重要文獻並非易事，而像《通志·藝文略》這樣的綜合性目錄往往卷帙繁重，翻檢不便，又收書以求全為標準，不區分輕重緩急，往往使人茫無頭緒。專科目錄可以圍繞專題，精選要籍，突出重點，區分主次，評介優劣，貫通古今，正好適應了這種需求。與《通志·藝文略》相比較，高氏《史略》《子略》明顯具有這樣的優點，兩書不以網羅天下典籍為目的，而是重點對該學科內的要籍進行說明、評點，以此貫通古今學術流變，具有一定的導讀性質，兩書以「略」命名就體現了這一編輯宗旨。

第二節　高似孫之分類觀

在宋代，四部分類法仍然佔據主流地位，類目的設置也基本上定型。從《史略》《子略》的分類來看，高似孫對《隋書·經籍志》《新唐書·藝文志》《通志·藝文略》等以往綜合性書目的分類並不滿意，認為它們的最大問題在於類目雜而不純，收錄的圖書較為混亂蕪雜，因此他在分類上試圖有所創新，融入自己的見解。

一、《史略》之前的史部分類

清錢大昕對史部分類之源流有所論述，他在《補元史藝文志·序》中說：

> 自劉子駿校理秘文，分群書為六略，曰：《六藝》者，經部也；《詩賦》者，集部也；《諸子》《兵書》《術數》《方技》，皆子部也。《世本》《戰國策》《楚漢春秋》《太史公書》《漢著紀》則入之《春秋》類；《古封禪群祀》《封禪議對》《漢封禪群祀》入之《禮》類；《高祖傳》《孝文傳》入之儒家類。是時固無四部之名，而史家亦未別為一類也。晉荀勖撰《中經簿》，始分甲乙丙丁四部，而子猶先於史。至李充為著作郎，重分四部，五經為甲部，史記為乙部，諸子為丙部，詩賦為丁部，而經史子集之次始定。厥後王亮、謝朓、任昉、殷鈞撰書目，皆循四部之名。雖王儉、阮孝緒析而為七，祖暅別而為五，然隋唐以來志經籍、藝文者，大率用李充部敘而已。〔註42〕

〔註42〕（清）錢大昕：《補元史藝文志序》，《二十五史補編》第 6 冊，北京：中華書局，1955 年，頁 8393。

錢大昕認為史書在《漢志》附於《春秋》類，並未單獨立類，直到兩晉才獨立成類，其說是矣。中國史學起源甚早，先秦時雖已萌芽，但發展水平還較低。秦朝時六國史記皆遭焚毀，史籍散亂嚴重。西漢時流傳下來的史書寥寥無幾，漢武帝獨尊儒術，經學居於統治地位，史學被視為小道，不受重視，附於經學，還沒有成為一門獨立的學問，故西漢末劉歆《七略》將《國語》《世本》《戰國策》《奏事》《楚漢春秋》《太史公》《續太史公》《太古以來年紀》《漢著記》《漢大年紀》等史書附於《六藝略‧春秋》之後，沒有單獨為史部立類。班固《漢書‧藝文志》襲《七略》而成。王應麟對此總結說：「歷代國史，其流出於《春秋》，劉歆敘《七略》，王儉撰《七志》，《史記》以下，皆附《春秋》。」〔註43〕馬端臨分析史附《春秋》的原因說：「蓋《春秋》即古史，而《春秋》之後，惟秦漢之事，編帙不多，故不必特立史部。」〔註44〕章學誠進一步說：「《漢志》不立史部，以史家之言，皆得《春秋》之一體，附著《春秋》，最為知所原本。」〔註45〕由此可見史書與《春秋》之關係，因此《七略》將史書附於《春秋》之後，是順理成章的。

　　而到了魏晉南北朝時期，情況發生了很大的變化，史學興盛，官方重視修史，私家修史成風，史籍層出不窮，史注、雜史等新的史書體裁不斷出現。在這種背景下，西晉秘書監荀勗因鄭默《中經》，更著《新簿》，創四部分類法，分典籍為甲、乙、丙、丁四部，相當於後世的經、子、史、集。丙部著錄史籍，包括史記、舊事、皇覽簿、雜事。這一分類就意味著承認史學的獨立地位。東晉時著作郎李充編《晉元帝四部書目》，依《中經新簿》四部之法，以五經為甲部，史記為乙部，諸子為丙部，詩賦為丁部，實際上將《中經新簿》經、子、史、集之次序更改為經、史、子、集。南朝劉宋王儉仿《七略》之體撰《七志》，改「六藝略」為「經典志」，史書歸入「經典志」，依然將史書附於六藝之後。南朝梁處士阮孝緒作《七錄》，設「記傳錄」以專紀史傳，列於「經典錄」之後，分為國史、注曆、舊事、職官、儀典、法制、偽史、雜傳、鬼神、土地、譜狀、簿錄共十二部，從而將史部獨立出來，並建立了一套史部分類體系，《七錄》七分法的分類體系和類目設置對後來的目錄起到了很大的

〔註43〕　（宋）王應麟：《玉海》卷四十六，《藝文‧正史》，文淵閣四庫全書本。
〔註44〕　（元）馬端臨：《文獻通考‧經籍考》卷一九一，文淵閣四庫全書本。
〔註45〕　（清）章學誠著，王重民通解：《校讎通義通解》，上海：上海古籍出版社，1987年，頁60。

借鑒作用，劉咸炘即稱「《隋志》因《七錄》以成書」〔註46〕。阮孝緒在《七錄序》中解釋史部獨立的理由：「劉、王並以眾史合於《春秋》。劉氏之世，史書甚寡，附見《春秋》，誠得其例。今眾家記傳倍於經典，猶從此《志》，實為繁蕪。且《七略》詩賦不從六藝詩部，蓋由其書既多，所以別為一略。今依擬斯例，分出眾史，序記傳錄為內篇第二。」

唐初，長孫無忌等修《隋書‧經籍志》，以經、史、子、集代替甲、乙、丙、丁，至此四部分類法正式確立。《隋書‧經籍志》總結了以往史學的發展情況，對史部圖書進行了詳細的梳理和分類，並在每一類的類序中說明了類目劃分的標準，建立了一套成熟的史部分類體系，奠定了中國史書分類的基本流別，後來的史部分類基本沒有突破《隋志》的藩籬。《七略》的七分法到《隋志》的四分法反映了圖書分類發展的必然趨勢。對此，章學誠在《校讎通義‧宗劉》中指出由七分再回到《七略》已無可能，並分析其中緣由：第一，史書數量大大增加，將這些史書再置於春秋類已不可能。第二，名家、墨家等在後世沒能形成學派，諸子的類目逐漸縮小。第三，文集雖然有了非常大的發展，但文集內容龐雜，其中包含百家諸流，二者難以區別。第四，出現了抄輯這種既非叢書又非類書的體例。第五，出現了評點詩文的著作，如《蘇批孟子》等，這些書籍無法歸入《七略》的分類。

《隋志》在《七錄》史部分類的基礎上，將史部劃分為十三類：正史（紀傳體）、古史（編年體）、雜史、霸史、起居注、舊事、職官、儀注、刑法、雜傳、地理、譜系、簿錄。十三類的具體內容是：第一正史，即紀傳體，首列《史記》，收漢至南北朝的紀傳體正史及對這些正史進行注釋、考證和評論的著作，「依其世代，聚而編之，以備正史」。第二是古史，即編年體。《隋志》認為《竹書紀年》「蓋魏國之史記也，其著書皆編年相次，文意大似《春秋經》」，「學者因之以為《春秋》，則古史記之正法，有所著述，多依《春秋》之體」。編年體起源甚早，故《隋志》將《春秋》體視為「古史記之正法」，設古史一類。該類收《竹書紀年》、荀悅《漢紀》、袁宏《後漢紀》、習鑿齒《漢晉春秋》、裴子野《宋略》、劉璠《梁典》等。第三是雜史，此為《隋志》首創，記載異於紀傳、編年而自成一體的史書，包括《汲冢周書》、《戰國策》、陸賈《楚漢春秋》、郭頒《魏晉世語》、阮孝緒《正史削繁》等。第四是霸史，記割據政權

〔註46〕劉咸炘：《部次流別以道統學：劉咸炘目錄學論集》，《續校讎通義‧明隋志第七》，北京：生活‧讀書‧新知三聯書店，2018年，頁179。

之書，包括田融《趙書》、常璩《華陽國志》、劉景《敦煌實錄》等。第五是起居注，「錄紀人君言行動止之事」，包括《穆天子傳》《漢獻帝起居注》《晉泰始起居注》等。第六是舊事類，記朝廷之律令、章程、儀法及品評這些政令的故事，包括《漢武帝故》《西京雜記》《晉朝雜事》等。第七是職官類，包括《漢官解詁》《漢官》《百官春秋》等。第七是儀注類，記載關於「君臣父子，六親九族，各有上下親疏之別」之類的書，包括衛敬仲《漢舊儀》、傅瑗《晉新定儀注》、《晉雜儀注》、《晉尚書儀》、江左《甲辰儀》、《封禪儀》等。第九是刑法類，「刑法者，先王所以懲罪惡，齊不軌者也」，包括杜預《律本》、張斐《漢晉律序注》、《北齊律》等。第十是雜傳類，雜錄各類人物的史傳，具體有「股肱輔弼之臣，扶義俶儻之士」的傳記、名賢傳、高士傳、列仙傳、列士傳、列女傳等，包括《三輔決錄》、《海內先賢傳》、皇甫謐《高士傳》、釋慧皎《高僧傳》等。第十一是地理類，記風俗、物產、山川、地圖等地理類著作，包括《山海經》《水經》《洛陽記》《荆州記》等。第十二是譜系類，即氏姓之書，「其所由來遠矣」，中國士人好「第其門閥」，因此「仍撰譜錄，紀其所承」，包括《世本王侯大夫譜》、劉向《世本》、宋衷《世本》、《百家譜》、《錢譜》等。第十三是簿錄類，即目錄，「古者史官既司典籍，蓋有目錄」，包括劉向《七略別錄》、劉歆《七略》、荀勗《晉中經》、王儉《宋元徽元年四部書目錄》、阮孝緒《七錄》、《魏闕書目錄》、摯虞《文章志》、《書品》等。

唐代史學家劉知幾總結隋唐以前的史學成就，從史書體裁和體例的角度出發，提出將古代史籍劃分為六家、二體和十流。六家、二體是指正史而言的，《史通·六家篇》分為尚書家（記言）、春秋家（記事）、左傳家（編年）、國語家（國別）、史記家（通代紀傳）、漢書家（斷代紀傳）。由於尚書家、春秋家、國語家、史記家四家「其體久廢」，因此《史通·二體篇》又有「二體」之說，分為編年體、紀傳體。劉知幾還將正史之外的偏記、小說分為十流，《史通·雜述篇》曰：「是知偏記小說，自成一家，而能與正史參行，其所從來尚矣。爰及近古，斯道漸煩，史氏流別，殊途並騖，權而為論，其流有十焉：一曰偏記，二曰小錄，三曰逸事，四曰瑣言，五曰郡書，六曰家史，七曰別傳，八曰雜記，九曰地理書，十曰都邑簿。」〔註47〕

成書於五代的《舊唐書·經籍志》將圖書分為甲、乙、丙、丁四部，「乙

〔註47〕（唐）劉知幾撰，（清）浦起龍釋：《史通通釋》，上海：上海古籍出版社，1978年，頁273。

部為史,其類十有三:一曰正史,以紀紀傳表志;二曰古史,以紀編年繫事;三曰雜史,以紀異體雜紀;四曰霸史,以紀偽朝國史;五曰起居注,以紀人君言動;六曰舊事,以紀朝廷政令;七曰職官,以紀班序品秩;八曰儀注,以紀吉凶行事;九曰刑法,以紀律令格式;十曰雜傳,以紀先聖人物;十一曰地理,以紀山川郡國;十二曰譜系,以紀世族繼序;十三曰略錄,以紀史策條目」〔註48〕,這一分類基本上沿襲《隋志》。修於北宋的《新唐書・藝文志》則繼承《舊唐書・經籍志》的分類方法。

北宋王堯臣等撰《崇文總目》,分史部為十三類:正史、編年、實錄、雜史、偽史、職官、儀注、刑法、地理、氏族、歲時、傳記、目錄。與《隋志》相比,將起居注改為實錄,增歲時類,去舊事類,除此之外有的類目名稱略有變化。

北宋晁公武《郡齋讀書志》分史部為十三類:正史、編年、實錄、雜史、偽史、史評、職官、儀注、刑法、地理、傳記、譜牒、目錄。

南宋鄭樵《通志・藝文略》分史部為十三類:正史、編年、霸史、雜史、起居注、故事、職官、刑法、傳記、地理、譜系、食貨、目錄。

二、高似孫對史部分類的繼承與創新

(一)與眾不同的史部分類體系

《史略》作為史部專科目錄,其分類體系與以往綜合性書目的史部分類頗有不同之處。從《史略》著錄的內容上看,卷一為《史記》專題。卷二著錄了從漢至五代的斷代體史書,包括《漢書》、《後漢書》、《三國志》、魏氏別史、《宋書》《齊書》、齊別史、《梁書》、梁別史、《陳書》《後魏書》《北齊書》《後周書》《隋書》《唐書》、《五代史》、五代別史、《五代史》考等。卷三著錄了《東觀漢記》、歷代《春秋》、歷代《紀》、實錄、起居注、時政記、日曆、會要、玉牒等內容。卷四為史典、史表、史略、史鈔、史評、史贊、史草、史例、史目、通史、《資治通鑑》和《通鑑》參據書。卷五為霸史、雜史、《七略》中古書、東漢以來書考、劉軻論太史公以來史筆姓氏和劉勰論史。卷六為《山海經》《世本》《三蒼》《漢官》《水經》《竹書》《穆天子傳》《周書》。

《史略》的分類表面上看起來類目眾多,雜亂無章,不成體系,遠不及

〔註48〕 (宋)劉昫等:《舊唐書》卷四十六,《經籍志序》,北京:中華書局,1975年,頁1963。

《隋志》《崇文總目》《郡齋讀書志》《通志·藝文略》等規整，但事實上，這些類目背後隱藏著一定的規律。卷一、卷二為正史類，卷三為編年類，卷四為史典、史表、史略、史鈔、史評、史贊、史草、史例、史目、通史，卷五為霸史、雜史，因此《史略》實際上將史籍分為十四類。具體而言，正史類包括《史記》《漢書》《後漢書》《三國志》《晉書》《宋書》《齊書》《梁書》《陳書》《後魏書》《北齊書》《後周書》《隋書》《唐書》《五代史》，編年類包括《東觀漢記》、歷代《春秋》、歷代《紀》、實錄、起居注、時政記、唐會要、玉牒。從《史略》的分類來看，高似孫對以往史部分類中的職官、儀注、刑法、傳記、譜牒、地理諸類都沒有立類，而卷六的《山海經》《水經》屬於地理類，《世本》屬於譜牒類，《漢官》屬於職官類。

　　日本學者石田肇認為：《史略》之史書分類，可知就傳統分類而言，卷一、卷二為正史，卷三為編年史及起居注，卷四以下與傳統分類頗有歧異。卷四「史草」及其後可視為史書編纂法部分。卷五「《七略》中古書」以下可視為史學概論部分。全書至卷五基本結束。卷六恰似收穫之後的拾落穗……一般屬於史部的職官、儀注、刑法、譜牒、地理諸類都未依傳統歸入史部，可以說表面上貌合於《玉海·藝文》。故《史略》的史書範圍，較過去有所限制，而接近於現今概念。這一問題需與《玉海》合觀比較，亦須從高氏學術全體考查，但高氏沒有職官以下的各類目錄學著作，現在就沒有辦法進行探索……卷六「《山海經》」等六目，以其代表職官以下諸目，或可揭示高氏看法的本質，他在《史略》中並不重視職官以降各類史目。〔註49〕石田肇對《史略》分類的看法非常精到，但他說《史略》不設地理、譜牒、職官、儀注等目，是否意味著高氏並不重視職官以降各類史目？這確實如石田肇所言，需要結合高氏的目錄學思想來理解：

　　首先，從高似孫目錄學思想的來源來看，他既參考了《隋志》《通志》的分類體系，又深受劉知幾《史通》關於史體、史例的思想及史籍分類的影響，因此《史略》類目中有較多關於史體分類的類目，《史略》像《史通》一樣不取儀注、刑法。

　　其次，從《史略》的性質來看，它與以往書目也存在明顯的差異，高氏在《史略》自序中認為史籍存在兩種現象，一方面史書數量激增，「何止間見

〔註49〕（日）石田肇著，孔繁錫、張新民譯校：《高似孫史略研究》，《貴州師範大學學報（社會科學版）》1993 年第 4 期。

層出」，另一方面，史書亡佚也相當嚴重，「被諸簽目，往往不詳」，因此高氏「網羅散軼，稽輯見聞，采菁獵奇，或標一二，仍依劉向《七錄》法，各匯其書，而品其指意」。這說明高氏撰《史略》的目的既不像鄭樵那樣網羅古今而無遺，也不是為了編製藏書目錄，其特點在於搜集佚書、奇書，對重要的史籍提要鉤玄，品其指意，其核心在於闡述史學流變。《史略》卷六諸目與高氏「網羅散軼，稽輯見聞，采菁獵奇，或標一二」的編纂思想有很大的關聯，故而地理類取《山海經》《水經》，譜牒類取《世本》，職官類取《漢官》，高氏視《山海經》《水經》《漢官》《竹書》為古書奇書，《世本》則為佚書。評《山海經》則稱「人多奇《山海經》」；敘《水經》則曰「辭義峻拔，凡所援引，多前史所遺，魏收稱其歷覽奇書，是固可得於此乎」；論《漢官》則云「《後漢書·百官志》注引《漢官目錄》，亦為奇書」，「《後漢書·百官志》注引援皆古書、奇書，特為精絕」；述《竹書》則謂「摯虞、束晳既嘗據引，荀顗又嘗參訂，杜預之所引用，干寶之所稽法，是書不為不古矣」，「竹書所傳《穆天子傳》六卷，所歷怪奇，亦幾於《山海經》者，雖多殘闕，皆是古書」。因此，《史略》卷六所列諸書，均為佚書和奇書，恰恰是高似孫非常重視的內容，正契合了《史略》自序中的編纂思想，體現了「采菁獵奇」之意。

再次，在分類思想上，高似孫認為《隋書·經籍志》《新唐書·藝文志》《通志·藝文略》等書目存在類目設置泛濫、收書蕪雜的現象，因此，高似孫捨棄儀注、刑法、傳記、地理等類，認為這類書不應當歸入史部。在傳統上，儀注、刑法、傳記類圖書均屬於分類法中的史部，在高似孫看來，這些圖書與史學並沒有多少直接的關係。以今天的眼光來看，儀注、刑法歸於法律一類，職官、傳記可視為史料，地理已為一門獨立學科。高似孫在九百年前就有如此識見，側面反映了宋代史學理論的發達。宋末王應麟在《玉海·藝文》中將史部分為古史、雜史、編年、實錄、記注、政要寶訓、論史、譜牒、玉牒圖譜、典故、會要、書目，這一分類將《史略》似有相似之處，也沒有設置職官、儀注、刑法、傳記、地理等類。

總的來看，與《隋志》《舊唐書·經籍志》《新唐書·藝文志》《崇文總目》《通志·藝文略》相比，《史略》在分類上的主要特點在於：

第一，打破陳規，敢於創新。史部的分類自《七錄》確定後，變化較少，正如姚名達所說：「史部諸類則自《七錄》確定而後，變化亦鮮……至於《七錄》所無，後來漸增者，僅下文數類耳。『章奏』創於尤《目》，陳《錄》改為

『奏義』，原隸於集部，《四庫》始合為一類，改入史部。『歲時』始於《崇文總目》，陳《錄》改為『時令』。『雜史』始於《隋志》，惟《宋志》獨無。『別史』創於陳《錄》，惟《宋志》《四庫》繼述。『詔令』亦創於陳《錄》，後錄莫不仿之。乃至《隋志》、《古令書錄》、《新唐書・藝文志》、陳《錄》及馬《志》之『起居注』有似《崇文總目》《晁志》及尤《目》之『實錄』；晁《志》之『史評』，尤《目》之『史學』，有似馬《志》之『史評史鈔』及《宋志》《明志》之『史鈔』，而《四庫》始析為『史評』『史鈔』二類。」〔註50〕《史略》作為私撰書目，沒有官修書目的種種顧慮，所以敢於創新，其分類體系及類目設置頗有新意，大致按照正史、編年、史體、霸史、雜史的順序來編排，設置了不少新穎的類目。《史略》卷二設了魏氏別史、蜀別史、吳別史、齊別史、梁別史、五代別史等別史類目，實際上創立了別史類，為《直齋書錄解題》立別史類之先導。《史略》卷三主要著錄了歷代春秋、歷代紀、實錄、起居注、時政記、日曆、玉牒等編年體史書，高似孫沒有把他們歸入傳統的類目，而根據其特點全部歸入編年類，別具一格。《史略》卷四的史典、史表、史略、史鈔、史評、史贊、史草、史例、史目諸目強調了史體的特色，更加突出了史典、史表、史略等各類史籍的共性特徵，這些類目多為高氏獨創。《史略》對地理、職官和譜牒類僅舉例敘述，儀注、刑法、傳記類則乾脆不予立類，同時將以往的目錄類改為史目類。《史略》衝破了四部分類法的藩籬，按照史籍本身的發展軌跡和體例特點，對宋以前的史籍作了一次全新的編排，突顯了宋代目錄學家的創造力，體現了宋學敢於質疑、勇於創新的精神。

第二，注重分類排序，類目更為細化。《史略》參考《通志・藝文略》對史部的正史、編年、雜史、起居注、刑法、傳記、地理、譜系、食貨、目錄等類目下進一步設置小類的做法，對史部的許多類目下設置了小類，排序更具合理性，反映了史籍分類日益精細的趨勢。如正史類按朝代著錄從《史記》到《五代史》的歷代史書，每種史書下又進一步細分對該書的史注、雜傳、考證、音注，這種做法在目錄學史上還是第一次。實錄類分為梁實錄、唐實錄、五代實錄。起居注類分為漢、晉、宋、齊、梁、陳、後魏、隋、唐九小類，並依朝代先後排列。雜史類分為上古雜史、兩漢、魏晉、南北朝、隋、唐六小類，也依朝代先後排列。

〔註50〕姚名達：《中國目錄學史》，上海：上海古籍出版社，2005年，頁68～69。

（二）獨樹一幟的類目

與以往的史部分類相比，《史略》在類目設置上頗有特點。史典、史表、史略、史鈔、史贊、史草、史例、史目、通史這些類目均為高似孫的發明。

1. 史典類

《史略》卷四設置了史典一類。何為史典？高似孫在《史略》卷四史典類小序中解釋說：「按何元之《梁典‧高帝革命論》曰：『官自有梁，備觀成敗。昔因出軸，流寓齊都，窮愁著書，竊慕虞子，簡牘多闕，略不盡舉。』觀此則典之為書，亦幾於紀，事省而辭約者也。」〔註51〕這就是說，史典就是類似於「紀」的史書，即《史略》卷二所列的「歷代紀」這類的編年體著作。史典類著錄的史籍有王逸《齊典》、劉璠《梁典》、何之元《梁典》、謝炅《梁典》、元行沖《魏典》、唐穎《稽典》、李延壽《太宗政典》、王彥威《唐典》。王逸《齊典》、劉璠《梁典》、何之元《梁典》在《隋志》中入古史類（編年體），元行沖《魏典》在《崇文總目》入編年類，唐穎《稽典》在《新唐書‧藝文志》中入實錄類，李延壽《太宗政典》、王彥威《唐典》在《通志‧藝文略》中分別入雜史和編年類。由此可見，史典類所著錄的史書基本屬於編年類，因此高似孫稱史典「幾於紀」並非沒有根據。何之元在《梁典序》中對「典」這一體裁的含義解釋說：

> 紀事之史，其流不一，編年之作，無若《春秋》，則魯史之書，非帝皇之籍也。案三皇之簡為《三墳》，五帝之策為《五典》，此典義所由生也。至乃《尚書》述唐帝為《堯典》，虞帝為《舜典》，斯又經文明據。是以典之為義久矣哉！若夫馬《史》、班《漢》，述帝稱紀，自茲厥後，因相祖習。及陳壽所撰，名之曰志，總其三國，分路揚鑣。唯何法盛《晉書》變帝紀為帝典，既云師古，在理為優。故今之所作，稱為《梁典》。〔註52〕

這段話說明「典」這一史體起源很早，是記載帝王之事的史書，類似於《史記》本紀，何法盛《晉書》即變帝紀為帝典，紀、典有相通之處。何之元的看法與高似孫相吻合。

〔註51〕（宋）高似孫著，王群栗點校：《史略》卷四，《高似孫集》，杭州：浙江古籍出版社，2015年，頁320。

〔註52〕（唐）姚思廉：《陳書》卷三十四，《何之元傳》，北京：中華書局，1972年，頁466。

2. 史表類

表是古代史書的一種重要內容，高似孫對表很重視，因此專門設為一類。他在《史略》卷四史表類小序中說：

> 太史公曰：「五帝、三代之記，尚矣。自殷以前諸侯不可得而譜，周以來乃頗可著。讀《春秋曆譜諜》，至周厲王，廢書而歎。」則知載筆之嚴，莫嚴於譜諜。《世本》十五篇，古史官記黃帝以來，訖春秋，帝王、公、侯、卿大夫祖世之所出。表之作，其有據於此乎？善乎班固之言曰「綴續前記，究其本末，表舉大分，別而敘之」。表之為義如此。〔註53〕

高似孫在這段話中對史表的源流和特點進行分析，史表起源於《史記》「十表」，而「十表」依據的是一部古老的譜諜——《世本》。《史記》「十表」包括《三代世表》《十二諸侯年表》《六國年表》《秦楚之際月表》《漢興以來諸侯王年表》《高祖功臣侯者年表》《惠景閒侯者年表》《建元以來侯者年表》《建元已來王子侯者年表》《漢興以來將相名臣年表》。《漢書》「八表」中的《景武昭宣元成功臣表》《諸侯王表》《王子侯表》《高惠高后文功臣表》《景武昭宣元成功臣》多依《史記》舊表，而《外戚恩澤表》《百官公卿表》《古今人物表》屬新創。

史表在史書中雖然佔據篇幅不多，但有不可替代的作用，受史學家重視，章學誠《文史通義》云：「通古之史，不可無人表也。」〔註54〕史表作為一種史體，言簡意賅，內容豐富，可補傳記之不足，避免史書部頭過大，起到以簡馭繁的作用，且條理清楚，便於檢索。雖然史表有諸多優點，但編製難度很大，以致於「用表者多，製表者寡」，《漢書》以來一千餘年正史無表，直至歐陽修纂《新唐書》，史表再現，相沿不絕。高似孫將史表單獨立類，這表明他認為史表是史書不可或缺的重要部分，讚賞《史記》等史書編製史表的做法。

3. 史略類

史略類指的是翦繁撮要、記載簡約的這類史書。《史略》卷四史略類小序云：

〔註53〕 （宋）高似孫著，王群栗點校：《史略》卷四，《高似孫集》，杭州：浙江古籍出版社，2015 年，頁 321。

〔註54〕 （清）章學誠：《文史通義》卷七，《亳州志·人物表》，上海：上海古籍出版社，2015 年，頁 281。

　　　　裴子野撰《宋略》，其序事評論多善。沈約歎其評論可與《過秦》
　　《王命》分路揚鑣，是為翦繁撮要之法。然諸子所錄，並出意度，
　　自成機杼，是難以概論。然有至略之法存焉，人特不著眼耳。《堯典》
　　載曆象、冶水、禪舜之事大矣，凡四百六十字。《舜典》載受禪、命
　　官之事亦大矣，凡八百三十六字。《禹貢》載山川、貢賦、名物、水
　　功之事尤大矣，凡一千二百八字，非略之至乎？〔註55〕

高似孫認為裴子野《宋略》翦繁撮要，「序事評論多善」，視其為「略」之範
例。裴氏《宋略》據沈約《宋書》刪改而成，《梁書·裴子野傳》云：「齊永明
末，沈約所撰《宋書》即行，子野更刪撰為《宋略》二十卷。其序事評論多
善，約見而歎曰『吾弗逮也』。」〔註56〕劉知幾評沈約《宋書》說：「其書既
行，河東斐子野更刪為《宋略》二十卷。沈約見而歎曰『吾所不逮也』。由是
世之言宋史者，以裴《略》為上，沈《書》次之。」〔註57〕由於沈約《宋書》
主要依據徐爰《宋書》舊本，成書倉促，又出自眾手，卷帙浩繁，舛誤頗多，
所以裴子野刪沈書為《宋略》，受到後世好評。不過，在高似孫看來，《宋略》
還不夠完美，《尚書》中的《堯典》《舜典》和《禹貢》所載均為邦國大事，而
敘事極為簡明，為至略之法，符合了高氏關於史略的最終標準。

　　此類著錄的張溫《三史略》、張緬《後漢略》、魚豢《典略》、荀綽《晉後
略》、吉文甫《十五代略》、裴子野《宋略》、環濟《帝王要略》諸書，《隋志》
《舊唐書·經籍志》均入雜史類。杜延業《晉春秋略》，《舊唐書·經籍志》入
編年類，《宋史·藝文略》則入史鈔類。《宋史·藝文志》將這些史書都歸入史
鈔類，《四庫全書總目》繼承這一歸類方法，亦入史鈔類，《四庫全書總目》史
鈔類小序認為張溫《三史略》就屬於史鈔。

4. 史鈔類

　　古人善於摘抄文獻，編製節本，這種現象起源很早。杜預《春秋經傳集
解序》孔穎達疏引劉向《別錄》云：「左丘明授曾申，申授吳起，起授其子期，
期授楚人鐸椒，鐸椒作《抄撮》八卷授虞卿，虞卿作《抄撮》九卷授荀卿，荀

〔註55〕（宋）高似孫著，王群栗點校：《史略》卷四，《高似孫集》，杭州：浙江古籍
　　　　出版社，2015 年，頁 322～323。
〔註56〕（唐）姚思廉：《梁書》卷三十，《裴子野傳》，北京：中華書局，1973 年，頁
　　　　442。
〔註57〕（唐）劉知幾撰，（清）浦起龍釋：《史通通釋》，上海：上海古籍出版社，1978
　　　　年，頁 353。

卿授張蒼。」這說明戰國時已有學者抄撮文獻以傳授弟子。兩漢以來，學者抄史書的現象相當普遍。《隋書・經籍志》云：「自後漢已來，學者多鈔撮舊史，自為一書，或起自人皇，或斷之近代，亦各有志，而體制不經。」〔註58〕《隋志》將這些史鈔之書歸入雜史類，對它們的評價不高。《四庫全書總目》史部史鈔類小序這樣論述史鈔的源流：

> 帝魁以後，書凡三千二百四十篇，孔子刪取百篇。此史鈔之祖也。《宋志》始自立門。然《隋志》雜史類中有《史要》十卷，注「漢桂陽太守衛颯撰，約《史記》要言，以類相從」。又有《三史略》二十卷，吳太子太傅張溫撰。嗣後專鈔一史者，有葛洪《漢書鈔》三十卷、張緬《晉書鈔》三十卷。合鈔眾史者，有阮孝緒《正史削繁》九十四卷。則其來已古矣。〔註59〕

章學誠對史鈔源流的看法與《四庫全書總目》略有差異，他在《校讎通義》中說：

> 鈔書始於葛稚川。然其體未雜，後人易識別也。唐後史家，無專門別識，鈔撮前人史籍，不能自擅名家，故《宋志・藝文》史部創為史鈔一條，亦不得已也。嗣後學術，日趨苟簡，無論治經業史，皆有簡約鈔撮之工，其始不過便一時之記憶，初非有意留青，後乃父子授受，師弟傳習，流別既廣，巧法滋多，其書既不能悉畀丙丁，惟有強編甲乙。〔註60〕

以上二家都以為《宋志》開始設立史鈔類，後來學者均持此說。不過，國內長期亡佚的《史略》在日本被重新發現之後，這種說法就需要修正了。事實上，最早設立史鈔類的當為《史略》，《史略》將史鈔之書單獨立類，符合當時這類史書不斷增多的情況，體現了高氏的創新精神。

5. 史贊類

史贊是紀傳體史書中對歷史人物和歷史事件進行評論的史評文字，是紀傳體史書的重要組成部分。高似孫將其中單獨成書的史贊匯為一類。《史略》卷四史贊類小序云：

〔註58〕（唐）魏徵等：《隋書》卷三三，《雜史敘》，北京：中華書局，1973年，頁962。

〔註59〕（清）紀昀等：《欽定四庫全書總目》卷六十五，北京：中華書局，1997：893。

〔註60〕（清）章學誠著，王重民通解：《校讎通義通解》，上海：上海古籍出版社，1987年，頁12。

　　先太史嘗言：「歐陽公撰《新唐史》，紀、志皆脫稿，獨《太宗紀贊》難乎其為工。既成，一夕夢神人，金甲持兵，琅乎問罪，以紀贊過乎措辭。蓋太宗也。公乃為改作。」又治平中，妙柬一時名人修《仁宗史》，以帝紀屬之李邦直。其所作贊，久不能成。一日出示諸公，曰：「竭平生之力，是倣馬、班《漢文帝贊》。由今觀之，固有間矣。只如兩《漢書》中大贊寧有幾？非不欲追抗太史公筆力，然其辭可琢，其氣格不可敵，況其下者乎？」〔註61〕

高似孫在這段話中沒有論述史贊類的源流問題，而是對北宋時歐陽修、李清臣作史贊之事進行了評論，說宋代史學家撰寫史贊，都在模仿司馬遷，雖然辭句可學，但是氣勢格調達不到司馬遷的水準，說明史贊撰寫之難。史贊類著錄了范曄《後漢書贊》、范曄《後漢書論贊》、傅暢《晉諸公贊》三種，並附錄了《上古以來聖賢高士贊》《徐州先賢傳贊》《會稽太守像贊》《唐十八學士贊》《列仙傳贊》等18種雜贊。《後漢書論贊》、傅暢《晉諸公贊》在《隋志》《舊唐書·經籍志》中分別入正史類、雜史類，所附的雜贊之書在《隋志》《舊唐書·經籍志》中全部入雜傳類。

　　史贊之體起源甚早，《左傳》有「君子曰」「君子謂」「君子以為」這種帶有論贊性質的文字，《公羊傳》《穀梁傳》的「公羊子曰」「穀梁子曰」與之類似。《國語》《晏子春秋》等先秦史籍也有「君子曰」這種史論文字。紀傳體史書中的論贊由司馬遷最早創立，他在《史記》中將「君子曰」「公羊子曰」「穀梁子曰」統一改為「太史公曰」這種規範的史論形式，只是還沒有稱為贊。《漢書》繼承「太史公曰」這種傳統，改其名為「贊曰」，「贊序弘麗，儒雅彬彬，信有遺味」〔註62〕。西晉時史贊開始擺脫紀傳，出現單行本，傅暢撰《晉諸公贊》，為晉代王公大臣作傳，附有讚語，已將史贊獨立成書。南朝范曄著《後漢書》，更加重視論贊的寫作，他對自己所作的贊文頗為自負，自稱：「吾雜傳論皆有精意深旨，既有裁味，故約其詞句。至於《循吏》以下及《六夷》諸序論，筆勢縱放，實天下之奇作。其中合者，往往不減於《過秦》篇。嘗共比方班氏所作，非但不愧之而已……贊自是吾文之傑思，幾無一字虛設，奇

〔註61〕　（宋）高似孫著，王群栗點校：《史略》卷四，《高似孫集》，杭州：浙江古籍出版社，2015年，頁326。

〔註62〕　（梁）劉勰：《文心雕龍·史傳第十六》，上海：上海古籍出版社，2010年，頁31。

變不窮，同合異體，乃自不知所以稱之。此書行，故應有賞音者。」〔註63〕由於《後漢書》的論贊確實出類拔萃，為世所重，以至於出現了單行本《後漢書論贊》四卷，《文選》也選取范氏的多篇論贊。

南朝時劉勰已開始關注贊體的源流問題，《文心雕龍・頌贊篇》曰：

> 贊者，明也，助也。昔虞舜之祀，樂正重贊，蓋唱發之辭也。及益贊於禹，伊陟贊於巫咸，拜揚言以明事，嗟歎以助辭也。故漢置鴻臚，以唱拜為贊，即古之遺語也。至相如屬筆，始贊荊軻。及遷《史》固《書》，託贊褒貶，約文以總錄，頌體以論辭；又紀傳後評，亦同其名，而仲洽《流別》，謬稱為述，失之遠矣。及景純注《雅》，動植必贊，義兼美惡，亦猶頌之變耳。〔註64〕

劉勰認為「贊」之起源可以追溯到三代之時，祭祀時掌管音樂聲律的樂正歌頌之前所說的話就是「贊」，到了漢代，司馬相如才開始用「贊」體評論人物，馬、班時成為史書的一種體裁。

南朝蕭統編纂《文選》，設史論一類，專門收入《漢書・高祖紀贊》等論贊文章。唐劉知幾在《史通・論贊篇》中對史贊有系統論述，他說：

> 《春秋左氏傳》每有發論，假君子以稱之。二傳云公羊子、穀梁子，《史記》云太史公。既而班固曰贊，荀悅曰論，《東觀》曰序，謝承曰詮，陳壽曰評，王隱曰議，何法盛曰述，揚雄曰撰，劉昞曰奏，袁宏、裴子野自顯姓名，皇甫謐、葛洪列其所號。史官所撰，通稱史臣。其名萬殊，其義一揆。必取於便時者，則總歸論贊焉。〔註65〕

劉知幾對名目繁多的論贊形式進行分析和歸納，將這類史評文字總稱為「論贊」，同時對各家論贊的優劣加以評價。關於「論贊」的作用，劉知幾認為「論」可以「辯疑惑，釋凝滯」，而「贊」能夠「觀人之善惡、史之褒貶」。

劉勰《文心雕龍・頌贊篇》和劉知幾《史通・論贊篇》關於論贊的專門論述對高似孫產生了很大的影響，因此高氏在《史略》中將史贊設為一類。這

〔註63〕（梁）沈約：《宋書》卷六十九，《范曄傳》，北京：中華書局，1974 年，頁1829～1830。

〔註64〕（梁）劉勰：《文心雕龍》卷四，《頌贊第九》，上海：上海古籍出版社，2010年，頁18。

〔註65〕（唐）劉知幾撰，（清）浦起龍釋：《史通通釋》，上海：上海古籍出版社，1978年，頁81。

在目錄學史上還是第一次，體現了高氏重視史書論贊的思想。由於史書在編纂過程非常重視論贊，論贊成為歷來史書中統一、固定的史學批評模式，相沿不絕，西晉時就出現了論贊的單行本，宋代甚至有人專門將史書論贊加以彙編，如《歷代史贊論》五十四卷就是一例，《史略》史贊類的設置反映了這類史書的大致情況。

6. 史草類

史草即史書的稿本。《史略》史草類僅著錄蕭子顯《晉史草》一種。從現存文獻來看，公私目錄著錄史書稿本始於《隋志》，《隋志》著錄蕭子顯《晉史草》於正史類，《舊唐書·經籍志》將其歸入編年類。史草單獨立類，則是高似孫《史略》的創造。按，蕭子顯《晉史草》，三十卷，記兩晉史事，該書久佚。今有清湯球輯本，收入《廣雅書局叢書》，另有黃奭輯本，收入《漢學堂叢書》。劉咸炘指出：「《隋志》著錄有蕭子顯《晉史草》，此史稿也。宋《王氏談錄》曰：『修書稿草，《隋書》尤重，謂之初稿，每與正本並奏。』」〔註66〕《史略》設史草類，著錄的史稿僅此一種，從分類上來看並不合理，但從版本學的視角來看，史書稿本具有極高的版本價值，這種做法體現了高氏獨特的版本學眼光。

7. 史例類

史例指史書的凡例。《史略》卷四史例類小序云：

> 善言史例，無若杜征南。然古之為例簡，而後之為例詳，不止是也。事有出於常事之表，則創例亦新，用志亦艱矣。神而明之者，史乎？〔註67〕

高似孫對杜預立《左傳》凡例的做法頗為欣賞，他總結了以往史例的變化特點，認為古時的史例簡略，後來的史例詳細，且創新的地方更多，但耗費的精力也更大。《史略》史例類著錄了顏師古《注漢書例》、劉餗《史例》、《沂公史例》、《金馬統例》、呂夏卿《唐書新例》、司馬公《通鑒前例》。劉餗《史例》、《沂公史例》，《新唐書·藝文志》入集部文史類。劉餗《史例》、《沂公史例》、《金馬統例》，《通志·藝文略》入集部文史類。《玉海·藝文》論史類下專設

〔註66〕劉咸炘：《大家論學·劉咸炘論史學》，上海：上海科學技術文獻出版社，2016年，頁195。

〔註67〕（宋）高似孫著，王群栗點校：《史略》卷四，《高似孫集》，杭州：浙江古籍出版社，2015年，頁328。

「唐史例」條，其中收有劉餗《史例》、《沂公史例》等。

　　史例起初散見於正文或隱含於序文之中，之後才有專篇的凡例，一般位於序文之後。「凡例」一詞出自杜預《春秋左傳集解序》「其發凡以言例，皆經國之常制，周公之垂法，史書之舊章，仲尼從而修之，以成一經之通體」。杜預在《左傳》中立凡例合計五十則，散見於《左傳》書中，後人因此多以為凡例源於《春秋》。柳詒徵先生對凡例的起源問題有精闢的論述：

　　　　溯著述之有凡例，殆始於《易》之爻辭。《易》卦皆六爻，爻象陰陽，曰九曰六，此全書之通例也。而《乾》《坤》二卦六爻之後，各加一則，以示用九用六之例，此非群書凡例之始乎？且《乾》卦九「見群龍無首吉」，而《文言》釋之曰：「乾元用九，乃見天則。」天則者，天之大例，即後世所謂之則例也。《坤》卦「用六，利永貞」，《象》曰：「用六永貞，以大終也。」一書之體，有始有終，雖在開篇，必已包括。故吾以為著述之有凡例，始於《易》也。〔註68〕

這說明在《春秋》之前，著述已有凡例，最早可以追溯到《易》之爻辭。西漢時，司馬遷變《春秋》之法，創紀傳體，「參酌古今，發凡起例，創為全史，本紀以序帝王，世家以紀侯國，十表以繫時事，八書以詳制度，列傳以志人物……自此例一定，歷代作史者遂不能出其範圍，信史家之極則也」〔註69〕。東漢時已有研究《春秋》史例的專著行世，如賈逵有《左氏條例》，潁容有《春秋釋例》，鄭眾有《春秋左氏傳條例》。西晉時，杜預撰《春秋釋例》。南朝時，劉勰《文心雕龍‧史傳篇》論史例的源流云：「《春秋》經傳，舉例發凡，自《史》《漢》以下，莫有準的。至鄧粲《晉紀》，始立條例。又攝漢魏，憲章殷周，雖湘州曲學，亦有心典謨，及安國立例，乃鄧氏之規焉。」〔註70〕唐代時，學者對史例更為重視，劉知幾《史通》專設《序例》一節，進一步探討史例的源流並評論各家的優劣，他總結史例的作用說：「夫史之有例，猶國之有法。國無法，則上下靡定；史無例，則是非莫準。」〔註71〕顏師古有《注漢書例》、劉餗有《史例》、田弘正門客著《沂公史例》。

〔註68〕柳詒徵：《國史要義》，北京：商務印書館，2017年，頁210。
〔註69〕（清）趙翼：《廿二史箚記》，上海：上海古籍出版社，2011年，頁3。
〔註70〕（梁）劉勰：《文心雕龍》，《史傳第十六》，上海：上海古籍出版社，2010年，頁32。
〔註71〕（唐）劉知幾撰，（清）浦起龍釋：《史通通釋》，上海：上海古籍出版社，1978年，頁88。

受《文心雕龍·史傳篇》和《史通·序例》的影響，高似孫對史例非常重視，在《史略》中單獨設置史例一類，改變了《新唐書·藝文志》《通志·藝文略》將史例之書入集部文史類的做法，並將史例從集部調整到史部。史例與史評的概念、作用不同，並非同一類史籍，兩者分開立類更加符合他們自身的性質。後來目錄學家將史例附入史評類，主要是為了分類的方便，繼承了傳統的分類方法，但並不能揭示史例的特點。

8. 史目類

高似孫將以往史部中的目錄類改為史目類，只收史部專科目錄。《史略》卷四史目類小序云：

> 唐楊松珍撰《史目》，唐宗諫撰《十三代史目》，唐孫玉汝撰《唐列聖實錄目》，其後作史目者准此。《隋志》所謂「古史官既司典籍，蓋有目以為綱紀」。是亦史之綱紀也。〔註72〕

這段話說明了史目的起源問題，似認為唐代最早出現史目，列舉了唐代時的楊松珍《史目》、宗諫《十三代史目》、孫玉汝《唐列聖實錄目》三家。事實上，在唐代以前已有史目出現。姚名達《中國目錄學史》云：

> 歷史目錄有篇目、書目、解題三種。最早撰歷史篇目者，當為劉宋之裴松之。《史記·五帝本紀·正義》引松之《史目》云：「天子稱本紀，諸侯曰世家。本者繫其本系，故曰本；紀者理也，統理眾事，繫之年月，名之曰紀。第者次序之目，一者舉數之由，故曰《五帝本紀第一》。」據此推測，則其體制隱約可知，蓋所以比較歷史篇目，研究其意義，以便撰史者之參考也。〔註73〕

裴松之《史目》早已亡佚，僅能從《史記·五帝本紀·正義》所引來推測，該書大概是一部以史書篇目為研究對象的史部專目，主要是討論史書篇目的含義，比較史書篇目的異同，解釋紀、傳、表、志等篇目的意義，是一種具有索引性質的紀傳體史書的專科目錄。裴松之《史目》之後的楊松珍《史目》和宗諫《十三代史目》都與之類似。孫玉汝《唐列聖實錄目》為唐代實錄的目錄。這些史目往往僅僅著錄篇次，從體例上看較為粗略，主要用於檢索，無法反映史學發展的特點，學術價值並不高。唐代李肇編有《經史解題》，但《史略》

〔註72〕（宋）高似孫著，王群栗點校：《史略》卷四，《高似孫集》，杭州：浙江古籍出版社，2015年，頁328。

〔註73〕姚名達：《中國目錄學史》，上海：上海古籍出版社，2005年，頁265。

未錄此書，《玉海》卷四十二引李肇《經史解題》自序曰：「經以學令為定，以《藝文志》為編；史以《史通》為準。各列其題，從而釋之。」《崇文總目》稱《經史解題》的內容是「上起九經，下止唐氏實錄，列篇帙之凡概，釋其題」。由此可知，李肇《經史解題》具有指導學子閱讀經史的作用，其編寫方法為：經書以《漢書・藝文志》作為編次標準，史書以《史通》作為評論標準。高似孫《史略》在這些史目的基礎上進一步發展成為辨章學術、品評得失的史部專科目錄。

9. 通史類

《史略》卷四通史類著錄了梁武帝《通史》、李延壽《南史》、李延壽《北史》、高峻《小史》、姚康復《統史》、蕭蕭《合史》、蘇轍《古史》。《資治通鑒》單獨列出，也屬於通史類。在以往的書目中這些史籍通常散入史部各類，如梁武帝《通史》，《隋志》《舊唐書・經籍志》入正史類；李延壽《南史》《北史》，《舊唐書・經籍志》入正史類；蕭蕭《合史》，《舊唐書・經籍志》入雜史類；蘇轍《古史》，《直齋書錄解題》入雜史類。

《四庫全書總目》對通史的體例總結說：「通史之例，肇於司馬遷。故劉知幾《史通》述二體，則以《史記》《漢書》共為一體。述六家，則以《史記》《漢書》別為兩家。以一述一代之事，一總歷代之事也。其例綜括千古，歸一家言。非學問足以該通，文章足以鎔鑄，則難以成書。」〔註74〕《史通》列《史記》家，就是把這一類史書作為通史來看待。

章學誠指出：「梁武帝以遷、固而下，斷代為書，於是上起三皇，下訖梁代，撰為《通史》一編，欲以包羅眾史。史籍標通，此濫觴也。嗣是而後，源流漸別。總古今之學術，而紀傳一規乎史遷，鄭樵《通志》作焉；統前史之書志，而撰述取法乎官禮，杜佑《通典》作焉；合紀傳之互文，而編次總括乎荀、袁，司馬光《資治通鑒》作焉；匯公私之述作，而銓錄略仿乎孔、蕭，裴潾《太和通選》作焉⋯⋯其餘紀傳故事之流，補輯纂錄之策，紛然雜起，雖不能一律以繩，要皆仿蕭梁《通史》之義而取便耳目，史部流別不可不知也。」〔註75〕章氏還論述了通史的「六便」和「三弊」。

由於歷史上通史類史籍的數量屈指可數，《隋志》將司馬遷《史記》與梁

<hr />

〔註74〕　（清）紀昀等：《欽定四庫全書總目》，北京：中華書局，1997年，頁691。
〔註75〕　（清）章學誠：《文史通義》卷四，《釋通》，上海：上海古籍出版社，2015年，頁122～123。

武帝《通史》歸入正史類，不另設類，沒有將通史與斷代區分開來，歷來書目均沿其成法。直到南宋時，鄭樵強調會通，主張史書應貫穿古今，融會百家，《通志·藝文略》首立通史類，作為史部正史類的子目，附於正史類之後。受鄭樵的影響，《史略》繼承了《通志·藝文略》的這一立類方法，進一步將通史類提升為大類。此後，設通史類的還有黃虞稷《千頃堂書目》、盧文弨《補宋史藝文志》。

　　鄭樵與高似孫都非常重視通史，但在具體的書目實踐中，鄭樵僅將通史類作為正史類的附庸，認為編年類、霸史類、雜史類中不存在通史類史籍。高似孫則將通史類獨立出來，與正史類、編年類、霸史類、雜史類等並列，相比於鄭樵的做法已有所進步。雖然《史略》通史類所收圖書主要參考了鄭氏《通志·藝文略》的通史類，但高似孫、鄭樵對通史類史書收錄標準的看法存在一定的分歧。

《通志·藝文略》與《史略》通史類著錄圖書比較

《通志·藝文略》		《史略》
書　名	作　者	著錄情況
《通史》	梁武帝撰	同
《古史考》	譙周撰	入「史記考」類
《南史》	李延壽撰	同
《北史》	李延壽撰	同
《高氏小史》	高峻撰	同
《統史》	姚康復撰	同
《古史》	蘇轍撰	同
《令史》	蕭肅撰	同
《劉氏洞史》	劉權撰	未著錄
《史雋》	唐鄭暐撰	見《南史》《北史》提要
《五代史》	薛居正等撰	入「五代史」類
《五代史記》	歐陽修撰	入「五代史」類
《五代史纂誤》	吳縝撰	入「五代史考」類
《五代志》		未著錄
《十三代史選》		未著錄
《正史削繁》	阮孝緒撰	未著錄

《史要》	王延秀撰	見「史記雜傳」類小序
《續史㑺》	張伯玉撰	見《南史》《北史》提要
《史通》	劉知幾撰	未著錄
《史通析微》	李璨撰	未著錄
《正史雜論》	陽九齡撰	未著錄
《史例》	劉餗撰	入「史例」類

　　通過上表可見，在通史類史書的著錄方面，《通志・藝文略》著錄22種；《史略》著錄7種，這7種均與《通志・藝文略》相同，加上《資治通鑒》，實際有8種。至於《史㑺》《續史㑺》兩書，《史略》在通史類的《南史》《北史》提要中提及。對於《五代史》《五代史記》《五代史纂誤》這些五代時期的史書，高似孫主張將它們作為斷代史，這與鄭樵的看法不同。此外，對於《通志・藝文略》通史類著錄的《十三代史選》《正史削繁》《史要》《史通》《史通析微》《正史雜論》《史例》這7種史書，《史略》在著錄時將它們全部刪除，這表明高似孫和鄭樵對這些史書的分類存在很大的分歧。譙周《古史考》專為糾《史記》之謬誤而作，與《史記》並行，可視為考證《史記》之作，鄭樵置其於通史類的做法並不太恰當，《史略》的做法更符合此書的性質。

三、高似孫對子部分類的看法

（一）從《子略目》看高似孫對子部分類的看法

1.《子略目》對以往書目的刪減

（1）《子略目》對《漢志・諸子略》的刪減情況

　　《子略目》對《漢志・諸子略》著錄的子書有所刪減，《漢志》著錄諸子189家，《子略目》錄147家，保留了《漢志》的自注、顏師古注，偶有宋祁校語。各類刪減情況：道家類刪除了《曹羽》《郎中嬰齊》《臣君子》《鄭長者》；陰陽家類刪除了《宋司星子韋》《公檮生終始》《公孫發》《鄒子終始》《乘丘子》《杜文公》《黃帝泰素》《南公》《鄒奭子》《閭丘子》《馮促》《將鉅子》《五曹官制》《周伯》《衛侯官》《天下忠臣》《公孫渾邪》《雜陰陽》；法家類刪除了《燕十事》《法家言》；名家類刪除了《成公生》《黃公》《毛公》；墨家類刪除了《尹佚》；縱橫家類刪除了《龐暖》《秦零陵令信》《莊安》《待詔金馬聊蒼》；雜家類刪除了《伯象先生》《博士臣賢對》《臣說》《解子簿書》《推雜書》《雜家言》；農家類九種均不錄；小說家類刪除了《天乙》《黃帝說》《封禪方說》

《待詔臣饒心術》《待詔臣安成未央術》《臣壽周紀》《虞初周說》。

（2）《子略目》對《隋書·經籍志》子部的刪減情況

《隋志》著錄諸子 853 家，《子略目》錄 66 家。各類刪減情況為：儒家類刪除了《鹽鐵論》《說苑》《正覽》《諸葛武侯集誡》《眾賢誡》《女篇》《女鑒》《婦人訓誡集》《婦姒訓》《曹大家女誡》《貞順志》；道家類刪除了《文子》《玄言新記明莊部》《守白論》《杜氏幽求新書》《夷夏論》《簡文談疏》《無名子》《玄子》《遊玄桂林》；法家類刪除了《正論》《世要論》；名家類全部不錄；雜家類只保留了《尉繚子》、《尸子》、《呂氏春秋》、《淮南子》、《論衡》、《風俗通義》、《蔣子萬機論》、《傅子》、《金樓子》、庾仲容《子抄》、沈約《子抄》，其他均不錄；小說家類僅錄《燕丹子》《世說》，其他不錄；兵家類僅錄《司馬兵法》《孫子》《太公六韜》《太公金匱》，其他不錄；增加了原不見於《隋志》的《亢桑子》一書。《子略目》對《隋志》中思想性較強的子書如儒家、道家、法家、墨家、縱橫家、雜家、小說家、兵家予以保留，對名家、農家、天文家、曆數家、五行家、醫方家則不錄。

（3）《子略目》對《唐書·經籍志》子部的刪減情況

《子略目》所收子書與《舊唐書·經籍志》《新唐書·藝文志》比照，可以發現《子略目》的《唐書·經籍志》部分，與《新唐書·藝文志》較為吻合。而且這部分書目前的節取說明也抄自《新唐書·藝文志》總序，因此高似孫稱《唐書·經籍志》，實為《新唐書·藝文志》無疑。《新唐書·藝文志》著錄諸子 609 家，《子略目》錄 84 家。各類刪減情況為：儒家類刪除了王粲《去伐論集》、文禮《通語》、諸葛亮《集誡》、陸景《典訓》、《袁子正論》、《孫氏成敗志》、楊泉《太玄經》、虞喜《後林新書》、蔡洪《清化經》、蔡韶《閣論》、呂竦《要覽》、周舍《正覽》、劉徽《魯史欹器圖》、綦母氏《誡林》、《顏氏家訓》、李穆叔《典言》、王滂《百里昌言》，王通《中說》至崔憼《儒玄論》均不錄（僅取杜信《元和子》）；道家類的神仙小類刪除逢行珪注《鬻子》、張游朝《南華象罔說》、《沖虛白馬非馬證》、帥夜光《三玄異義》、徐靈府注《文子》、李暹訓注《文子》、《無能子》，其他不錄；法家類、名家類、墨家類、縱橫家類均不錄；雜家類只取《尉繚子》、《呂氏春秋》、沈約《子鈔》、庾仲容《子鈔》、馬總《意林》等 19 種，其他均不錄；農家類只取《范子計然》；小說家類只取《燕丹子》；兵書類取《周書陰符》《周呂書》《司馬法》；天文類、曆算類、五行類、雜藝術類、類書類、明堂經脈類、醫術類均不取。

（4）《子略目》對《子鈔》的刪減情況

《子鈔》一書梁庾仲容撰，高似孫對該書撰有案語，云：「《子鈔》百十有七家，仲容所取，或數句，或一二百言，是有以契其意、入其用而他人不可共享者也。馬總《意林》，一遵庾目，多者十餘句，少者一二言，比《子鈔》更為取之嚴、錄之精且約也。」〔註76〕《子略目》抄錄《子鈔》，存其篇目、卷數，部分子書注明撰者，間有注釋，對原書所摘諸子之語刪去，所錄子書共 107 種，疑上文所云「百十有七家」為「百有七家」之訛，《郡齋讀書志》稱一百零七家，與《子略目》所錄相合。

（5）《子略目》對《通志・藝文略》子部的刪減情況

《通志・藝文略》著錄諸子 2349 部，《子略目》僅錄 119 種。因收書過多、分類細緻，高似孫對此志頗為不滿，因此刪除最多。從分類上來看，道家類主要取其中的《老子》、《莊子》、諸子三個小類，除此以外，「論」小類僅錄《任子道論》一卷，「書」僅小類錄《赤松子》一卷，其他如陰符、黃庭堅、參同契、目錄、傳、記、經、科儀、符籙、吐納、胎息、內視、道引、辟穀、內丹、外丹、金石藥、服餌、房中、修養等小類均未錄；釋家類不錄。至於其他類，僅摘錄了其中的少量子書。所選之書與《子鈔》所列多有重合。

2. 高似孫對子部實用性類目的態度

總的來看，高似孫刪減力度最大的類目是名家、農家、天文、曆數、五行、醫方等，這些類目在古代多被視為「技」「器」一類的知識，向不為古代社會所重。重道輕器、貴德賤藝的觀念自先秦以來逐漸形成，對歷代士人產生了深刻的影響。儒家說技藝是「小人」之業，視其為「奇技淫巧」，孔子曰「君子不器」，荀子云「君子役物，小人役於物」。《禮記・樂記》曰：「德成而上，藝成而下。」《禮記・王制》云：「凡執技以事上者，不貳事，不移官，出鄉不與士齒。」道家雖崇尚回歸自然，但也反對發明技藝，老子主張「使有什伯之器而不用，使民重死而不遠徙。雖有舟輿，無所乘之；雖有甲兵，無所陳之；使民復結繩而用之」，認為這些東西「害天下」，希望回到結繩記事的原始時代。《莊子・天地》云：「能有所藝者，技也。技兼於事，事兼於義，義兼於德，德兼於道，道兼於天。」古代書目中子部類目的次序排列也體現了這種觀念，如宋晁公武《郡齋讀書志》曰：「至於醫、卜、技、藝，亦先王之所

〔註76〕（宋）高似孫撰，司馬朝軍校釋：《子略校釋・子略目》，濟南：山東人民出版社，2018 年，頁 166。

不廢，故附於九流之末。夫儒、墨、名、法，先王之教；醫、卜、技、藝，先王之政，其相附近也固宜。」〔註77〕受這種觀念的影響，高似孫對農家、天文、曆數、五行、醫方等這類實用性典籍並不太關注。

（二）高似孫對以往書目子部分類的看法

1. 對《漢書・藝文志》的看法

《子略》評《漢書・藝文志》曰：「史稱劉氏《七略》剖判藝文，總百家之緒，每一書已，輒條其篇目，撮其指意，錄而奏之。自書災於秦，文字掃蕩，斷章脫簡，不絕如線。上天祿、石渠、麒麟閣者，曾不一二。又雜以漢儒記臆綴續之言，書益蕪駁。枚數《諸子略》所鈔，則所謂建藏書之策者不過是耳。天不斁喪，猶有可傳者，而後世乃復與之疏闊，鮮克是訂，而書益窮矣。采劉氏《略》，作《子略》。」〔註78〕高似孫根據《漢志・諸子略》的記載，認為漢代官方藏書中子書的數量和質量並不理想，原因在於秦代焚書事件對文獻影響很大，子書損失嚴重，斷章脫簡情況比較普遍，導致諸子的文本中混入了漢儒綴輯的文字。

2. 對《隋書・經籍志》的看法

《子略》評《隋書・經籍志》曰：「志甚淆雜，乏詮匯之工，因為輯之，難哉！」〔註79〕高似孫認為《隋書・經籍志》子部雜亂，缺乏編排和整理。根據《子略目》收錄的情況，高氏主要指的是《隋志》中收錄了名家、農家、天文家、曆數家、五行家、醫方家等這類圖書，雜家類收錄的圖書過多過雜。

3. 對《新唐書・藝文志》的看法

《子略》評《新唐書・藝文志》曰：「今稽《藝志》，殊虧詮敘，書之涉於瑣瑣，有不可以入子類者，合分別錄。若不可淆錯如此也，裁之。」〔註80〕高似孫認為《新唐書・藝文志》子部收有鄙陋之書，不當收入。他列舉了一些例子，「《唐志》有陸景《典訓》、譙子《法訓》、周舍《正覽》、劉徽《欹器圖》

〔註77〕（宋）晁公武撰，孫猛校證：《郡齋讀書志校證》，上海：上海古籍出版社，1990 年，頁 506。
〔註78〕（宋）高似孫撰，司馬朝軍校釋：《子略校釋・子略目》，濟南：山東人民出版社，2018 年，頁 6。
〔註79〕（宋）高似孫撰，司馬朝軍校釋：《子略校釋・子略目》，濟南：山東人民出版社，2018 年，頁 148。
〔註80〕（宋）高似孫撰，司馬朝軍校釋：《子略校釋・子略目》，濟南：山東人民出版社，2018 年，頁 155～166。

之類，非合登子錄，又《帝範》《臣軌》《政範》《諫苑》之書，尤非其類，如此者數十家，裁之」〔註81〕，高氏認為這類書應當刪掉。具體來說，《典訓》《法訓》《正覽》為儒家類書籍，《欹器圖》屬於器物圖譜，《帝範》《臣軌》《政範》《諫苑》可歸為誡臣論政的一類書籍。

4. 對《通志‧藝文略》的看法

《子略》評《通志‧藝文略》曰：「本朝藏書家最稱參政蘇公、宣獻宋公、文忠歐陽公，又稱丞相蘇公、丞相宋公兄弟，而尤盛於邯鄲李氏。李氏其目，足以與秘府敵。中興以來，垂意收拾，篤且富無如鄭氏，雖曰包括諸氏，囊括百家，厥功甚茂，然秩翦繁歸匯，亦欠理擇，是又失於患多者也。」〔註82〕高似孫認為，《通志‧藝文略》雖然收羅極富，囊括百家，但其失在於乏鑒別考證之功，分類不精，收書蕪雜。

總的來看，高似孫針對《隋書‧經籍志》《新唐書‧藝文志》《通志‧藝文略》子部分類的弊病提出批評，認為這些書目的子部收書蕪雜，分類日趨繁冗混亂，以至於造成諸子之學不明。高似孫在子部分類上比較贊同《漢志》九流十家的分類方法。高氏稱讚《子鈔》《意林》「取之嚴，錄之精且約」，因此將《子鈔》作為選取子書的標準。儘管高似孫在分類上對農家、天文、曆數、五行、醫方等典籍的處理頗有可議之處，其去取標準也多有主觀、隨意之處，但高氏刪裁各家及其對子部分類繁冗的批評，說明他已經意識到四分法子部分類日趨繁冗的弊病，並試圖有所改變，於是他參閱《漢書‧藝文志》《隋書‧經籍志》《新唐書‧藝文志》《通志‧藝文略》以作《子略目》，就是為了裁去鄙陋之書，同時去除農家、天文、五行、曆數、醫藥、方技、類書等與諸子之學關係不大的實用類典籍，形成一個收錄精當、重在體現諸子思想的子書目錄。無庸諱言，他的這種嘗試還顯得十分粗略，只是對以往書目作了簡單的刪改，最終沒有建立了一套完整的分類體系，這不能不算是一個缺憾。

第三節　高似孫之版本學

一般認為最早著錄版本的書目是南宋尤袤的《遂初堂書目》，實則在此之

〔註81〕（宋）高似孫撰，司馬朝軍校釋：《子略校釋‧子略目》，濟南：山東人民出版社，2018 年，頁 165～166。

〔註82〕（宋）高似孫撰，司馬朝軍校釋：《子略校釋‧子略目》，濟南：山東人民出版社，2018 年，頁 174。

前的晁公武《郡齋讀書志》就已經兼言版本，該志在介紹圖書的作者、內容、源流等情況時，也兼論及版本。〔註83〕受到《郡齋讀書志》《遂初堂書目》的影響，高似孫也注意圖書的版本問題，《史略》對一些重要史書的版本加以著錄，並對版本情況進行詳細介紹，成為最早著錄版本的專科目錄。由於他有機會接觸各種圖書版本，並親自從事校書活動，「余在館時，日以校對」〔註84〕，因此他對圖書的版本問題也形成了自己一些的心得體會。

一、著錄史書版本

高氏《史略》雖是一部以介紹與評論歷代史籍、總結史學發展流變為主的專科目錄，但也有部分內容涉及史書版本。《史略》在著錄史書版本上主要可分為以下方面：

（一）著錄江南本《史記》

有關江南本《史記》的記載僅見於高似孫《史略》。《史略》卷一「江南古本《史記》傳考」條載：

> 江南《史記》，為唐舊本，但存列傳而已。其間有字誤者，有字多者，有字少者，有脫百餘字者，有一字之間義致大不同者，是為天下奇書。初，上蔡謝氏有錄本，今略掇數字，於以見古本之精妙也。《伯夷傳》今本「得孔子而益章」，江南本曰「得孔子而名益章」；《管晏傳》「管仲得用，任於齊」，江南本曰「管仲得用，任政於齊」；《老韓傳》「君子得其人則駕，不得其人則蓬」，江南本「人」字並作「時」；《莊子傳》「申不害，京人也」，江南本曰「荊人也」；《司馬穰苴傳》「軍法期而後者云何」，江南本曰「期而後至」。右江南本同異凡四千三百五十條，今略舉四五端。一字之間，意味固自不同。最如《刺客傳》云「劍堅故不可拔」，而江南本作「劍豎」，尤為有旨，劍堅安得不可拔耶？〔註85〕

江南本《史記》只存列傳，高似孫對這一古本極為推重，譽之為「天下奇

〔註83〕 參見李明傑：《宋代版本學研究：中國版本學的發源及形成》，濟南：齊魯書社，2006 年，頁 224～233。

〔註84〕 （宋）高似孫：《緯略》卷七，叢書集成初編本，上海：商務印書館，1939 年，頁 101。

〔註85〕 （宋）高似孫著，王群栗點校：《史略》卷一，《高似孫集》，杭州：浙江古籍出版社，2015 年，頁 253。

書」，他詳細校勘江南本《史記》與當時通行本的差異，得校記「四千三百五十條」，並將其歸納為「字誤」「字多」「字少」「脫字」「文字不同」等不種情形。這些版本記載是我們今天瞭解古本《史記》特徵的重要材料，《史略》所舉江南古本《史記》的六個例子是關於江南本《史記》原文僅有的文字記錄，彌足珍貴。江南本出於唐代，頗為珍稀，這反映了高氏「崇古本」的善本觀。《史略》不僅著錄江南本這一《史記》版本，而且舉例說明江南本與通行本的具體差異，這種詳細的版本記載方法在宋代書目中是極為少見的。

關於江南本的來歷，《史略》卷二「漢書諸家本」條下有「江南本」，自注云：「《金披遺字》云：太祖平江南，賜本院書二千卷，皆紙札精妙。東原《榮氏私記》云：『江南本，宣和間出在御府，故流傳人間。初，外氏先君丁常、韓通，籍睿思殿，因見江南本，愛賞之，無緣借出參校，遂以薄紙分手抄錄。及歸，各寫於家，幾年而後畢。』」可見，江南本出自南唐李氏之遺書，「紙札精妙」，頗受宋人所重。宋祁校《漢書》時以江南本為最佳。

高似孫最欣賞《刺客傳》中「劍堅，故不可拔」句，「堅」字，江南古本作「豎」，高氏認為「尤為有旨」。清代學者李慈銘贊同這種看法，他在《越縵堂讀書記》史評類評價《史略》說：「閱高續古似孫《史略》，共六卷，亦黎氏所刻，據日本宋刊翻雕，極精緻。其自序言成書不及一月，故粗略殊甚，亦多復舛。惟舉江南（謂南唐）古本《史記》一條云：《刺客傳》「劍堅故不可拔」，江南本作「劍豎」，劍堅安得不可拔？豎為有旨。案，此說甚是。古人佩劍皆在掖下脅旁，故有上士、中士、下士之長短異制，上、中、下以身之長短言也。秦王身長則劍長，豎於掖下，故不可卒拔。左右告王負劍，謂舉劍負於背上，則易拔（近儒亦有此說）。作豎則情況宛然，亦可考見古人佩劍之制矣。」〔註86〕

《史略》著錄的江南本是《史記》流傳過程中的一種重要版本，高似孫對其極為珍視，而現代學者卻提出不同意見，如李裕民《四庫提要訂誤》認為，《史略》所舉江南古本《史記》的六個例子，與今中華書局點校本《史記》比較，僅一條可取。〔註87〕易平《「江南本」〈史記〉考略》依據高氏所提供

〔註86〕（清）李慈銘：《越縵堂讀書記》，上海：上海書店出版社，2000 年，頁 606。
〔註87〕李裕民：《四庫提要訂誤（增訂本）》，北京：書目文獻出版社，1990 年，頁 228。

的江南本《史記》例文，並參北宋景佑本等相關材料校證，得出以下結論：江
南本《史記》為五代官寫本；該本與北宋官方刊定的《史記》文本有密切關
係，可能就是北宋時校刊《史記》用的底本；江南本《史記》是未經全面校理
過的本子，至少是沒有做過認真校訂的本子。〔註88〕

（二）著錄《漢書》版本

《史略》卷二「《漢書》諸家本」條詳述宋祁參校《漢書》所用的版本，
所列《漢書》的版本有：古本、唐本、江南本（又稱舍人院本）、淳化本、景
德監本、景祐刊誤本、我公本、燕國本、曹大家本、陽夏公本、晏本、郭本、
姚本、浙本、閩本，總計15種。此外，又著錄宋祁參校本之外的三個版本：
熙寧本、宣和本和張集賢本。

高似孫對前八種本子即古本、唐本、江南本、舍人院本、淳化本、景德
監本、景佑刊誤本、我公本，以及後附的熙寧本、宣和本、張集賢本，都有較
為詳細的說明，以考見各本源流。如淳化本注云：「《國朝會要》曰：『淳化五
年七月，詔選官分校《史記》《前、後漢》，命陳充、阮思道、尹少連、趙況、
趙安仁、孫何校《前、後漢》。校畢，遣內侍裴愈齎本就杭州鏤板。』」由此條
可知淳化本的校勘人員、刊刻年代和刊刻地點。又如，景德監本注云：「《國
朝會要》曰：咸平中，真宗命刁衎、晁迥、丁遜復校《兩漢書》版本，迥知
制誥，以陳彭年同其事。景德二年七月，衎等上言，《漢書》歷代名賢注釋，
至有章句不聞、名氏交錯，除無考據外，博訪群書，遍觀諸本，校定凡三百四
十九卷，簽正二千餘字，錄為六卷以進。」此條介紹了景德監本的校勘背景、
年代、人員及取得的成果等情況。

（三）著錄史書稿本

《史略》卷四「史草」著錄蕭子顯《晉史草》，並將楊億、歐陽修、宋祁、
司馬光各自史著稿本的特徵加以比較：

> 予嘗觀楊文公史草，用竹紙細字，字清美，塗竄甚少，蓋造思
> 之素者也。又觀歐陽公史草，闊行真字，殊有更易處，又一二紙，
> 更易幾盡。又觀宋景文公史草，則佳紙闊行，筆史所書，其草乃兩
> 傳，凡劉史之舊，所易幾盡。今以新傳比舊傳，則一時群臣奏疏，
> 往往竄改，所存不一二。又觀司馬公《通鑒》草紙，闊狹不侔，有

〔註88〕易平：《「江南本」〈史記〉考略》，《安徽史學》2007年第6期。

　　翦為數寸，闊者兩面密書，時有塗改處，字尤端楷。觀此則想像蕭

　　公史草，令人精神飛越，恨不一披元筆。〔註89〕

史書稿本是史書創作時最原始的形態，其學術價值與校勘價值極大，對於研
究史書版本的流變情況具有重要意義，但流傳下來的史書稿本非常稀少，因
而彌足珍貴。喬好勤《中國目錄學史》對《史略》著錄稿本有高度評價，認為
這樣的記述在目錄學史上可以說是前無古人。

（四）著錄沈約《宋書》的版本特徵

　　《史略》卷二著錄沈約《宋書》時，對其版本特徵有所說明。《崇文總目》
稱沈約《宋書》闕《趙倫之傳》一卷。《史略》對此加以補充說：「今本有之，
而《到彥之傳》卷末殘缺。」〔註90〕高似孫指出當時的沈約《宋書》傳本與
《崇文總目》著錄之本有明顯的差異。

　　綜上所述，從南宋這一時期來看，高似孫《史略》對史書版本的記載已
經達到了一個相當精細的程度，其記載版本的詳細程度超過了晁公武《郡齋
讀書志》、趙希弁《郡齋讀書志・附志》、尤袤《遂初堂書目》和陳振孫《直齋
書錄解題》。王重民先生對南宋書目著錄版本的情況有這樣的評價：

　　　　後人一致認為《遂初堂書目》著錄了不同的刻本是一特點，並

　　　　且開創了著錄版本的先例。但尤袤是以抄書著名的，而且在他的時

　　　　代，刻本書的比量似乎還沒有超過寫本書。只有到了趙希弁和陳振

　　　　孫的時代，刻本書超過了寫本書，他們對於刻本記載方才較詳細。

　　　　當然，尤袤的開始之功還是應該肯定的。〔註91〕

在王重民先生看來，版本記載的詳細與刻本數量的增加有密不可分的關係，
趙希弁《郡齋讀書志・附志》、陳振孫《直齋書錄解題》對版本的記載才開始
較為詳細。事實上，早於趙希弁、陳振孫的高似孫《史略》已經有詳細的版本
記載了。在宋代版本學史上，這應該是一個值得注意的現象。《史略》詳載史
書版本不僅與南宋時期刻本數量的激增有直接的聯繫，而且與南宋時期版本
學、校勘學的發展息息相關。北宋刻書主要是中央政府刻書，以國子監刻書

〔註89〕（宋）高似孫著，王群栗點校：《史略》卷四，《高似孫集》，杭州：浙江古籍
　　　　出版社，2015 年，頁 326～327。

〔註90〕（宋）高似孫著，王群栗點校：《史略》卷四，《高似孫集》，杭州：浙江古籍
　　　　出版社，2015 年，頁 283。

〔註91〕王重民：《中國目錄學史論叢》，北京：中華書局，1984 年，頁 120。

最多，私刻尚不發達。而到了南宋，刊刻圖書的種類和數量進一步豐富，刻書單位更加多樣化，官府、學校、私宅、家塾、坊肆、寺院、道觀、祠堂等都參與到刻書行業，刻書地點也遍及全國各地，據張秀民先生考證，南宋刻書地點有 173 處，在這種情況下同書異本大量出現。彙集異本，校其舛訛，以求善本，成為當時學者關注的重要問題。清齊召南《前漢書考證》跋曰：

> 自唐以前，書皆手寫，而校對極精，訛脫相承，無過數處。其有板本，自宋淳化中命官分校三史始也。雕板染印，日傳萬紙，於人甚便。人間摹刻以市易者滋多，彼此沿襲，莫識由來，輾轉失真，烏焉成馬。故書有板本而讀者甚易，亦自有板本而校者轉難，固其勢然也。

宋人在圖書校勘上取得了不少成績，特別是對正經正史屢加校刻，已經出現象《漢書刊誤》這樣的校勘學專著。宋人校勘正史，用力最勤的是前三史，而三史當中又以《漢書》的校本為最多。〔註 92〕宋人在正史校勘上廣羅異本、勤加校勘，這些成績在《史略》中也有所體現。高似孫所見版本既多，於版本之學亦頗為精通，他所著的《史略》是史部專科書目，採用輯錄體形式，在資料選取、篇幅控制上也較為靈活，故《史略》可以詳細記載《史記》《漢書》等史書的版本。

二、主張不可妄改底本文字

《史略》卷四「史草」條：

> 古人製作，不只遣辭合理，而一字之施，有不可易者。景文公修《唐書》，《韓文公傳》全載《進學解》《諫佛骨表》《潮州謝上表》《祝鱷魚文》，殊不甚竄改。於《進學解》頗易數字。以「招諸生」為「召」字，「障百川而東之」為「停」字，「跋前躓後」為「躓」字。韓公本用《狼跋》詩語，非「躓」也。其他以「爬羅剔抉」為「把羅」，「焚膏油」為「燒」，以「取敗幾時」為「其敗」。《吳元濟傳》書《平淮西碑》文千六百六十字，固有他本不同，然才減節，輒不穩當。「明年平夏」一句悉芟之，「平蜀西川」減「西川」字，「非郊廟祠祀，其無用樂」減「祠」「其」兩字。「皇帝以命臣愈，臣愈再拜稽首」減下「臣」字，「汝其以節都統討軍」以「討」為「諸」，

〔註 92〕張富祥：《宋代文獻學研究》，上海：上海古籍出版社，2006 年，頁 121。

「討」者如《左傳》「討軍實」之義，若云「諸軍」，恐非奇。〔註93〕
這段文字基本源自洪邁《容齋五筆》卷五「《唐書》載韓柳文」條，高似孫鈔
撮此文的用意在於對宋祁在撰寫《新唐書》列傳時擅改韓愈《進學解》《平淮
西碑》中部分文字的做法提出批評，提出「一字之施，有不可易者」，主張史
書在引用原文時不當輕易改動原本文字，體現出一種謹慎的態度。實際上，
宋祁並非竄改原引文字，而是採用了《韓昌黎文集》的不同版本，宋人所編
《別本韓文考異》《五百家注昌黎文集》均有明證。

三、注明不同版本的異文

高似孫在引用原文時非常重視不同版本的異文問題，並使用校記來加以
注釋，以反映不同版本間的文字差異。此類例子在高氏著作中較多見，如《蟹
略》卷一「無腸」條：「《抱朴子》曰：『山中無腸公子者蟹也。』（一本作『無
腹』）。」〔註94〕《緯略》卷一「洗玉池銘」條：「東坡為龍眠李伯時作《洗玉
池銘》曰：『……六器僅存，五瑞莫輯。趙璧婦玩（一作『完』）。』」〔註95〕
《緯略》卷三「鳳毛」條：「北平王貞，字仁賢，世祖第五子也，沉審寬恕，
太祖稱此兒得我鳳毛（《北齊》。一本無『我』字）。」〔註96〕《緯略》卷三「古
人儀度」條：「姿宇（一作『富神』）。」〔註97〕《緯略》卷四「火浣布」條：
「唯《抱朴子》曰：『火浣布有三種，其一曰海中蕭丘，有自生火，春起秋滅，
洲上生木，木為火焚不糜，但小（一無『小』字）焦黃。』」〔註98〕這種在引
文中注明異文的做法不失為嚴謹的引書之法。

四、《緯略》對版本問題的討論

《緯略》作為一部學術筆記，其中有多處關注圖書版本的問題。如《緯

〔註93〕（宋）高似孫著，王群栗點校：《史略》卷四，《高似孫集》，杭州：浙江古籍
出版社，2015年，頁327。

〔註94〕（宋）高似孫：《蟹略》，卷一，文淵閣四庫全書本。

〔註95〕（宋）高似孫：《緯略》，叢書集成初編本，上海：商務印書館，1939年，頁
4。

〔註96〕（宋）高似孫：《緯略》，叢書集成初編本，上海：商務印書館，1939年，頁
35。

〔註97〕（宋）高似孫：《緯略》，叢書集成初編本，上海：商務印書館，1939年，頁
45。

〔註98〕（宋）高似孫：《緯略》，叢書集成初編本，上海：商務印書館，1939年，頁
51。

略》卷七「三本書」條：「《柳氏家訓》曰：『余家升平里，西堂藏書，經史子集皆有三本：一本紙墨籤卷華麗者，鎮庫；一本次者，供覽；又一本次者，後生子弟為業。』我祖宗時，內則太清樓藏書、龍圖閣藏書、玉宸殿藏書，外則三館、秘閣，凡四處藏書。如咸平八年，榮王宮火延及三館，於是出禁中本，付館閣傳寫，則書本豈可無其副？其後官書往往侵竊，士大夫家得之……猶是郡國民間所上本，館閣不曾再行繕書。又止有一本一篇，借出竟成失落，故闕書亦多。又秘閣所藏書亦無書目，真贗無辨，殊闕典也。」〔註99〕柳氏藏書有三種副本：一本用於鎮庫保存，一本用於閱覽，一本用於家族子弟教育。北宋初年官方藏書共有四處，分別位於太清樓、龍圖閣、玉宸殿及三館（史館、昭文館、集賢院）、秘閣。高似孫對這兩種做法頗為讚賞，明確提出官私藏書都應多備副本，這在當時來說是非常科學的藏書方法。

《緯略》卷八「楷書」條：「《晉中經簿》曰：有縹素書、白縑楷書、黃紙楷書、白絹行書、二尺竹牒楷書、白練絹楷書，廣內置。楷書吏自晉始。唐玄宗始以隸楷書易古文《尚書》。今儒不識古文自唐開元始，宋景文公嘗言，蘇頲撰《朝覲壇頌》曰，有𠃌虞氏，館閣校讎官於『𠃌』字之右，點曰『疑』。不知有楊備者得古文《尚書》釋文，知『𠃌』字為古『稽』字。此開元以隸楷書易古文之失也。」〔註100〕這一條敘述唐代以楷書代替古文產生的文字問題，說明書體對版本的影響。

《緯略》卷八「雲夢」條：「《尚書》曰：『雲夢土作乂。』本朝太宗得古本《尚書》，作『雲土夢作乂』，詔改《禹貢》從古本。」〔註101〕說明不同版本的《尚書》對於「雲夢」這一地名的描述存在明顯差別。

《緯略》卷八「陽關三疊」條：「《陽關三疊》，今歌者每句再迭而已，若通一首又是四迭，皆非是。每句三唱以應三疊，則叢然無復節奏。有文勳者得古本《陽關》，每句皆再唱而第一句不迭，乃知唐本《三疊》如此。」〔註102〕這一條說明古本《陽關三疊》與今本在韻律上的不同。

〔註99〕（宋）高似孫：《緯略》，叢書集成初編本，上海：商務印書館，1939年，頁101。

〔註100〕（宋）高似孫：《緯略》，叢書集成初編本，上海：商務印書館，1939年，頁125。

〔註101〕（宋）高似孫：《緯略》，叢書集成初編本，上海：商務印書館，1939年，頁126。

〔註102〕（宋）高似孫：《緯略》，叢書集成初編本，上海：商務印書館，1939年，頁131。